AF348512

Block Mágico Magic Block

Soledad García Saavedra & Brandon LaBelle
Editores Editors

Errant Bodies Press

Prefacio

SOLEDAD GARCÍA Y BRANDON LABELLE

Al iniciar la concepción de la exposición *Block Mágico,* surgieron preguntas sobre lo invisible, lo oculto y lo omitido, en paralelo con las comprensiones del cuerpo, la historia y las relaciones materiales y sus funcionamientos en el contexto del arte chileno. En otras palabras, las realidades políticas y sociales que queríamos reflejar parecían requerir una sensibilidad similar al de las presencias inmateriales y fantasmagóricas de la memoria y de lo desaparecido. Esta dicotomía, que también es una tensión, nos guió con aún más decisión a identificar las estrategias creativas y críticas que suelen jugar un rol en las obras artísticas de la escena chilena, especialmente aquellas obras que utilizan los secretos, el camuflaje, el olvido, la desmaterialización y la ocupación encubierta. La presencia y la ausencia, la historia y la memoria, lo real y lo imaginado fueron relaciones que dejaron de ser tan dicotómicas y duales a medida que explorábamos y buscábamos desarrollar el proyecto curatorial. Nos enfocamos en cambio, en una operación mágica, en una oscilación cuyos movimientos eran inestables pero definidos concretamente por los razonamientos políticos de la invisibilidad: lo que se ve y lo que no se ve, funcionan igualmente dentro de las realidades materiales de la sociedad chilena.

Es posible que la invisibilidad abra un sentido de imaginación y que sirva de apoyo para los efectos represivos; puede transformar los métodos de percepción y comunicación, agregando puntos ciegos o espacios negativos; a través de los secretos o las intervenciones camufladas, es posible que se preste para ciertos comportamientos específicos, como para la transferencia o la oscuridad del conocimiento. Es posible que la invisibilidad sea precisamente lo que no podemos conocer o nombrar y, a la vez, lo que aparece al desaparecer, dejando una profunda impresión que nos permite recordar o que nos permite pensar que estamos recordando. A través de la exploración de estas ideas, además de sus gestos creativos y críticos, la exposición *Block Mágico* destaca los procesos de estas intensidades sociales y cómo se contienen, relacionan o siguen en el cuerpo. Así como el cuerpo se transforma en el lugar donde se inscriben estas intensidades, también es un medio a través del cual se intentan eliminar o sobrescribir estas marcas y sus complejidades. En este sentido, lo que entendemos como "el cuerpo" no es solo una forma de carácter individual, sino también una configuración colectiva que entreteje una historia y un orden social específico con la sustancia de lo personal.

En nuestros intereses compartidos y a la vez singulares, nos enfocamos en los variados discursos y experiencias que se encuentran en las prácticas artísticas actuales, junto con las limitaciones políticas de los últimos 30 años en Chile. Conscientes de las transformaciones continuas que sufren el tiempo y las ideas, la exposición *Block Mágico* parte de mirar al pasado y de observar solo la superficie de lo que es visible. Por una parte, la densa y compleja historia con la que el país debe lidiar, las secuelas de la dictadura del régimen militar entre 1973 y 1990 y el legado autoritario que poseen las ideologías políticas actuales, las políticas neoliberales y su clase social, constituyen hoy en día una referencia demasiado clara de cómo el país permanece encadenado a un pasado que aún no se resuelve. Por otro lado, nuestros viajes y experiencias de la vida diaria y los movimientos sociales de Santiago pueden revelar un impulso sin precedentes para avanzar hacia las transformaciones estructurales. Este impulso es tangible, por ejemplo, en las modificaciones educacionales generadas por las demandas y acciones que los estudiantes han realizado en las calles desde el año 2011. De modo similar, nuestro interés reside en compartir estas capas exteriores y evidentes con las que permanecen bajo la superficie, bloqueadas u ocultas. En particular, para lograr esto observamos o seguimos las expresiones creativas relacionadas con las experiencias personales de los artistas y cómo catalizan sus obras como proyectos críticos. Orientamos nuestra atención al papel que juegan los artistas en el desafío, la modificación y el cuestionamiento hacia las estructuras individuales y colectivas del pasado, además del entorno cultural y político en sí mismo. Por ejemplo, ¿de qué manera los artistas abordan los rastros de ciertas ideologías dominantes, que muchas veces están camufladas? ¿De qué manera el contacto entre la intimidad y la imaginación puede apoyar la mutación de la percepción y el conocimiento, especialmente en términos de lo que puede constituir un proceso democrático? ¿Es posible que la creatividad pueda contribuir a formas de autorreparación y sanación colectiva? ¿Cómo se puede posicionar el poder de la memoria en un entorno sometido a las fuerzas del olvido? ¿Cómo se puede superar e influir en las suspensiones externas del presente?

En sus expresiones diversas, las colecciones de obras de diez artistas chilenos, Catalina Bauer, Gonzalo Díaz/Justo Pastor Mellado, Juan Downey, Rainer Krause, Voluspa Jarpa, Michelle-Marie Letelier, Enrique Ramírez, Eugenio Téllez y Sandra Vásquez de la Horra, producidas entre 1979 y 2014 y presentes en la exposición, transitan entre las complejas líneas del recuerdo y el olvido, la recuperación y la pérdida. Sus obras son un laboratorio para las relaciones enigmáticas e imperceptibles con el cuerpo, especialmente ese cuerpo capturado por lo que nunca se ha recuperado o por lo que se encuentra impedido de percibir con facilidad. *Un cuerpo en pedazos, un cuerpo que intenta recordarse.* Sin embargo, parte del impulso que existe tras estas obras está orientado a los problemas transformativos, inestables, no resueltos e incidentales que interactúan con las memorias descartadas y las modificaciones de la historia que caracterizan a la sociedad chilena.

Conservadas como expresiones específicas y en sus estados de conciencia e inconciencia, vida y muerte, sus obras están permeadas por estas fricciones paradójicas que, de acuerdo con sus singularidades, tiempos y ámbitos, encuentran la manera de contrarrestar o de acoger a la memoria.

Nuestros primeros encuentros con estos problemas se manifestaron cuando apareció el catálogo *Block Mágico de Gonzalo Díaz* (1985), durante la concepción del proyecto de exhibición. El catálogo, realizado en serigrafía por Díaz después de su muestra el *KM104* en julio de 1985 y escrito por Justo Pastor Mellado, está basado ligeramente en una referencia al texto de Sigmund Freud, cuyo título original es "Notiz über den Wunderblock" y que fue escrito en 1925 (traducido primero al inglés como "Mystic Writing Pad" y luego al español como "Block Maravilloso"). En ese texto, Freud describe el proceso de la percepción como una forma de "escritura" que se imprime en la conciencia; sin embargo, las nuevas impresiones van continuamente sobrescribiendo las anteriores, como en el "Wunderblock", una pizarra que surgió a principios del siglo XX. Esta pizarra permitía borrar lo que uno había escrito con una hoja de celuloide; la escritura desaparecía al levantarse del fondo de cera. Sin embargo, quedaba un pequeño residuo en el fondo de cera, del cual Freud hace referencia para comprender la percepción más como un palimpsesto, un proceso continuo de obtención y eliminación que posee cierta cualidad fantasmagórica. El catálogo de Díaz y Mellado surge durante una época de control político y represión artística en Chile, y para nosotros captura una variedad de los problemas (en términos materiales, sociales y performativos) que queríamos investigar y abordar. El catálogo se puede apreciar como un documento interesante, que de hecho permaneció oculto por 30 años y que modificó algo en nosotros para comprender la interacción que existe entre lo que se ve y no se ve.

Para las exposiciones de *Block Mágico* en la Gallery 3,14 de Bergen, Noruega (entre el 17 de enero y el 2 de marzo de 2014), y posteriormente en el Museo de la Solidaridad Salvador Allende en Santiago de Chile (entre el 10 de octubre y el 25 de enero de 2015), incluimos la investigación del *Seminario Invisible,* un evento discursivo y performativo que se centró en el tema de la *Magia,* primero y luego en la exposición *Block Mágico.* En Bergen, trabajamos con Alena Alexandrova, Michelle-Marie Letelier y Valentina Montero, cuyas obras e investigaciones, además de sus enfoques teóricos y prácticos, ofrecieron miradas diferentes sobre las cualidades elusivas de la magia y de las narrativas artísticas chilenas. En Santiago, el seminario realizado durante dos días, intentó activar otros niveles de la exposición a través de las presentaciones de los artistas participantes Rainer Krause, Claudia Missana, Michelle-Marie Letelier y Sandra Vásquez de la Horra, junto con las conversaciones entre Eugenio Téllez y Rául Zurita, y los encuentros performativos que produjeron la Orquesta de Poetas, Vladimir Cruels junto con Lorca Renoux, Adrian Fischer y Luna Montenegro, y Camila Marambio. Todas estas intervenciones trajeron a la mesa muchas operaciones distintas, como el conversar, escuchar, comer, caminar, escribir y bailar, abrirse a las oportunidades para participar, para imaginar y descubrir nuevas posibilidades de cómo la historia, la magia y la memoria se pueden concebir, moldear o refutar.

Con el objetivo de expandir esta publicación, también creamos diferentes secciones que pudieran estimular una investigación continua, además de ser un registro de la exposición. En la primera sección, y junto con nuestros ensayos, invitamos a dos perspectivas diferentes de Cristián Gómez-Moya y Fernando Pérez Villalón. El ensayo de Gómez-Moya examina la vida póstuma que llevan los secretos y la censura en el contexto del arte chileno, junto con una consideración de las prácticas del arte contemporáneo. Pérez Villalón lleva nuestra atención a la complejidad poética de las películas de Raúl Ruiz y de las obras en video de Juan Downey, haciendo dialogar sus respectivos trabajos. Mediante investigaciones críticas de otros artistas de Chile, y formulando preguntas adicionales, estos ensayos generan zonas de contacto importantes entre las temáticas esenciales de la exposición y contribuyen a dar comprensiones sobre la catástrofe y sus expresiones introspectivas en un amplio rango de medios.

Además, en colaboración con cada artista, invitamos a escritores para que nos entregaran sus lecturas más íntimas de las obras en exposición, centrándose en sus aspectos poéticos y de investigación; es nuestro interés apoyar la formulación de preguntas y las declaraciones que permitan realizar una reflexión más profunda sobre las maneras en que las obras se relacionan con sus contextos históricos y cómo hacen referencia a los eventos actuales. También en la sección de los artistas, las páginas de Adrian Fischer y Luna Montenegro documentan su performance de caminata *475 y su Block,* que transformó y reconfiguró los movimientos de las relaciones más sutiles e intrigantes que suelen poseer la magia y la memoria. Estos son momentos que transforman nuestra relación mundana con la sociedad y que resuenan con estas conexiones repentinas. Son momentos que permiten dar un vistazo a una realidad que, a veces, se escapa de la razón. En este sentido, esperamos que la publicación permita obtener acceso a este paisaje e inspire actos creativos en el futuro.

Preface

SOLEDAD GARCÍA & BRANDON LABELLE

In approaching the *Magic Block* exhibition, questions regarding the unseen, the hidden and the overlooked were brought forward in parallel with understandings of the body, history, and material relations as they operate within the context of Chilean art. In other words, the social and political realities we sought to reflect upon seemed to require an equal sensitivity to the more immaterial and phantasmic presences of memory and the disappeared. This dichotomy, which is equally a tension, further led us to identify the creative and critical strategies often at play in artistic works of the Chilean art scene, in particular those works that utilize secrecy, camouflage, forgetfulness, dematerialization and covert occupation. Presence and absence, history and memory, the real and the imagined – these became much less dichotomous and dualistic as we explored and sought to articulate a curatorial project. Instead, we aimed for a magical operation, an oscillation whose movements were unsteadily yet concretely defined by a politics of invisibility: what is seen and what is unseen are understood to perform equally within the material realities of Chilean society.

Invisibility may open up a sense of imagination, as well as supporting repressive effects; it may transform ways of perception and communication, introducing blind spots or negative spaces; through secrecy or camouflaged interventions, it may lend to particular behaviors and the passing or obscuring of knowledge. Invisibility may be precisely what we cannot know or name, and yet which appears by disappearing, leaving a deep impression upon what we remember, or think we remember. Exploring these ideas and their creative and critical gesturing, *Magic Block* underscores the processes of those social intensities and how they are contained, related to or traced through the body. The body becomes the site upon which such intensities are inscribed, as well as the medium by which to attempt to erase, scratch off, or overwrite their difficult markings. In this sense, what we understand as "the body" is not only a singular form of individual character, but also a more collective configuration interweaving a specific history and social ordering with the substance of the personal.

In our common interests, and yet singular encounters, our focus was placed upon the different experiences and discourses found in current artistic practices alongside the political constraints of the last 30 years in Chile. Aware of the continuous transformations that time and thinking undergo, *Magic Block* departs from looking at the past as well as only observing the surface of what is visible. On the one hand, the dense and complex history the country lives with, the aftermath of the dictatorship of the military regime between 1973 and 1990, and its authoritarian legacy in current political ideologies, neoliberal policies and its social class, constitutes today a too clear reference to how the country remains bound to an unresolved past. On the other hand, our journeys and experiences of daily life, and the outstanding social movements in the city of Santiago, may reveal an unprecedented drive toward structural transformations since the dictatorship – tangible, for instance, in the educational turn enabled through the demands and actions in the streets by students since 2011. Likewise, our interest resides in sharing these evident exterior layers with the ones that remain underneath, blocked or concealed. In particular, by looking at or following the creative expressions related to artists' personal experiences and the ways they catalyze their work as critical undertakings. Our attention has been led to artists' role in challenging, changing and casting doubt upon individual and collective structures of the past as well as the actual cultural and political milieu. For instance, how do artists approach and tackle the traces of dominant and often camouflaged ideologies? How might the contact between intimacy and imagination support the mutation of perception and knowledge, especially as to what may constitute a democratic process? Is it possible that creativity may contribute to forms of self-reparation and collective healing? How to position the power of memory whilst the forces of forgetting are dominant? How to surpass and affect the external suspensions of the present?

In their different expressions, the collection of works by ten Chilean artists including Catalina Bauer, Gonzalo Díaz/Justo Pastor Mellado, Juan Downey, Rainer Krause, Voluspa Jarpa, Michelle-Marie Letelier, Enrique Ramírez, Eugenio Téllez and Sandra Vásquez de la Horra, produced during the last 35 years, between 1979 and 2014, and presented in the exhibition, transit across the complex lines of remembering and forgetting, recuperation and loss. Their works create testing grounds for the enigmatic and the imperceptible relations with the body, especially a body captured by what has never been recovered, making it difficult to grasp or to perceive at once. *A body in pieces, a body trying to remember itself.* Yet, part of the drive of these works is aimed at the transformative, unstable, unresolved and incidental issues that interplay in their appearances with the disregarded memories and historical erasures embedded in Chilean society. Conserved as particular expressions and their coexistent states of consciousness and unconsciousness, life and death, their works are permeated with these paradoxical frictions that, according to their singularity, time and scope, find the means to perform against or by embracing memory.

Our engagement with these issues specifically came forward when the *Magic Block of Gonzalo Díaz* self-published catalogue in 1985 appeared in the process of conceiving the show. The catalogue, silkscreened by Díaz after his show *KM104* in July, 1985, and written by Justo Pastor Mellado, is based obliquely on a reference to the text by Sigmund Freud, originally titled "Notiz über den Wunderblock" and written in 1925 (translated into English as "Mystic Writing Pad" and subsequently into Spanish as "Block Maravilloso"). In the text, Freud describes the process of perception as a form of "writing" that imprints itself onto consciousness, yet one that is continually over-written by ever-new impressions. Accordingly he likens this to the "Wunderblock" – a writing pad that first appeared in the early 20th century. The pad allows one to erase what one has written by using a celluloid sheet; the writing subsequently disappears upon lifting the sheet from its wax backing. At the same time, there is a small residue left on the wax backing, which Freud references as a way to understand perception more as a palimpsest, an ongoing process of collecting and erasure infused with a particular phantasmic quality. Díaz and Mellado's catalog stems from a time of political control and artistic restraint in Chile, and for us captures a number of the issues (materially, socially, performatively) we were keen to research and reflect upon. The catalogue can be appreciated as an interesting document, one that was in fact unseen for 30 years and that delivered for us a strong trigger for how to understand the interweave of the seen and the unseen.

For the *Magic Block* exhibitions at Gallery 3,14 in Bergen, Norway (January 17 – March 2, 2014), and later at the Museo de la Solidaridad Salvador Allende (Salvador Allende Solidarity Museum) in Santiago de Chile (October 10 – January 25, 2015), we included the ongoing research of the *Invisible Seminar,* a discursive and performative event focusing first on the theme of *Magic,* and secondly on the *Magic Block* exhibition. In Bergen we were joined by Alena Alexandrova, Michelle-Marie Letelier and Valentina Montero whose works and researches, as well as theoretical and practical approaches, brought different input into the elusive operations of magic and Chilean artistic narratives. In Santiago, the two-day seminar we organized attempted to activate other strata and threads of the exhibition through presentations by participating artists Rainer Krause, Claudia Missana, Michelle-Marie Letelier, Sandra Vásquez de la Horra, along with conversations between Eugenio Téllez and Rául Zurita, and finally the performative encounters produced by the Orquestas de poetas, Vladimir Cruels and Lorca Renoux, Adrian Fischer and Luna Montenegro, and Camila Marambio. These interventions brought different operations into play, such as talking, listening, eating, walking, writing and dancing, opening up opportunities to participate, to imagine and to grasp new directions for how history, magic and memory can be enacted, shaped or contested.

With the aim of expanding in a broader way this publication we have also created different sections that can stimulate a continual investigation as well as record of the exhibition. In the first section, and along with our essays, we invited two different perspectives from Cristián Gómez-Moya and Fernando Pérez Villalón. The essay by Gómez-Moya examines the afterlife of secrecy and censorship in the context of Chilean art, along with a consideration of contemporary art practices. Pérez Villalón draws our attention to the complex poetics of Raúl Ruiz's films and Juan Downey's video works, putting into dialogue their respective works. By critically investigating other artists from Chile, and staging additional inquiries, these essays generate important contact zones between the essential issues of the exhibition, contributing further understandings of the catastrophe and its self-reflective expression as found in a range of media.

Furthermore, in collaboration with each artist we invited writers to give closer readings of the exhibited works, focusing on their poetics and research; our interest is to support the posing of questions and remarks that may enable a deeper reflection on the diverse ways the works relate to their historical context while lending to current affairs. Included in the artists' section, the pages of Adrian Fischer and Luna Montenegro document their walking performance *475 y su Block* (475 and its Block), which transformed and reconfigured the movements of those subtler and more intriguing relations that magic and memory may often contain. These are moments that transform our mundane relation with society to resonate with sudden connections; moments that broaden a view onto what may at times escape reason. In this regard, we hope the publication can lend to such a view, inspiring creative acts in the near future.

La confrontación de caminos bifurcados

MALIN BARTH

Cada espacio está impregnado de signos. Nada es neutro, hasta los signos más pequeños y apenas visibles entregan diversas posibilidades para contar o representar alguna historia. Sistemas de signos macros y micros viven conjuntamente, dando a conocer un amplio espectro de intérpretes tan pronto como el arte deja los estudios de los artistas. El espectador se empodera y el proceso dinámico de la interpretación del arte variará según los elementos que el intérprete considere. El uso de un lenguaje por capas para el proceso de la exploración de las imágenes es una práctica común entre los artistas y también una necesidad para algunos, dependiendo de sus antecedentes culturales y el contexto en el que producen sus obras. La interpretación de las obras se convierte en el punto de encuentro entre la ley, la cultura y el arte.

En la exposición *Block Mágico,* los espectadores presencian una serie de diez obras de artistas chilenos que abarca los últimos 35 años. Los visitantes se enfrentan a caminos bifurcados y tienen que relacionarlos considerando tanto lo visible como lo invisible. Se encuentran con un arte, en el cual los artistas se ven llamados a hacer visible lo que en una sociedad no se debiera mostrar, investigar ni entender; por otro lado, revelan formas de arte que reflejan fielmente la condición chilena. La exposición desafía a los visitantes. Les ofrece un gran espacio para seguir y experimentar el clima cultural del legado de Pinochet y cómo la expresión artística confronta sus ideologías dominantes.

La censura y la autocensura tienen efectos significativos en las artes. Se crea una imagen compleja de las diferentes formas en que la sociedad ve y controla la expresión artística. Voluspa Jarpa, por ejemplo, investiga cómo los documentos estatales censurados capturan una línea muy fina entre una visibilidad no oficial y otra pública. La ausencia de una censura evidente y directa de parte del Estado, situación que prevalece en muchos países alrededor del mundo, puede contribuir a la opinión generalizada de que, por ejemplo, aquí en Noruega no hay censura y que no es un problema generalizado. Sin embargo, aquí la censura también es un tema importante para las artes. Puede manifestarse de muchas maneras diferentes. De formas directas e indirectas, algunas más sutiles, otras más explícitas. A diferencia de la censura establecida por el Estado, la cual es directa y definida, la censura contemporánea en el mundo occidental es el resultado de una amplia gama de intereses que compiten entre sí. Estos conflictos pueden relacionarse, por ejemplo, con temas de seguridad y orden público, sensibilidades religiosas o intereses corporativos. Las restricciones podrían implementarse sin una orientación clara, o bien, sin un fundamento jurídico. El esfuerzo por la libre expresión siempre es cuestionado, ya que las condiciones en la sociedad cambian constantemente. Algunos grupos de intereses especiales podrían sacar provecho de una aplicación errónea de la ley con el fin de apropiarse de los límites de la expresión artística. También ejercen presión los medios de comunicación masivos y las sensibilidades de algunos grupos culturales que se sienten ofendidos. A veces, se requiere de una valentía personal considerable del artista y de aquellos que proveen de una infraestructura para presentar las obras.

En el caso de Gallery 3,14 (que se encuentra en Bergen, Noruega), nos podemos relacionar solo con la autocensura autoimpuesta. Con la exposición *Block Mágico,* la institución enfrentó un desafío distinto. Les damos la bienvenida a las conversaciones globales y participamos en ellas. Además, entramos en un intercambio internacional con curadores de arte, quienes amplían el debate que queremos proponer a nivel local. En este proyecto, la exploración de cómo y qué es lo que vemos realmente evoca lecturas en la percepción de las audiencias que se enfrentan al proceso dinámico de la interpretación, por ejemplo, con los videos *Hemisferios* de Sandra Vásquez de la Horra y *Panacea* de Catalina Bauer.

El enfoque ambiguo no es extraño entre los artistas. En la compleja historia de *El jardín de los senderos que se bifurcan* de Jorge Luis Borges, la narración se puede entender de numerosas formas y también se puede ver tal cual es: como la historia de un detective. El lector sigue, entonces, al protagonista en la investigación de un asesinato. El siguiente nivel de interpretación puede llevar al lector a creer que el personaje principal está en búsqueda de un jardín real donde un camino lleva a otro y así sucesivamente hasta el infinito. Sin embargo, Borges intenta explorar la diferencia entre las concepciones tradicional y moderna de lo infinito. Existe la posibilidad de que exista un infinito real pero abstracto, donde el jardín de los senderos bifurcados no es un jardín real, sino un objeto que transmite la idea de un número transfinito de puntos. Capa tras capa, historia tras historia, una cosa lleva a la otra y ésta a su vez, a otra, hasta que volvemos al comienzo de la misma historia. Borges logra mantener el sendero con aperturas infinitas. La narración de senderos que se bifurcan en las artes yuxtapone múltiples versiones alternativas de una historia. *Brisas* de Enrique Ramírez, es una obra fílmica y de fuerte simbolismo que ejemplifica la ambigüedad del mismo modo que lo hace *El jardín de los senderos que se bifurcan.* La muy controlada entrada al palacio presidencial de Santiago de Chile, en que el protagonista se pasea, evoca contradicciones como parte de lo que significa garantizar el paso libre por el mundo.

Malin Barth
Directora Fundación 3,14

Confronted with forked paths

MALIN BARTH

Every single space is infused with signs. Nothing is neutral as even the smallest and least visible signs give multiple possibilities to a story told or depicted. Macro and micro sign systems live side by side, meeting a broad spectrum of interpreters as soon as the art leaves the artists' studios. The viewer takes ownership and the dynamic process of interpretation of the art will vary depending on the elements the interpretant considers. A layered language for exploratory image processing is a common practice for artists, and a must for some depending on their cultural background and the context within which they produce their work. Interpretation of the work becomes the meeting point between law, culture and art.

In the exhibition *Magic Block,* the viewers come across an array of works by 10 Chilean artists spanning the last 35 years. The visitors are confronted with forked paths and have to relate both to the visible as well as the invisible. They encounter art, where the artists are compelled to make visible what is not meant to be seen, investigated or understood in a society, and on the other hand they meet covert forms of art that are highly reflective of the Chilean condition. The exhibition challenges the visitors. It gives them great room to follow and experience the cultural climate of the Pinochet legacy, and how artistic expressions brave his prevailing ideologies.

Censorship and self-censorship produce significant affects in the arts. They create a complex view onto the different ways society sees and controls artistic expression. Voluspa Jarpa, for example, investigates how censored state documents capture a fine line between public and an unofficial visibility. The absence of direct state-sponsored, highly visible censorship, which prevails in many countries around the world, may contribute to the commonly held view that there is no censorship here in Norway, for instance, and that it is not a general problem. However, censorship is a relevant issue for the arts also here. It may come in many different forms, both direct and indirect, some more subtle, some more explicit. Differentiated to established state sponsored censorship, which is direct and defined, contemporary censorship in the western world is rather a result of a wide range of competing interests. These might be, for example, in relation to issues of public safety, public order, religious sensibilities, or corporate interests. Constraints might be implemented without clear guidance or on legal basis. The effort of freedom of expressions is always challenged, as the conditions in society constantly change. Special interest groups' misapplication of the law can appropriate the limits of artistic expressions. This is also pressured by mass media and various cultural groups' sensitivity to being offended. Sometimes it requires considerable personal courage on the part of the artist and those who provide the infrastructure to present the work.

For Gallery 3,14 – being located in Norway – we only have to relate to self-imposed self-censorship if any. Featuring *Magic Block* passed a different challenge onto the institution. We welcome, initiate and participate in relevant global discourse and enter into exchange with international curators who broaden the discussion we want to bring forth locally. In this project, the exploration of how and what we in fact see, evokes readings in perceiving audiences facing the dynamic process of interpretation, for example with Sandra Vásquez de la Horra's video *Hemispheres* and Catalina Bauer's video *Panacea.*

The double entendre approach is not strange to the artists. In the complex tale of *Garden of Forking Paths* by Jorge Luis Borges, the narrative can be understood in numerous ways. It can, of course be seen as the detective story it is. The reader then follows the main character in a murder investigation. The tale's next level of interpretation can be seen in how it leads the reader to believe that the main character is searching for an actual garden where a path leads to another, and so forth ad infinitum. Yet, Borges all along is trying to explore the difference between the traditional conception of infinity and the modern idea of it. There is a possibility of an abstract yet real infinity, where the garden of forking paths is not an actual garden, but an object that conveys the idea of transfinite numbers of points. Layer upon layer, story upon story, leading to another and again to yet another until it returns to the story's beginning. Borges achieved keeping the path endlessly opening. Forking-path narratives in the arts juxtapose multiple alternative versions of a story. *Breezes* by Enrique Ramírez is a strong and symbolic filmic work that exemplifies the double entendre as read in *Garden of Forking Paths.* The open yet highly controlled pathway through the Presidential Palace in Santiago de Chile that the main character walks evokes contradictions as part of the means to ensure free passage into the world.

Malin Barth
Director at Foundation 3,14

Relaciones mágicas

BRANDON LABELLE

La exposición *Block Mágico* fue evolucionando a través de una serie de visitas a Santiago que realicé desde el año 2010, especialmente tras conocer a Soledad García y colaborar con ella. A través de estas experiencias, que incluyeron interacciones, observaciones y reflexiones tal vez pequeñas pero muy significativas (además de nuevas amistades), varias ideas y áreas de trabajo en las que me involucré encontraron, nuevos e importantes puntos de referencia. Algunos de los temas que he investigado para mi propio trabajo como artista y escritor −como la invisibilidad y el animismo, la voz y la influencia, la inmaterialidad y la imaginación política...− encontraron de manera inesperada una resonancia, un eco y una tensión productiva a través de mis experiencias en Chile. La exposición *Block Mágico* se relaciona no solo con estos temas, sino además con los encuentros extremadamente positivos y enriquecedores que me ofreció Santiago al explorar y perderme en la ciudad, al trabajar en varias instituciones, conocer a los artistas y su entorno, y también al desarrollar un fuerte interés en la historia y la cultura tan especial del país. Estas experiencias y oportunidades han contribuido a una sensación exacerbada de lo que está en juego al ser un artista, y cómo la cultura puede ser una plataforma importante para la mutualidad y la resistencia. Puedo decir que no solo encontré una especie de hogar en Santiago, en las actitudes y en las sensibilidades de las personas que conocí, sino además un lugar desde el cual tuve que profundizar mi propio sentido del trabajo artístico y su relación con mi condición de ciudadano global. La curaduría y organización de esta exposición junto con Soledad contiene esta historia más personal de días y noches caracterizadas por pensamientos inquietos e inspirados, de llevar a casa los restos fantasmagóricos de las narraciones que escuché durante mis visitas y tal vez, lo que es más importante, de permitir que todas las experiencias juntas forjaran un eslabón más en el sentido del ser.

De varias maneras, esta relación con Chile me ha ofrecido la posibilidad de aprender e intercambiar, de compartir y extender el ámbito de mi propia obra, lo que me parece crucial en la práctica cultural. Como norteamericano, viajar a Chile también trajo a colación varios temas: las historias y tensiones que muchas veces suceden entre el norte y el sur y de qué manera influyen en mí; el contraste de las ideologías y sus economías; la relación con el paisaje y lo autóctono; y cómo los artistas lidian con la opresión social y su recuerdo.

Esto ocurrió de inmediato, durante mi primer día en Santiago. Tras una mañana dedicada a recuperarme del extenso vuelo desde Berlín, decidí salir a caminar. Al poco andar, llegué al Museo de la Solidaridad, que quedaba muy cerca de mi alojamiento (lo que le da un gusto aún más sabroso al hecho de que la exposición se presente ahí). Su nombre, Museo de la Solidaridad Salvador Allende, me llamó la atención y decidí entrar. El museo se inauguró en el año 2000, tras el fin de la dictadura de Pinochet en 1990 y su posterior arresto a fines de esa década, aunque se basa en un proyecto originado a principios de la década de 1970 en el cual artistas de todo el mundo donaron obras como muestra de apoyo al recién electo gobierno de Salvador Allende. El tema de la solidaridad es central para el museo y, de cierto modo, me lleva a mencionar algo que también percibí durante mis visitas a Santiago: un verdadero sentido de interacción artística.

Como extranjero, sé que corro el riesgo de excederme en el romanticismo de algo que no entiendo totalmente; sin embargo, de todos modos puedo decir que lo que he sentido es un tipo de energía artística que se relaciona, por un lado, con un cuestionamiento de lo político (cierta reflexión sobre la máquina del poder y el funcionamiento de sus engranajes) y, por otro, con un interés por explorar formas para articular lo anterior a través de una gama sorprendente de lenguajes y lógicas. La teórica Valentina Montero logra capturar esto de manera muy precisa en referencia a una obra de Carlos Leppe, *Edición de un signo cutáneo* (1978). La acción de Leppe, que consistió en afeitarse una estrella en su nuca y fotografiarse frente a la bandera de Chile (haciendo referencia al gesto de Duchamp de 1919), guía a Montero a una noción de "contextualización de lo conceptual", un enfoque o metodología que ella identifica con la práctica del arte en Chile. La acción de Leppe provoca que surjan un sinnúmero de ideas provocativas y que resuenan con lo que describo: ese sentido de las obras artísticas como acciones estéticas que se dirigen a través de una intensidad creativa hacia el mundo con toda la tensión y brutalidad de su realidad. Esta visión también es algo que he intentado explorar en la exposición *Block Mágico:* considerar las expresiones personales que se relacionan con asuntos más colectivos, como la historia y el orden social, el paisaje y sus economías geopolíticas, y la estabilidad o veracidad de las narrativas que describen lo anterior.

En consecuencia, estas son algunas de las preguntas que esperamos formular: ¿cuán eficaz es el trabajo creativo para negociar un gobierno de brutalidad? ¿Puede la creatividad funcionar tanto como un proceso de memoria como uno de renovación? ¿Puede actuar como un procedimiento para acercarse a lo inquietante e indescriptible, a lo que se oculta y recuerda continuamente? ¿Puede ser una operación que también nos obligue a volver a ver lo que está claramente ausente?

MAGIA

Para el desarrollo de la exposición nos interesó destacar una relación entre lo personal y lo político, además de cómo una obra artística puede asumir un rol de activismo: no solo a través de los modos tradicionales de la expresión activista como manifestación colectiva, sino también a través de actos de magia. Por ahora, y para desarrollar esta idea, definiré "magia" como la creencia en algo que puede escaparse de la lógica de lo visible. La magia, claro está, tiene mucho que ver con trucos, con la creación de ilusiones y con la sorpresa que nos provocan las apariciones repentinas. Sin embargo, lo que es más importante y poderoso sobre la magia es cómo esos trucos o ilusiones, dentro o fuera del mundo imaginario, pueden surgir e influir en los eventos que suceden alrededor del mundo. A través de su presencia en dominios más etéreos, los actos de magia finalmente logran desconcertar y expandir lo que consideramos como cierto y cómo esa verdad se instala en la tierra y entre las personas.

No hay dudas de que la magia también se puede utilizar para engañar y confundir, como estrategia para fines políticos. Mediante una distracción o un as bajo la manga, la magia permite a los gobiernos y otras instituciones hacernos creer una cosa mientras hacen otra. Sin embargo, esta estrategia también se puede utilizar para hacer exactamente lo contrario: para permitirnos ver la verdad que se oculta tras la ilusión; para descubrir y relacionar de otra manera lo que hay y lo que falta.

En este punto quisiera mencionar la obra de Michael Taussig y, de manera específica su libro *La magia del Estado,* en el cual desarrolla paralelos entre los ritos y rituales de los aborígenes de Sudamérica con las operaciones del Estado. Taussig destaca los actos de fantasía tanto en las prácticas de posesiones espirituales como en las políticas y la vigilancia de un país. También destaca su interacción y profundiza en su comprensión de cómo los aparatos del Estado y sus operaciones se sostienen en "confusiones e ilusiones", creando una mitología de su apariencia como una presencia espectral: el Estado está al mismo tiempo en todos lados y en ninguna parte, y utiliza estos medios prácticos para vigilar y gobernar. Sin embargo, Taussig también nos recuerda cómo la magia del Estado es una fuerza a la que es posible contrarrestar, ya que "estos mismos poderes de confusión e ilusión se pueden dirigir en contra del Estado en manos de las personas comunes y corrientes" (Taussig: 122-23).

Como procedimiento estético o creativo, la magia se adueña de esta zona inestable. Nos ubica explícitamente en un territorio de ambigüedad que apunta a enfrentar las dificultades de una situación incierta o de una modificación de las estructuras que nos atan a ideologías específicas. En el caso de Chile, esto se puede comprender en relación con la pregunta de los desaparecidos y las personas perdidas. Si bien esto nos lleva a pensar específicamente en el período de la dictadura de Pinochet, en el cual miles de personas fueron desaparecidas y miles más fueron torturadas, era para nosotros importante visibilizar los procesos a través de los cuales estas brutalidades quedan no resueltas y estáticas en un inconsciente colectivo, donde los cuerpos pueden aparecer repentinamente en el océano (como en la obra de Enrique Ramírez) para guiarnos de vuelta al centro de un tiempo y un espacio perdidos que yo llamo "lo real irreal". Lo que se ha perdido se comunica a través de un silencio profundo y resonante en las superficies de la ciudad o en la materia del paisaje, a través de recuerdos que se chocan o superponen y a través de historias que viajan a través de los más diversos canales. De esta manera, la magia como una operación fundamentalmente creativa puede ser útil para comprender la compleja e incierta relación que existe entre las diferentes versiones de la historia, entre lo que pasó y no pasó, entre lo visible y lo invisible, y las facciones ideológicas que se resisten a la iluminación. La magia como un medio para comunicarse con los fallecidos, para navegar por la región fantasmagórica de las desapariciones y, posiblemente, para revelar rutas inesperadas que llevan a la sanación y la recuperación. Para ser un sujeto dentro de las fricciones de lo real irreal.

LO INVISIBLE

Junto con la magia, también me he interesado mucho el tema de la invisibilidad como área de investigación. Lo que me atrae tanto de la invisibilidad es cómo evoca o lleva consigo una visión especialmente poética acerca de la percepción y las nociones de lo inmaterial: lo que no vemos inmediatamente inspira cierta actividad de la imaginación. Por ejemplo, ¿es posible relacionarse de verdad con lo que no existe visualmente? ¿Acaso la invisibilidad no incita fantasías de comportamientos eróticos o criminales, además de un aprecio por lo efímero y lo fugaz?

La lógica de lo invisible pesa mucho dentro de nuestra cultura y bien lo saben los artistas: el proceso de hacer visible lo que suele ser tan difícil de comprender o articular nos demuestra con claridad cómo dependemos de la visibilidad para confirmar que algo existe realmente. Si yo estuviera parado en esta habitación pero no me pudieras ver, ¿cómo sabrías que estoy aquí? ¿Cómo podría yo mismo saber si existo o no? Estas preguntas nos guían hacia una perspectiva de vital importancia, ya que la visibilidad también se puede utilizar para disfrazar lo que está presente, confundiendo nuestra mirada a través del poder la vista. Por ende, el enfoque en la invisibilidad nos lleva hacia las fuerzas más energéticas y vibrantes que existen a nuestro alrededor y a los movimientos elementales que rodean todas las formas, como las sombras; a través de la invisibilidad aparece un sentido más profundo del mundo material, donde no solo existe lo que veo sino también lo que puede ocultarse en la oscuridad o lo que puede existir simplemente como pensamiento.

Estos aspectos poéticos de lo invisible suelen transmitir ideas y enfoques a las obras artísticas, enfocándose en lo efímero o lo oculto, lo secreto o lo incognoscible: por ejemplo, para ofrecer un rastro de lo que no es representable. Al mismo tiempo, esta dimensión poética se ve determinada por una fuerza política que rodea lo que se ve o *lo que se permite ver.* Sandra Vásquez de la Horra logra capturar esto en su video *Hemisferios* (2002). Tras vendarse los ojos, la artista escribe en un diario sus recuerdos, información y declaraciones relacionadas con la historia y la política de Latinoamérica. Sin embargo, la artista escribe simultáneamente en la otra página, como si un espejo dividiera su diario. Es decir, una mano va en una dirección y la otra en la dirección opuesta. Esta obra busca expulsar lo que se lleva guardado y amplificarlo en una liberación catártica, al tiempo que desplaza cualquier tipo de representación perfecta o completa. En su lugar, nos encontramos con dos lados de la misma historia, un fragmento que nunca logra ser totalmente coherente. Al mismo tiempo que algo se revela, algo se pierde.

Esto es lo que más me impresiona de la invisibilidad. Esta combinación de lo poético con lo político, lo energético con lo trágico. La invisibilidad también tiene que ver con las borraduras, la eliminación o la exclusión; cuando se trata de las libertades individuales, los desaparecidos y las personas perdidas, la invisibilidad se convierte en tragedia. Ofrecer una representación posterior de lo que ya no está o de lo que no se permite que (re)aparezca es elaborar un espacio crítico que se tensiona con la narrativa dominante: espacios de secreto o intimidad, espacios de una cultura clandestina que, al estar instalada al margen, transita por las complejas y poderosas líneas de la visibilidad. La invisibilidad puede ser una estrategia que permite que algo aparezca para algunos mientras se oculta para otros.

Por lo tanto, la invisibilidad es una posible ruta de escape y un método de eliminación. De este modo, y tal como la magia, es una fuerza que se puede trasladar entre las formas de control estatal y la creación autónoma. Es precisamente una condición de existencia que encuentra apoyo en una amplia variedad de canales alternativos, hablando a través de la ausencia y el vacío y forzándonos a prestar atención a lo que quedó fuera.

La invisibilidad y la magia son dos lados de la misma moneda y nos guían al terreno de la creatividad y lo estético, además de lo poderoso y lo político. Es aquí donde lo creativo y lo político se cruzan y ocupan un territorio de conflicto y confluencia en el cual se inspiran tanto la imaginación como los métodos de vigilancia. Puede surgir la pregunta de cómo reclamar un derecho específico no solo en relación con el espacio de lo político, sino también con las lógicas de la magia y la imaginación como medios para articular la solidaridad y la condición de sujeto. La subjetividad es una producción en constante desarrollo; el hecho de que las formas de vigilancia y gobierno puedan intentar detener esa producción solo pone de relieve la intensidad y el poder que tiene el sujeto para imaginar y crear (para sí mismo y otras personas) todo un mundo de vitalidad.

SOLIDARIDAD

Para finalizar, quisiera narrar otra experiencia que viví durante mi segunda visita a Santiago, exactamente un año después de haber conocido el Museo de la Solidaridad. Esta vez, el tema de la solidaridad llegó a mí desde otro ángulo: el de las protestas estudiantiles que se llevaron a cabo en rechazo de las políticas neoliberales que durante tanto tiempo han gobernado la educación en el país.

Cuando llegué a Santiago, las protestas llenaban las calles casi todos los días y daba la impresión de que prácticamente todos los establecimientos educacionales habían sido tomados, cerrados o bloqueados por los estudiantes, en particular el Instituto Nacional. Escuché muchas cosas sobre la toma del Instituto, los métodos creativos que los estudiantes habían desarrollado para cultivar un espíritu de protesta y desafiar las políticas del gobierno. Por lo tanto, decidí visitarlo para investigar.

Al entrar al edificio, me sentí como si estuviera entrando en una zona misteriosa, similar a las concebidas por Tarkovksy en su película *Stalker:* un territorio que, de alguna manera, se ubica fuera del tiempo y está habitado por fuerzas misteriosas. Había entrado en un espacio suspendido de sus funciones habituales; uno que en buscaba la forma que tendría en el futuro. Los pasillos estaban vacíos, por aquí y por allá se podían ver algunos colchones y graffittis, y los salones estaban desordenados. Si bien los pasillos estaban bloqueados y se sentía la ausencia de normas, en el aire también se percibía un ambiente de juego, anarquía y esperanza. Un grupo de estudiantes jugaba fútbol en el patio principal, mientras otros cantaban y bailaban preparándose para la siguiente marcha.

Intenté explorar el edificio lo más que pude, tomando fotografías y grabando los sonidos de mis pasos, capturando los detalles acústicos del lugar y mi viaje por este escenario caótico y vibrante.

Corredores.
Salones vacíos.
Izquierda y derecha, escudriñando tras las esquinas.
Vuelta atrás y una pausa.
Para escuchar el silencio.
Que se destruiría súbitamente.
Risas, gritos.
Juegos.
Peleas.
En el piso de abajo.
La ventana me ofrece una vista.
La calle de allá afuera: la vida diaria.
La ciudad.
De vuelta al interior.
Un silencio extraño.
Sucio.
El calor, las sombras.
La luz del sol y luego oscuridad.
Ecos.

Había muchos estudiantes alrededor y de vez en cuando dudaba cuál sería mi próximo movimiento, intentando parecer invisible, ya que era claro que me verían como un extraño, incluso tal vez como un espía o un agente del gobierno. Tuve visiones de que me secuestraban y exigían dinero por mi rescate. O peor aún, de que me ataban a un poste y me quemaban vivo. No hablé con nadie. Preferí moverme sigilosamente y, en un momento determinado, me pregunté qué era lo que estaba buscando. *¿Qué esperaba ver?* La toma del Instituto era un acto significativo del que todos hablaban y que nos llevaba a una historia de mayor alcance relacionada con la dictadura, con las políticas del gobierno, con el orden social y con nuevas ideas de lo que el futuro podría ofrecer. Democracia. Justicia social. Comunidad.

No lo pensé en su momento, pero posteriormente comencé a comprender la toma como un acto de magia, como si a través de la suspensión de las funciones habituales del edificio y la introducción de otra lógica en sus espacios (una lógica *en bruto* y otra definida por una creencia en algo que aún no llega, una manifestación futura de los ideales sociales), los estudiantes desearan transformar sus propias vidas. También me di cuenta de que al caminar por el edificio, en realidad no estaba buscando algo. Lo que deseaba era participar, siquiera de manera breve o mínima, en el espíritu de un movimiento, uno que se enfrentaba explícitamente a los patrones normativos de un estilo de gobierno y que se dirigía hacia el horizonte incierto de lo que es posible. Mis pasos me guiaron hacia las energías de esta formulación mágica y es aquí donde deseo detenerme, al menos por un momento.

Cuando mi visita a la universidad llegó a su fin y navegué por el humo y los escombros que dejaron las manifestaciones del día, salí a la calle y rodeé el edificio principal. Fue entonces cuando di con este graffiti:

EDUCACIÓN = REVOLUCIÓN

Fue un momento magnífico: una ecuación sencilla, pero que inspira cierta forma de pensar, cierta forma de *imaginar* y que puedo dejar como recordatorio: cómo las pasiones de la creatividad se pueden encontrar en pequeñas ecuaciones escritas en las paredes de un edificio.

Quiero sugerir que la magia es la elaboración de una ecuación: crear una relación entre una cosa y otra de este modo implica crear la posibilidad de que exista entre ellas una conexión significativa. Es un tipo de fricción productiva, una nueva construcción de significado en la cual, de un momento a otro, una cosa puede ser igual a otra, puede definirla o desestabilizarla, puede abrir un espacio para la presencia de un posible efecto. Del mismo modo, el lenguaje se debiera apreciar más como una forma oculta de significación. Las palabras no como signos, sino como un proceso de *evocación* que convoca lo que solo se puede intuir.

En este caso, "educación" y "revolución" se unen en una alineación tan misteriosa como extremadamente sugerente. *Un tipo de mundo se abre gracias a la fuerza de la ecuación.* Como podemos ver en las protestas, una fórmula mágica puede no solo incitar los instintos poéticos de la imaginación, sino también los alzamientos colectivos. En este sentido, la magia está llena de riesgo y poder. Al invocar a los espíritus, al salir de la estabilidad de la forma y el significado y al voltear las estructuras de las arquitecturas que recibimos, en realidad nunca podemos estar seguros de lo que vendrá. La magia es un proceso que, de manera fundamental, nos regresa a un espacio de lo irracional, a una lógica de espíritus de animales y de una creencia en lo que solo se puede concebir en el horizonte del pensamiento. Es un espacio de creatividad y de un evento estético. Es posible que la relación que existe entre el arte y la política sea precisamente una de imaginación, de elaboración de narrativas y de cómo estas incitan luchas continuas, de renovación, sanación, apropiación, así como de celebración y creaciones de mundos. Nunca queda totalmente claro dónde termina una y comienza la otra. La revolución puede fácilmente transformarse en vigilancia y un gobierno nos puede sorprender por la creatividad con la que usa su poder. *Magia y lo invisible.*

Si se me permite, quisiera finalizar con los sonidos que grabé durante mi recorrido por el Instituto durante su toma, los que percibo como un retrato tan inquietante como certero de mi viaje. Esto se debe a que esa noche, cuando escuché la grabación, me sorprendió lo que escuché, no eran los sonidos familiares que oí durante mi recorrido, sino algo totalmente inesperado. Era un solo hilo de ruido constante: estática, interferencia, dispositivos electrónicos… elementos que transformaban los sonidos, los gritos de los estudiantes y mis propios pasos, en algo irreconocible. ¿Tal vez los fantasmas del lugar o una imagen audible de todo lo que se estaba desmoronando? Realmente no lo sé. Pero confío en que estos nuevos sonidos aún contienen la posibilidad de lo que puede venir, ya sean otros recorridos, una reforma educacional o la producción de futuros encuentros.

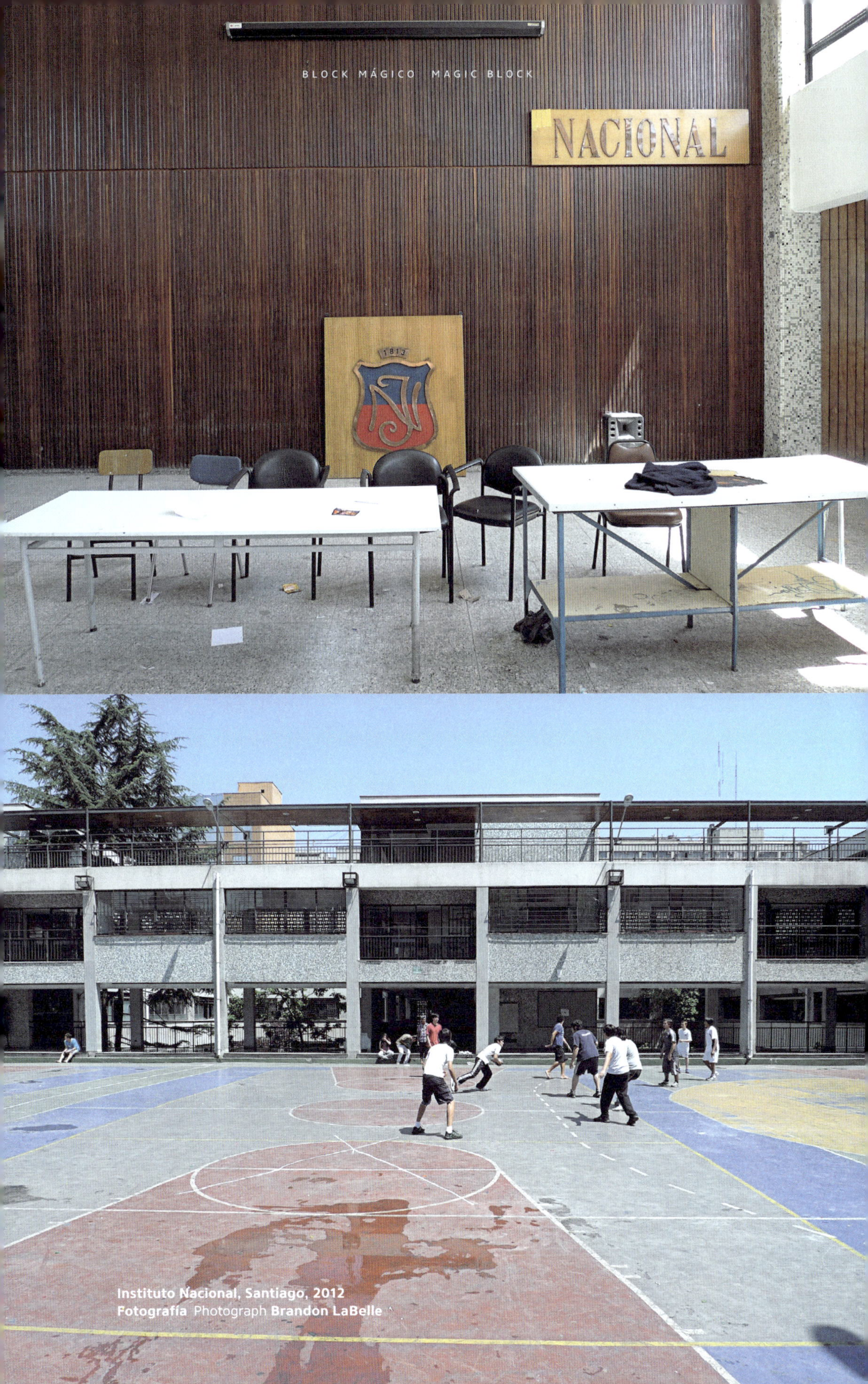

Instituto Nacional, Santiago, 2012
Fotografía Photograph **Brandon LaBelle**

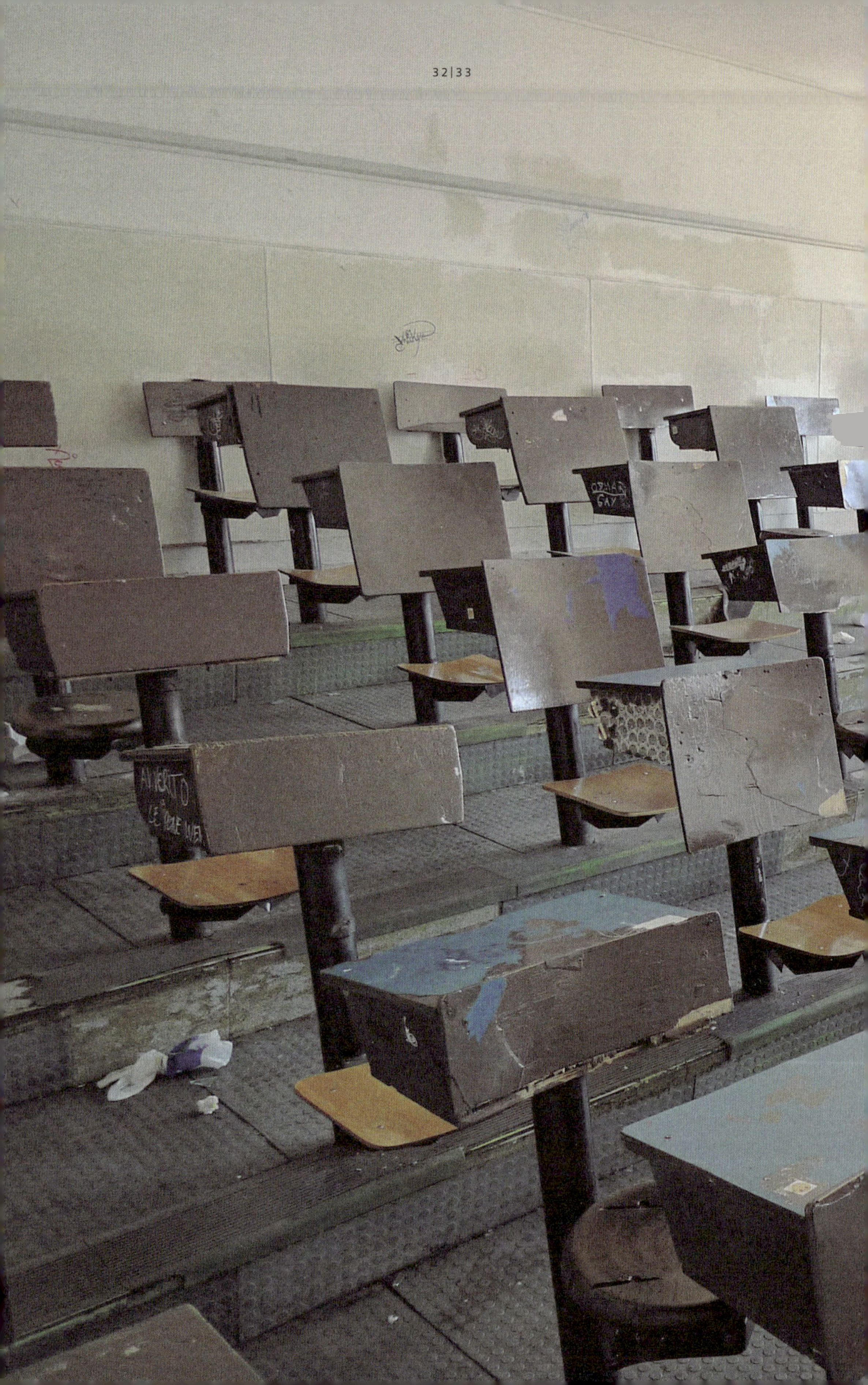

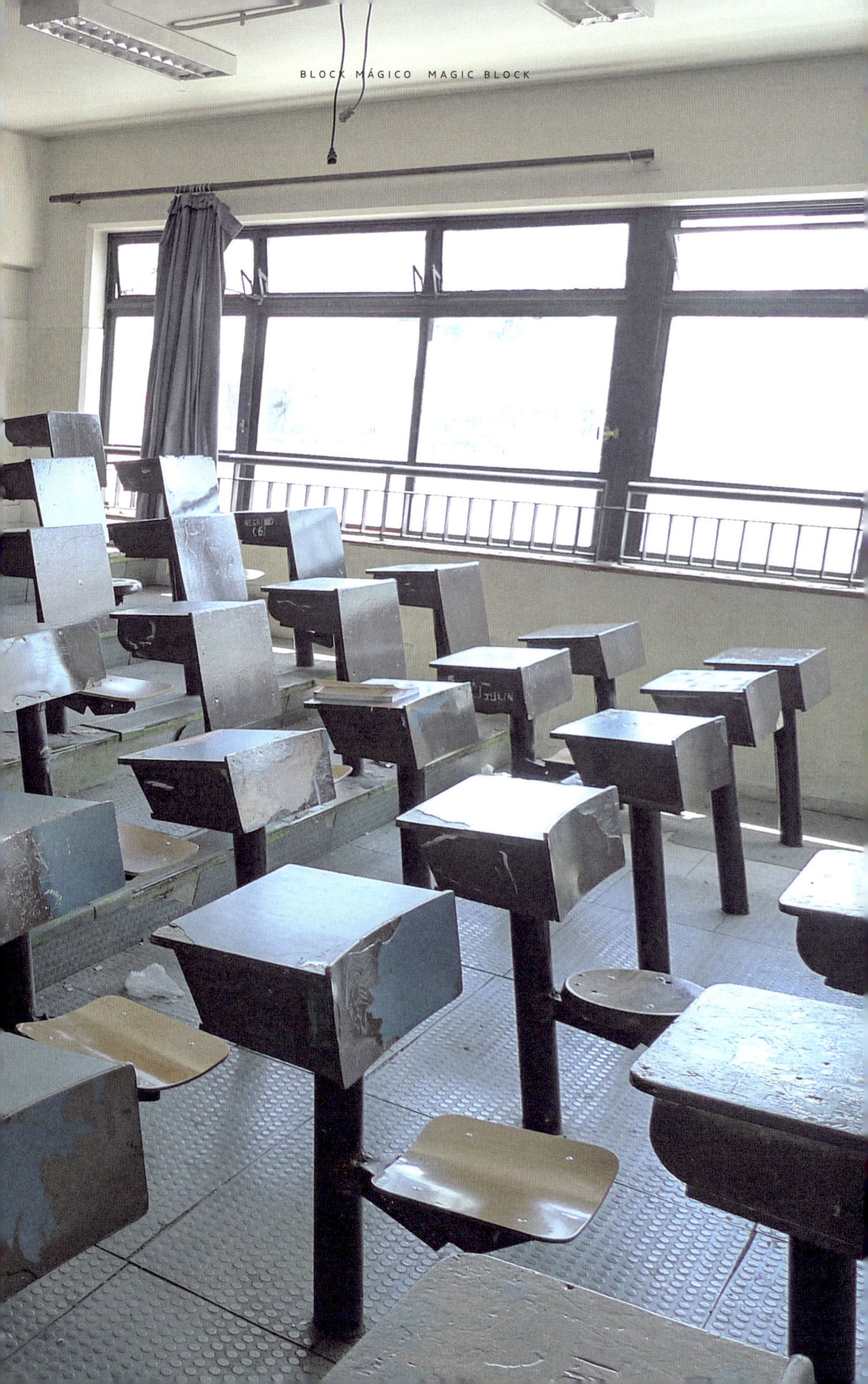

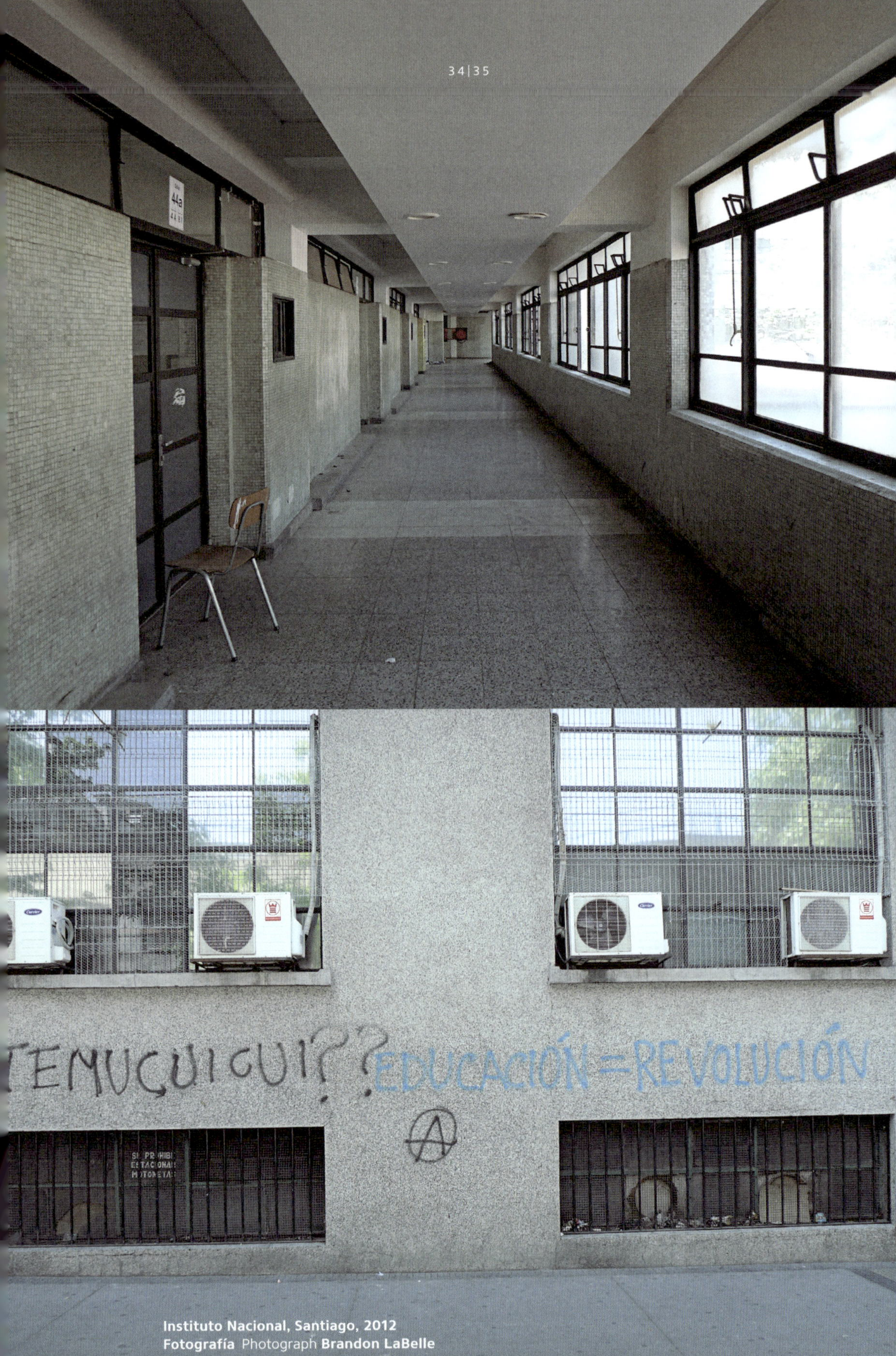

Instituto Nacional, Santiago, 2012
Fotografía Photograph **Brandon LaBelle**

Magic Relations

BRANDON LABELLE

The exhibition *Magic Block* developed through a series of visits I made to Santiago since 2010, and especially by meeting and collaborating with Soledad García. Through these experiences, which include many small yet meaningful interactions, observations, and reflections, as well as new friendships, a number of ideas and strands of work I'd been actively engaged with found new and important points of reference. Some of the themes I've been investigating in my own work as an artist and writer – for instance, invisibility and animism, voice and agency, immateriality and the political imagination... – these found an unexpected form of resonance, echo, and productive tension through my experiences in Chile. The exhibition *Magic Block* is related to these themes, but also to the extremely positive and enriching encounters found in exploring (and getting lost in) the city of Santiago, working at different institutions, and getting to know artists and the artistic environment, as well as developing a strong interest in the country's particular history and culture through shared conversations – these experiences and opportunities have contributed to a greater feeling for what is at stake in being an artist, and how culture can serve as an important platform for mutuality and resistance. I can say that I found a type of home in Santiago, in the attitudes and sensibilities of those I met, as well as a place from which it became necessary to deepen my own sense for artistic work and its relation to being a global citizen. Curating and organizing the exhibition with Soledad contains this more personal story, of days and nights marked by restless and inspired thoughts, of carrying back home the ghostly remains of stories heard while visiting, and importantly, letting it all force a new stitch into the fabric of the self.

This relationship with Chile, in many ways, has given me an opportunity to learn and to exchange, to share and to extend the range of my own work, and what I feel is crucial in cultural practice. As a North American, in particular, traveling to Chile also forces certain questions: about the histories and tensions often passing between North and South, and how this impacts on myself, about contrasting ideologies and their economies, and a relationship to landscape and the indigenous, and also how artists deal with social oppression and its memory.

This occurred immediately upon my first day in Santiago. Having arrived in the morning after a brutally long journey from Berlin, I decided to take a walk and arrived almost directly at the Museum of Solidarity, which coincidentally was down the street from where I was staying (which also makes it particular fulfilling to now have the exhibition presented here). I was immediately intrigued by this name, the Salvador Allende Museum of Solidarity, and decided to enter. The Museum was opened in 2000 following the end of the Pinochet dictatorship in 1990 and his subsequent arrest at the end of that decade, though the Museum is founded on a project from the early 1970s in which artists around the world donated works in support of the then-elected Allende government. The theme of solidarity is central to the Museum, and in a way, brings me to what I have also perceived during my visits to Santiago: a sense of real artistic engagement.

As an outsider I realize how I run the risk of romanticizing what I do not fully understand, but still, I would say that what I have felt is a type of artistic energy that is, on one hand, relating itself to a question of the political – a certain pronounced reflection on the operations of power – and on the other hand, an interest to explore ways to articulate this through a surprising range of languages and logics. This is poignantly captured by the media theorist Valentina Montero in reference to a work by Carlos Leppe, *Edición de un signo cutáneo* (1978). Leppe's action of shaving a star on the back of his head and photographing himself in front of the flag of Chile, referencing Duchamp's earlier gesture from 1919, leads Montero to a notion of "contextualizing the conceptual," an approach or methodology she identifies within Chilean art practice. Leppe's pointed action causes all sorts of suggestive ideas to surface and which resonate with what I'm mapping here: that sense for artistic works as aesthetic actions that direct themselves by way of creative intensity toward the world around in all its brute and tensed reality. This view is also something we've tried to approach in the exhibition *Magic Block:* to consider the personal expressions that relate themselves to more collective issues – about history and the social order, about the landscape and its geo-political economies, and about the stability or truthfulness of the narratives that speak of such things.

Accordingly, some of the questions we hope to raise are: How does the creative work perform to negotiate a governance of brutality? Might creativity operate as a process of both recollection and renewal? To act as a procedure for approaching what is so haunting and unspeakable, hidden and continually remembered? An operation that might also force us to look again at what is so plainly absent?

MAGIC

In developing the exhibition we were interested in highlighting a relationship between the personal and the political, and how an artistic work may undertake a form activism: not only through traditional modes of activist expression, in forms of collective demonstration, but also through acts of magic. To unfold this further, I would provisionally define magic as the belief in something that may escape the logic of the visible. Magic, of course, has a lot to do with tricks, with creating illusions and surprising us with sudden apparitions. Yet what is so important and powerful about magic is the way in which such tricks or illusions may come to life, within the imagination and beyond, to affect and influence events in the world. By performing through more intuited and spectral pathways, acts of magic ultimately come to unsettle and expand what we believe to be true, and how that truth takes up residence on the ground and among people.

Magic, without a doubt, may also be used to delude and misinform, as a strategy for political ends; a sleight-of-hand or a trick up the sleeve, magic is certainly a means for governments and other official bodies to make us believe one thing, while they do another. Yet, such a strategy may also be appropriated and utilized to do the opposite: to make us see the truth behind the illusion; to uncover, but also and importantly, to inspire another way of relating to what is there, and to what is missing.

Here I may point to the work of Michael Taussig, and in particular his book *The Magic of the State,* in which he considers parallels between the rites and rituals of South American Indians and the operations of the State. Taussig draws attention to acts of "make believe" in practices of both spirit possession and national politics and policing; accentuating their interplay, he deepens understanding on how State apparatuses and operations rely upon "confusion and illusion," mythologizing its appearance as a spectral presence: the State is everywhere and nowhere, utilizing such magical means to police and govern. Yet Taussig is also keen to remind how the magic of the State is equally a force open for appropriation and counter-measure, for "these very same powers of confusion and illusion can be turned against the state and used by ordinary people." (Taussig: 122-23)

As an aesthetic or creative procedure, magic occupies this unsteady zone; it explicitly locates us within a territory of ambiguity aimed at dealing with the difficulties of an uncertain situation, or of tricking the structures that bind us to particular ideologies. In the case of Chile, this can be understood, as we've thought to explore through *Magic Block,* in relation to the question of the disappeared and the missing. While this refers us specifically to the Pinochet dictatorship, in which thousands disappeared, and thousands more were tortured, we were more concerned to draw attention to the processes by which such brutality is left unresolved and fixed within a collective unconscious – where bodies may surface, suddenly, out of the ocean, as in the work of Enrique Ramírez, to lead us back to the center of a missing time and space, toward what I may call "the unreal real." What has gone missing speaks through a deep and reverberant silence, on the surfaces of the city or in the matter of the landscape, through overlapping or conflicting memories, and through stories passed through any number of channels. In doing so, magic as a fundamentally creative operation may assist in understanding the uneasy and uncertain relation between different versions of the story, between what happened or not, between the visible and the invisible, and the ideological factions that resist illumination – magic as a means for communicating with the dead, for navigating through the phantasmic region of disappearing, and possibly, for revealing unexpected pathways toward healing and recuperation. To be a subject within the frictions of the unreal real.

THE INVISIBLE

In conjunction with magic, I've also been particularly interested in the theme of invisibility as an area of research. What I find so compelling about invisibility is how it carries or evokes a particular poetical view to do with perception and notions of the immaterial: what we do not see immediately inspires a certain imagination. For instance, is it possible to truly relate to what is not there visually? Does not invisibility incite fantasies of erotic or criminal behavior, as well as an appreciation for the ephemeral and evanescent?

The logic of the visible carries extreme weight within our culture, and artists know this quite well: the process of making visible what is often so difficult to understand or articulate shows us clearly how we rely upon visibility to confirm that something does in fact exist. If I stood here and yet you could not see me, how would you know I was here? How would I know I existed? Such questions highlight a crucial perspective, for visibility may also perform to mask what is unquestionably present, obfuscating our view with the powers of seeing. Subsequently, a focus on invisibility directs us toward the more energetic and vibrant forces around us, and the elemental movements that surround all forms, like shadows; through invisibility a deeper sense for the material world appears, as not only what I may see but importantly, what may lie in the dark, or simply exist purely as thought.

These poetics of the invisible often inform ideas and approaches to artistic work, focusing on the ephemeral or the hidden, the secret or the unknowable: to give a trace to the unrepresentable, for example. At the same time, this poetic dimension is also marked by a political force, a politics that surrounds what is seen or allowed to be seen. Sandra Vásquez de la Horra captures this in her video piece *Hemispheres* (2002); blindfolding herself, the artist writes out a diary, recalling memories, information, and statements related to Latin American history and politics, yet the diary is split, with the artist simultaneously writing a mirrored text, with one hand going in one direction, and the other, in the opposite. The work attempts to expel what is held within, amplifying it in cathartic release, finally, yet also displacing any perfect or complete rendering; instead, we are left with two sides of the same story, a fragment that never coheres. Something is revealed, and at the same time, something is lost and obscured.

This is what strikes me about invisibility – this combination of the poetic and the political, the energetic and the tragic. For invisibility is also about erasure, removal or exclusion; in relation to the agency of individual freedoms, the disappeared and the missing turn invisibility into tragedy. To subsequently give representation to what is not there, or what is not allowed to (re)appear, is to carve out a critical space in tension with that of the dominant narrative – spaces of secrets or of intimacy; spaces of underground culture that, in occupying the margins, straddle the difficult and powerful lines of visibility. Invisibility may be a strategy enabling one to appear for some, while hiding from others.

Invisibility is thus a potential escape route, as well as a means of erasure. In this way, like magic, it is a forceful power that can pass between forms of state control and autonomous creation; it is precisely a condition of being that finds recourse and support through all sorts of alternative channels, speaking through absence and emptiness, and forcing us to pay attention to what has been left out.

Invisibility and magic are thus two sides of the same coin and lead us to the realm of creativity and the aesthetic, as well as the powerful and the political. It is here that the creative and the political intersect, occupying a territory of conflict and confluence, inspiring both the imagination along with the forms of policing. It might become a question of how to claim a certain right not only to the space of the political, but to the logics of magic and the imagination, as means for articulating subjecthood and solidarity. For subjectivity is a production always in the making; that forms of policing and governance may attempt to arrest such production only highlights the sheer intensity and power of the subject to imagine and to create for itself, and for others, a world of vitality.

SOLIDARITY

Returning to Santiago, I want to conclude with another experience I had during my second visit, exactly one year after my first and my subsequent discovery of the Museum of Solidarity. This time the theme of solidarity came to me through another form, that of student protests mounted against the long-standing neoliberal policies that have governed education in the country.

When I arrived in Santiago there were taking place in the streets almost daily protests, and it seemed that nearly all schools had been occupied, shut down or barricaded by students, in particular the Instituto Nacional (National Institute). I had heard many things about the occupation of the public school, about the creative methods students had developed to nurture a spirit of protest, to convey and challenge government policy, and I decided to investigate. To take another walk, this time to the school.

Upon entering the building I felt as if I were stepping into a mysterious zone, such as that depicted by Tarkovksy in the film *Stalker:* a territory somehow outside of time and haunted by mysterious forces. I had entered a space suspended from its usual function, and one in search of a future form. The halls were empty, there were mattresses here and there, graffiti, and the rooms were left in disarray. Halls were blocked and there was a definite sense of lawlessness, but also, playfulness, anarchy, and hope. A group of students were having a football match in the main courtyard, while others were singing and dancing, preparing for the next demonstration.

I tried to enter as much of the building as possible, taking photographs and recording the sounds of my walk, capturing the acoustics of the place and my journey through this chaotic and vibrant scene.

Corridors.
Empty rooms.
Left, then right; peering around corners.
Turning back, to pause.
To listen to the quiet.
That would suddenly break.
Laughter, shouts.
Games.
Fights.
Down the stairs.
A view out of the window.
The street outside: daily life.
The city.
Back inside.
A weird silence.
Dirty.
The heat, the shadows.
Sunlight, and then darkness.
Echoes.

There were many students around, and often I would hesitate, trying to appear invisible, as it was clear they would see me as an outsider – maybe as a spy, or an agent of the government? I had visions of being kidnapped and held for ransom; or worse, being tied to a pole and burned alive. I did not speak to anyone, instead I crept around, and at a certain point, I started to wonder what I was looking for – *what did I hope to see?* The occupation of the school was a strong act, and one that everyone talked about, and which referred us to a greater history related to the dictatorship, to government policies, to the social order and also, to new ideas of what the future could be. Democracy. Social justice. Commonwealth.

I did not think this at the time, but afterwards I started to understand the occupation as an act of magic, as if by suspending the usual functionality of the building, and by introducing another logic to its spaces, a raw logic and one defined by a belief in what is not yet there, that is, in a future manifestation of social ideals, the students hoped to transform their own lives. I realized too, that in walking through the building I was not so much looking for something, as I was wanting to participate, however briefly or tenuously, in the spirit of a moment, one explicitly aimed against the normative patterns of a certain governmentality and toward the cloudy horizon of the possible. My steps turned me toward the energies of this magical formulation, and it is here that I wanted to dwell, at least for a moment.

When I finally ended my visit to the school, exiting through the smoke and debris from the day's demonstrations, I walked back out onto the street and around the main building, and immediately came upon this graffiti:

E D U C A T I O N = R E V O L U T I O N

It was a striking moment: a simple equation and yet one that inspires a certain thinking, an *imagining,* and that I might introduce here as a reminder: how the passions of creativity can be found in a small equation scrawled onto the side of a building.

I want to suggest that magic is the making of an equation: putting into relation one thing with another in such a way as to create the possibility of their meaningful connection; it is a type of productive friction – a new construction of meaning, where one thing may suddenly equal, define, or unsettle another, to open a space of possible effect. Accordingly, language should be appreciated more as an occult form of signification – words not as signs but rather, as a process of *evocation,* which summons what can only be intuited.

Here, "education" and "revolution" are brought together into a mysterious and extremely suggestive alignment. *A type of world opens up by the force of the equation.* As we can witness by the protests, a magical formulation may operate to not only incite a poetics of the imagination, but collective uprising as well. Magic, in this regard, is full of risk and power – by summoning the spirits, stepping outside the stability of form and meaning, turning over the structures of given architectures, we can truly never be sure what will come forth. Magic is a process that fundamentally returns us to a space of the irrational, a logic of animal spirits, and of a belief in only what can be imagined or glimpsed on the horizon of thought; it is a space of creativity and the aesthetic event. The relation between art and politics may be precisely one of imagination, the making of narratives and the way they incite continual dispute, retelling, remediation, appropriation, as well as celebration and the making of worlds. It is never so clear where one ends and the other begins; revolution may so easily shift into policing, and governance may surprise us with its creative use of power. *Magic and the invisible.*

If I could, at this point, I would conclude here with those sounds I recorded while walking through the school during its occupation, which strike me as a hauntingly accurate portrait of my journey. For when I finally listened back to the recording I had made later that night, I was surprised by what I heard: it was not the familiar sounds I had listened to during my walk, but something unexpected: a thread of continual noise – static, hum, faulty electronics… – transforming the sounds, the shouts of students, and my own footsteps into something unrecognizable – maybe the ghosts of the place, or an audible image of everything as it falls apart? I can't be sure. But I trust that these new sounds contain the possibility still of what may come, whether in the form of different walks, educational reform, or in the production of future encounters.

Block Mágico, de las mecánicas a los flujos del cuerpo
SOLEDAD GARCÍA SAAVEDRA

LOS PISOS RESUENAN

Camino y recorro una y otra vez la exposición *Block Mágico.* Pienso que a Brandon también le habría gustado hacer este ejercicio. Creo que no nos percatamos de que el segundo piso de madera del Museo de la Solidaridad Salvador Allende crujía como si cada tabla, retumbara haciendo un llamado a ser escuchada o exclamando por el peso que carga en sus 90 años. Aun en su aparente calidez de casa, resuenan los secretos y mitos ocultos en este espacio. Incluso cuando los muros son blancos, ninguna experiencia en este museo puede ser neutral, por más ventanas cerradas que lo aíslen del contacto con la cotidianeidad de la luz natural, del viento que mueve las esporas de los árboles, del tráfico y de la contaminación de la ciudad. Todo entra y sale de este espacio y el piso se ensucia y se limpia, pero sigue quebrajándose con cada pisada.

Me siento en una esquina despejada, cercana a la escalera. Un aspecto se me aclaró con este ejercicio de atención. Si tuviera que transmitir sus resonancias espaciales, esta exposición no pide silencio, ni fin, ni conclusión. Con algunos acoples entre videos, vocifera gestos corporales de artistas escribiendo, ensayando coreografías, relatando historias, registrando otras voces. Conservo en la parte posterior de mi cabeza tres sonidos: el restriegue imparable de unas manos sobre una superficie que retumba con palmoteos y sacudidas, el estruendo de un avión al aterrizar y los cánticos de una mujer en lengua indígena que, a ratos, me llaman al descanso y la apertura de sentidos pero que se frenan incómodamente al escuchar otra vez el restriegue de las manos junto al zumbido del avión. Semanas después, recojo estas experiencias, y me pregunto si los tonos y sensaciones que me producen estos sonidos, podrán abrir otros horizontes de mi comprensión sobre esta exposición, o si podrán activar otras fugas de ideas a la explicación del esquema.

EL ESQUEMA

A treinta años de su publicación, *el Block Mágico de Gonzalo Díaz* (1985) por primera vez cobra vida pública al exhibirse como objeto-imagen-documento como también al constituirse en el marco discursivo de esta muestra. Desde esta doble función, hemos compuesto un horizonte expandido sobre las corporalidades de la memoria articulada hacia dos direcciones reflexivas e interconectadas: el block y la magia, y como éstas se relacionan con preguntas sobre el cuerpo, la memoria y la historia. Al extender y examinar el *Block Mágico* y sus huellas materiales –principalmente, al realizar un ejercicio de memoria voluntaria tomando como referencia un documento que trata sobre la memoria subjetiva del arte en los 80 en Chile−, y al considerar sus conexiones y connotaciones de sus significados, nos permite resituar un conjunto de obras elaboradas desde 1979 hasta el 2014 por artistas chilenos, circunscritas a los tres medios y conceptos: *el block,* soporte para la escritura tradicional textual y visual, la notación extraña y su contraparte invisible, la transmisión oral; *la memoria subjetiva,* vehículo para transformar el yo en relación al arte y la sociedad, y *la magia,* el poder de las creencias personales y sociales, ancestrales e ideológicas que se incrustan de manera ilógica en nuestra percepción y comportamientos.

Emplazar y permutar estos tres complejos conceptos fue una construcción orgánica en esta exposición que contrario a una síntesis y dirección única (en realidad, imposible si se piensa en el laberinto que encierra la memoria y las inmaterialidades de la magia) movilizó obras ya realizadas y nuevos trabajos de los artistas que fueron reconfigurándose según las condiciones espaciales de la Gallery 3,14 en la ciudad de Bergen, Noruega y en el Museo de la Solidaridad Salvador Allende en Santiago de Chile.

Este proyecto curatorial optó por buscar obras que punzan recientemente una visibilidad, una salida a la superficie social luego de 30 años de inmersión. Probablemente, este proceso de reaparición refiera a un constante trabajo arqueológico que me apasiona, el de hurgar y conectar cabos sueltos para generar algo así como un *scratchmagic:* un conjunto de obras que permanecieron olvidadas en el recuento público, particularmente opacadas por mitos locales, restringidas por sus propios autores o estancadas en depósitos de museos y que regresan repentinamente por medio del conocimiento de sus materialidades, el contacto con sus ideas y la obstinación por visibilizar sus existencias. La exhibición entonces es un tipo de excavación histórica que al mismo tiempo rechaza ser solo una recuperación del pasado. Por el contrario, la intención fue enfrentar aquello que se ha mantenido tan aparente: las intensidades de lo que ha desaparecido y que son esenciales en la vida. Además de las obras del pasado, hubo obras que fueron realizadas por los artistas en respuesta al marco discursivo de la exhibición, las que en su conjunto y luego de reiteradas invocaciones conceptuales y logísticas, transportación geográfica y animismo a la hora del montaje, logramos hacer aparecer una exposición exploratoria de preguntas sobre el pasado y el presente. Sobre todo, indagando en aquellos nudos del aletargado pasado dictatorial que Chile arrastra y que hoy, si queremos ser optimistas, lentamente se desatan.

Utilizar la expresión nudo no exalta una mera metáfora, sino que alude a la ejecución de gestos y acciones políticas y artísticas que hacen inaccesible la plena visibilidad de las cosas y que se materializan a modo de contrato, en la representación y usos de la escritura y las imágenes. Mi interés recae en estas estructuras por la magnitud de lo que encubren y suspenden en el arte e igualmente, por las posibilidades de encontrar en sus propios amarres y desbordes la comprensión del presente.

La primera, de carácter macroscópico y circunscrito a lo más profundo del territorio es la ley de la dictadura liderada por Augusto Pinochet, la Constitución hasta ahora inamovible de 1980 y que asegura las medidas de privatización y lógica corporativa de la salud, seguridad social y educación a beneficio de pequeños grupos de clase y familia. Esta es la piedra angular del sistema neoliberal, que proyectada en una imagen, me hace pensar en un territorio vertical acordonado por nudos. Aun a pocos días de una Reforma Educacional aprobada por el Congreso[1], esta estructura en vías de recomposición, se esparce tensionando a la propia Constitución como también otros empalmes de la "apariencia transgénica" que impera en el país, como señala Valentina Montero en *By Reason or by Force* (2013:39) donde se camufla la estructura autoritaria con rostro democrático.

Este terreno es extenuante en la literatura académica, pero tal vez más abrumador es vivirlo conscientemente. Por eso es que también en Chile, el olvido es más preciado y alentador que el recuerdo, ya que es un poder de cambio que se abraza como refugio personal, y que se desenvuelve tanto en las estructuras del arte como en la política, aliviando la molestia, el cansancio y el dolor que produce el cuerpo de la realidad y los intercambios de las historias, colectivas como la propia.

En dictadura, este distanciamiento con la realidad social, emparentado con el olvido, constituyó un poder de protección y sanación para algunos artistas frente a la degradación del propio cuerpo. Principalmente, la incertidumbre que afectó a los sentidos y a la mente la desaparición de aquellas personas opositoras al régimen militar. A esta fuerza de opresión, se unió un contrasentido en el discurso local del arte de fines de los 70 e inicios de los 80 que buscaba lo real de su práctica en la crítica al régimen y a todo modelo vigilante o cómplice de autoridad. Este principio moral, defendido por la escritura de Nelly Richard y acompañado aun con algunas divergencias por artistas como Eugenio Dittborn y Carlos Leppe, implicó una razón tan certera de su meta, blindada por un lenguaje semiótico y acoplado a una tendencia conceptual, que dejó por ejemplo, no solo a la pintura abatida, sino que también destituida de su capacidad reflexiva sobre una realidad. La confrontación hacia la ilusión, la subjetividad e intimidad de la pintura desprovista de un correlato social que pueda ser iconográficamente reconocida en el observador, su carácter engañoso y aparente de una realidad, sumada a su instrumentalización en dictadura para fines cívicos y mercantiles, gatilló en este discurso, la preferencia de otros medios como la fotografía, el video, la instalación y la performance, para explorar los rastros, las huellas de los signos, los procesos materiales y la impronta de los cuerpos. A modo de resumen, esto es lo que se llamó la *Escena de Avanzada*.

El recuperar a modo de síntesis la ruptura discursiva que se generó con la pintura no busca tanto apuntar la disputa por la preferencia de los medios, sino que sobre todo las resonancias y transformaciones simbólicas que vive el cuerpo frente a las estructuras rígidas de poder en las transmisiones conscientes e inconscientes de una doble autoridad -tanto política

---

1. Las señales de un cambio estructural en materia de educación desde la Constitución de 1980 y sus leyes bajo una lógica de mercado son recientes. Con foco en la educación parvularia y escolar, el 26 de enero de 2015 se aprobó la primera etapa de la Reforma Educacional que constituye un avance al prohibir el lucro con la educación, la subvención y creación de fondos del Estado. Su segunda etapa contempla la gratuidad en la educación superior y el perfeccionamiento a profesores para garantizar una educación pública de calidad.

como artística- y cómo son transgredidas por los artistas en sus obras. Estas interrogantes son las que abre el segundo nudo subterráneo en el campo del arte cuya representación encarna las evidentes ataduras del cuerpo. Entrar a sus exterioridades es encontrarse con infinitas capas que, similar al esfuerzo de pelar una cebolla, los ojos pican cuando se llega a la médula. De ese fondo encubierto y retenido por conflictos de dominio externo e interno surge el *Block mágico de Gonzalo Díaz y Justo Pastor Mellado,* un documento que moviliza y transforma a esta exposición.

EL BLOCK MÁGICO, ATAR Y SOLTAR
EL CUERPO, Y ATARLO OTRA VEZ

Mi curiosidad por encontrar una pista en el catálogo del *Block Mágico* que pudiera aclararme la importancia de la figura central, aquella "cabeza vendada" impresa en cada hoja, asomó una ruta disparatada de lectura conducida por las digresiones de ideas y temas escritos por Mellado. Mis conexiones especulaban sobre la figura de ese nudo, sobre los simbolismos de un amarre que generaban una doble acción: la venda protegía la cabeza al mismo tiempo que clausuraba la visión (ver pág. 52/53). Tras algunas notas vagas escritas por Mellado, supuse que la cabeza vendada provenía de una transposición sintética de dos pinturas clásicas estudiadas por Díaz sobre *La Divina Comedia* de Dante. Por una parte, la interpretación de Miguel Angel sobre el purgatorio de Dante con los amarres del cuerpo de Carontes y por otra parte, la conocida figura de Virgilio en la pintura de Delacroix, *La Barca de Carontes.* Estuve comparando algunos días las reproducciones de estas dos obras, pensando que algunos elementos de la inestabilidad del cuerpo de Dante en Delacroix se desprendían de la composición de la cabeza vendada de Díaz y que los amarres del cuerpo de Carontes, aquel guardián del infierno al que había que pagarle con monedas para pasar sobre su barca por el río Aquerontes o el río de la tragedia, constituía una escolta, una compañía que salvaba a los cuerpos. Mi confusión superaba a un posible acierto. Sin saberlo aún pero consciente de mi falla, me encontraba atrapada por el efecto medusa de la imagen del nudo. Al igual que una piedra impenetrable, resistía mi visión crítica tras lo hermético de su interior. Aun así, la imagen era lo suficientemente explícita como lo es un acertijo enigmático: si la venda ocultaba la vista, ¿qué era lo que no se podía ver? o de otra manera, si la autoceguera era una consecuencia de sostener la cabeza protegida, ¿por qué vendarla? El vendaje, como el uso de parches, gasas, yesos y en algunos casos la sutura, fue un recurso común y crítico en obras gráficas y performáticas en el intersticio de los 70 y 80 que recubrían la herida y las secreciones del cuerpo luego de los tajos y cortes autoinflingidos por los propios artistas[2]. Esta práctica no estaba arraigada en las obras de Díaz. Es más, gran parte de su trabajo resiste a una demostración explícita de un cuerpo lacerado. Aun así, era irresistible adherirse al habitual consenso de interpretación sobre el signo alegórico de la venda como restaurador de un

---

2. Quisiera proponer que las decisiones de tales actos responden sobre todo a las historias personales de cada uno de los artistas y que si bien se enmarcan dentro de un momento de represión, se encuentran gatilladas por las particularidades de sus contextos biográficos como las obras *Imbunches* (1978) de Catalina Parra, *El Perchero* (1975), *la Acción de la Estrella* (1979), *Sala de Espera* (1980) de Carlos Leppe, *Zona de Dolor* (1980) de Diamela Eltit y la cicatriz en la mejilla de Raul Zurita.

cuerpo golpeado/torturado durante el régimen militar y la cabeza cortada con la acción de la caída de los cuerpos arrojados al mar.

La relectura del texto de Mellado -una novela "lítica" que delinearé más adelante- y las respuestas que me proporcionó tanto él como Díaz frente a la omisión del lenguaje visual y escrito, me posibilitaron entrar a otras capas de aquellos orígenes celosamente guardados que revelan a modo de memoria oral, parte del problema que se encuentra detrás del *Block Mágico*, esto es, lo que llamaré "las mecánicas del cuerpo".

El agitado debate que levantó las distintas escrituras de Nelly Richard en los 80, con la transformación crítica de sus discursos sobre las diferentes caras de la *Escena de Avanzada* fue el flanco rebatido en el *Block Mágico*. Sin embargo, obtener la mirada de quién vigila y autoriza ingresar en un discursivo crítico, implicó adecuar las obras y los textos para afilar y confrontar una batalla del sentido. Mientras que Díaz interpeló la suspensión del valor reflexivo de la pintura desde la gráfica, Mellado aceleraba otra escritura crítica de pensamiento enmascarado en un exceso de lengua. Serían los inicios de un "lenguajero" o el desmontaje de categorías precedentes por otras de mayor ficción y conexión que reclaman desde una posición mordaz, la visibilidad de un conflicto como la renombrada "dictadura del significante serigráfico"[3]. En ese sentido, los múltiples estratos de escritura en el *Block Mágico* dan cuenta de un quiebre y conversión del cuerpo respecto de una manera dominante de ver, tocar y hablar que discrepando conscientemente de una sumisión y una uniformidad, liberaban las tensiones y los deseos al mismo tiempo que se ocultaban o reprimían.

A modo de un breve relato sobre los estratos infinitos que registra el *Block Mágico*, quisiera subrayar algunas de las categorías que sobresalen tanto en las imágenes como en su escritura, aun cuando existan otros elementos que se repliegan y se mantienen visiblemente borrosos y que por ahora, son difíciles de atender. Sin ser un núcleo unificado y finito, estas categorías físicas, mentales y objetuales resuenan en los aspectos materiales y simbólicos de las obras en esta exposición, ofreciendo señales de las alturas y fondos que esconden el pensamiento de las imágenes. Además, sugieren trayectorias que localizan las tensiones históricas sobre y entorno a la publicación.

ver

El recambio de Díaz de la pintura por el trabajo serigráfico del *KM104* (1985) (ver pág. 130) en el que se basa el *Block Mágico*, repercute en una afección física que cancela el punto privilegiado de observación del pintor respecto a la realidad, es decir su punto de vista o el ojo monocular. Aunque Alberti no es citado, Mellado alude a la "ilusión del ojo perspectivo" o la "ventana transparente" como metáforas de la escena infinita y estática organizadas para el espectador. Las deficiencias de la mirada separan no solo los lazos entre pintor y observador, sino que condicionan la realidad del ex pintor (Díaz) de acuerdo a un pasado aprendido. En las palabras categóricas de Leonardo, perder la vista es como ser expulsado del mundo, una vida que es

---

3. Mellado remite al combate de Eugenio Dittborn contra el ilusionismo de la representación en la pintura. Ver en *Eugenio Dittborn: la coyuntura de 1976-1978*, 2005. www.justopastormellado.cl.

hermana de la muerte. Sin pintura y sancionada su percepción del momento –una tacha según la escritura bíblica-, el artista en su ofensiva contesta con las imágenes que ya reconoce y que más recuerda; sin embargo, paradójicamente son ellas las que debe olvidar, inhibir y autocensurar. La meta-imagen de esta confrontación es la cabeza vendada que aparece en cada una de las páginas del *Block Mágico* y en las serigrafías del *KM104,* y que son incluidas esporádicamente en sus obras gráficas hasta 1992. Extraída de un manual de primeros auxilios para *boy scouts,* la ilustración del vendaje en la cabeza refleja el acuerdo secreto de transacción: se protege la cabeza ante la ceguera impuesta.

ceguera

En varias líneas Mellado señala la privación de la mirada como un "castigo" por infringir el principio del arte *de avanzada.* Si seguimos esta lectura, el primer delito obliga a privarse de la visión. El segundo delito es rebelarse y ofrecer una obra pictórica camuflada en su superficie serigráfica. Ambos actos se protegen en el espacio de la oscuridad, donde residen por una parte los síntomas de la culpa, la arrogancia, el deseo, los sueños y la memoria y por otra parte, donde se encuentra una revelación secreta de una experiencia visual interna. Tal epifanía es proyectada en Díaz en el *KM104* donde se revela el "fugaz presentimiento" de la "ilusión de una realidad sorprendente e inalcanzable". El reconocer esta intensidad de la vida lo transforma en un visionario, un clarividente cercano a un poder místico, pues tiene un conocimiento que va más allá de la realidad, del entendimiento e incomprensión de los otros. Como señala Moshe Barasch el invidente "personifica la tensión dialéctica inherente a la visión, la provocadora contradicción de ver con ojos interiores" (2003:44); un proceso entonces, que invierte la ventana de la realidad por la del "alma" (Mellado). Convertido en lenguaje artístico, la ceguera es de acuerdo a la interpretación renacentista, un proceso de la creatividad: las ideas moran en la mente. En el caso de Díaz, sus traspasos se exteriorizan manteniendo una distancia con el espacio social. Son visiones y recuerdos de un pasado remoto cuya temporalidad y descorporalidad articulan una sobreimpresión de imágenes solapadas que obstruyen la claridad de la mirada. Un espacio similar al inconsciente donde se enfrentan estados violentos, silenciados y frenados. Fuerzas que también vibran en el cuerpo y pierden la orientación, sobre todo la consciencia ante la ofuscación de las pasiones.

olvido

¿Cómo olvidar lo que más se recuerda? o ¿cómo negociar las huellas que son inalcanzables por naturaleza y que continuamente permanecen en la superficie? La represión de las intensidades más primordiales del cuerpo es aliviada como simulacro de obediencia. Junto con abandonar la pintura, Díaz no solo se remite a la privación de la vista, sino que también al sentido más difícil de contener, el tacto. Despojarse del entrenamiento arduo del dibujo y la pintura provoca suspender las emociones y sus lenguajes que son activadas por medio de la mano y la lengua. Anclar esos deseos sería para Mellado hacer un nudo. En las serigrafías, la reproducción de una estatua clásica como *Hermes con el niño Dionisio* y sus evidentes antebrazos mutilados o la repetición de la imagen sobre un rostro con labio leporino, transmiten los cortes y fisuras, y más aun las deformaciones que encarnan el cuerpo. En esas secuelas corporales permanecen las emociones. En la memoria de la mano de Díaz se encuentra el primer amor, la primera pintura y la primera masturbación. En la memoria de su lengua, el primer beso, la primera comunión y la primera felación. Consciente de que todo se retiene en la mente, sobre todo aquello imborrable por lo extremo de su pulsión, estas fuerzas placenteras, cercanas a la muerte, impactan en un proceso de representación del cuerpo en constante transición; nunca reveladas o mostradas, sino que reconstruidas por medio de pistas, partículas sutiles, huellas sustitutas extraídas de otras imágenes [4], la expiación y fascinación subjetiva por estas fuerzas desarma todo el orden simbólico, toda verdad trascendental proporcionándole al arte su leitmotiv, la experiencia de libertad, de salvación y catarsis. Disimuladas y desdibujadas ante las miradas vigilantes de la percepción, los métodos de camuflaje se intensifican como mecanismos de autoprotección de la consciencia tanto en el *KM104*[5] como en el *Block Mágico.* En ambos trabajos, la utilización de las metáforas sobre los dos filtros mentales de la memoria ilustrada por Sigmund Freud a través del artificio de la "pizarra mágica" se plasman en Díaz y Mellado en una defensa hacia el exterior. En su texto *Nota sobre la pizarra mágica* publicado en 1925 Freud explora los dos sistemas psíquicos de la percepción y el inconsciente análogos a la lámina de celuloide y el papel de cera que componen el juguete de la pizarra mágica. En Díaz aquellas experiencias que deberían permanecer en el inconsciente, se encubren como recuerdos en imágenes y textos que "se iluminan y se extinguen en la conciencia a raíz de la percepción" (1992:245). En la gráfica del *KM104* y el *Block Mágico,* la apropiación de imágenes refieren a las lesiones del cuerpo: la pérdida de la vista a través de la imagen de la cabeza vendada, la privación del tacto a través de las imágenes de las muñecas quebradas, la incapacidad de sociabilizar a través de la imagen del labio leporino. Estas imágenes hablan por el cuerpo, forzando una conciencia de sus significados sensitivos a la vez imperceptibles y que por tanto, constituyen una conquista de la trampa al ojo. Esta expone un acto decisivo en los montajes de cercanía y lejanía de sus juegos ópticos y técnicos que obtienen mayores alcances en los recursos autorreflexivos del diario, el testimonio y la confesión empleados por ambos autores: en Díaz en relación a los usos de imágenes que remiten a su infancia y en Mellado de acuerdo a sus notas íntimas y espontáneas. Estas constituyen una figura telescópica del cuerpo inmersa en las energías de la autobiografía.

---

4. Como señalará Mellado, "imágenes menores provenientes de artes menores: almanaques, silabario, cuentos infantiles, enciclopedias escolares, fotografías familiares, manuales de enseñanza, libros de cirugía, etc".

5. En el *KM104* los métodos de camuflaje en Díaz son la sobreimpresión y superposición. Una imagen impresa 40 o 50 veces, descalzadas unas de otras, usando el modelo industrial de superposición de colores, dejan entrever en sus costados el problema central de la negación de un fondo. Además, las imágenes pierden nitidez ya que se encuentran cubiertas por un film transparente de poliéster.

autobiografía

Aun en sus distintas localidades y temporalidades de producción, el *Block Mágico* y el reaparecido video *La Memoria* (1981) de Eugenio Téllez junto al video *El Caimán con la risa de fuego* (1979) de Juan Downey, conforman en esta exposición una tríada de claves visuales y discursivas sobre el poder político que jugó la autobiografía en las prácticas artísticas como una cura imaginaria de doble filo. Por una parte un deseo de mostrar una identidad pública encubierta en ficción, por otra parte, una autodestrucción que despertaba el apetito de matar la memoria de la muerte. Estos espesores autobiográficos contienen variadas trayectorias. Ya sea por los conflictos de ciudadanía múltiple en el caso de artistas viviendo en el extranjero como Téllez y Downey, ya sea por la represión aplastante vivida en dictadura en el caso de Díaz y Mellado, la autobiografía se agudiza como última defensa de la subjetividad con el fin de dar atisbos de existencia, por hacerse oír. Mijail Bajtin acuña el concepto de "valor biográfico" como un atributo para organizar y ordenar no solo la vida de uno y del otro, sino que también para ordenar la vida misma. Cada autor asume una posición y la define de acuerdo a sus intereses, en Téllez la autoidentificación con sus amigos escritores Jorge Edwards y Raúl Zurita, o aquellos "que mezclan sus vidas y sus palabras de manera irreversible y descarnada"; en Downey el enfrentase "al yo en la integridad de su ambigua complejidad y representar esto aludiendo a ambas culturas, la amerindia y la europea..." y en Mellado "los deseos de desacreditar las rígidas estructuras de poder". La subjetividad problematizada o representada desde la autobiografía es una posición política, de pequeños relatos sobre uno y sobre el relato de los otros que buscan subvertir también la propia identidad discursiva y narrativa que se ubica frente a la ausencia de historia, personal y colectiva.

Las transformaciones de la voz o las múltiples personificaciones de Juan Downey, los esfuerzos de Eugenio Téllez por capturar los gestos físicos de las manos, del rostro, de la mirada, de la piel y la respiración de Raúl Zurita y Jorge Edwards o los rumbos desviados de la escritura de Mellado donde los datos se ocultan, la información es esquiva y las entradas se multiplican en estilos y figuras literarias amplifican en sus diferencias y medios las relaciones corporales entre la realidad y la imaginación. Los primeros desde la búsqueda confrontacional del cuerpo, el último desde su interioridad hacia sus apariencias.

piedras

Recuperar el *Block Mágico* es detenerse también a observar una parte de la "edad de piedra" del arte realizado en Santiago. La escritura "lítica" del arte y la literatura, se autodefinió y plasmó en el reemplazo de la palabra común por signos-imágenes. Los textos de los años 70 y 80, en su inscripción y ubicación de obras en catálogos y escasos libros, conectaban la subjetividad del artista y el propio escritor desbordando la notación tradicional por medio de una *infidelidad a la palabra;* variados gestos icónicos que iban desde la fascinación por la negación en soportes visuales y gráficos (la tacha y sus contrasentidos), los revestimientos de la puntuación y sus intervalos (el corte, el lapso, el quiebre del significado) y el montaje de imágenes y textos bajo un sistema de diagramas y retículas invisibles que subvertían la estructura de la página y la lógica lineal de lectura, demarcaron una semántica multidireccional para el lector-observador. La resistencia a un conocimiento analítico de equivalencias se procuraba mediante claves jeroglíficas y oscuras de escritura. De esta manera, se componía una armadura que buscaba, voluntariamente, los efectos mágicos de la ficción y la imaginación del lenguaje, una materia alucinada que remite nuevamente al talismán de vida que convoca la muerte. Una fuga del cuerpo por medio de la escritura que al igual que las piedras, puede ser un proyectil enérgico de violencia y creación. Su estilo transita en la novela, el intertexto, la automarginación y la descalificación de los hechos, tal y cuales son, anulando una identidad al mismo tiempo que ratifica una nueva.

FLUJOS DEL CUERPO

El Block mágico de Gonzalo Díaz es la primera novela de Justo Pastor Mellado. Una novela incompleta, intencionalmente confusa, mágica por resistirse a su instrumentalización, y por lo mismo, plagada de cortocircuitos que encienden nuevas ideas y lecturas.

Detenerse a observar sus nudos es un ejercicio lento que traspasa las superficies enigmáticas de sus imágenes y textos para entrar en los confines del cuerpo, aquellas partículas que vibran y se escapan de su estampa inmóvil. Poner en movimiento sus descargas, las intensidades involuntarias y deseadas del cuerpo, como también exceder y desviarse de sus agencias constituyeron las motivaciones y desafíos en esta exposición. Fue hacer coexistir y dialogar en un mutuo contacto obras pasadas con obras recientes en la discontinuidad de sus temporalidades y en sus afinidades con la memoria del cuerpo, humano y proyectado. En esa sintonía, algunos artistas optaron por trabajar sobre las ideas centrales de su práctica, otros desde las inquietudes íntimas, latentes y laterales de sus trabajos, mientras que otras obras realizadas previamente penetran a modo de registro, en las exploraciones de su propio cuerpo. Las relaciones y conexiones que se pueden desprender de las obras y de las experiencias de los artistas son inagotables. La virtud de la exposición *Block Mágico* es que ofrece distintas rutas y capas de nudos y piedras por observar, interrogar y comprender pero por sobre todo por comunicar y escuchar. Para mí y por ahora, es en este proceso donde aparece el mayor poder de cambio local: compartir las ataduras suspendidas que se mantienen en el arte, lo social y lo político.

Referencias citadas:

Bajtin, M. (1982) *Estética de la creación verbal.* Madrid: Taurus

Barasch, M. (2003) *La ceguera. Historia de una imagen mental.* Madrid: Cátedra

Freud, S. (1992) *Obras completas Sigmund Freud Volumen 19* (1923-25). Buenos Aires: Amorrortu editores (cuarta reimpresión)

González, A. (2003) *Tratado de la Pintura de Leonardo Da Vinci.* Madrid: Akal

Mellado, J. (1985) *El Block Mágico de Gonzalo Díaz.* Santiago: Autoedición

Montero, V. (2013) *By Reason or by Force.* Berlin: Errant Bodies

Página interior de *El Block Mágico* de Gónzalo Díaz

Interior page of *El Block Mágico* de Gonzalo Díaz

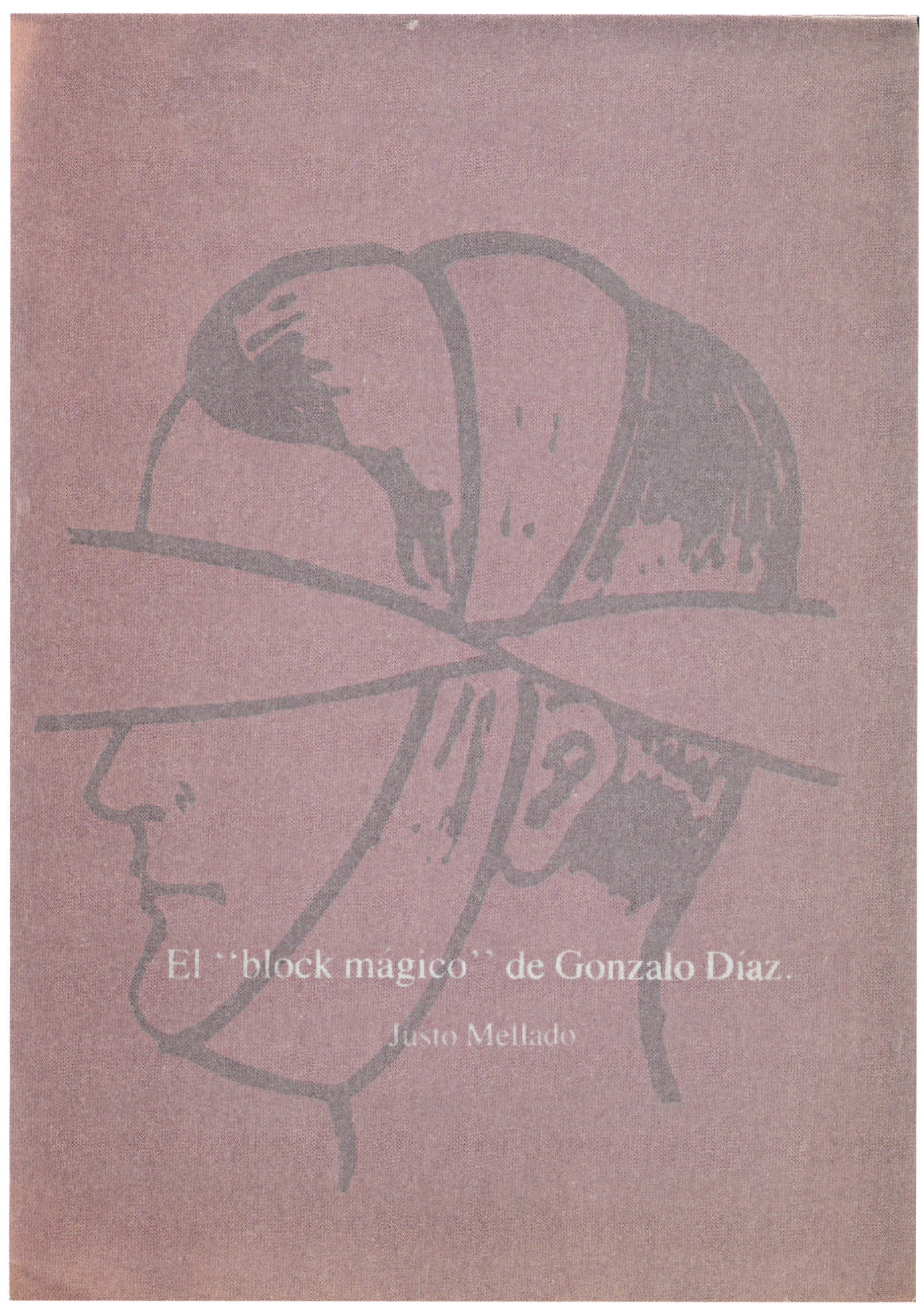

Páginas interiores de *El Block Mágico* de Gónzalo Díaz

Interior pages of *El Block Mágico* de Gonzalo Díaz

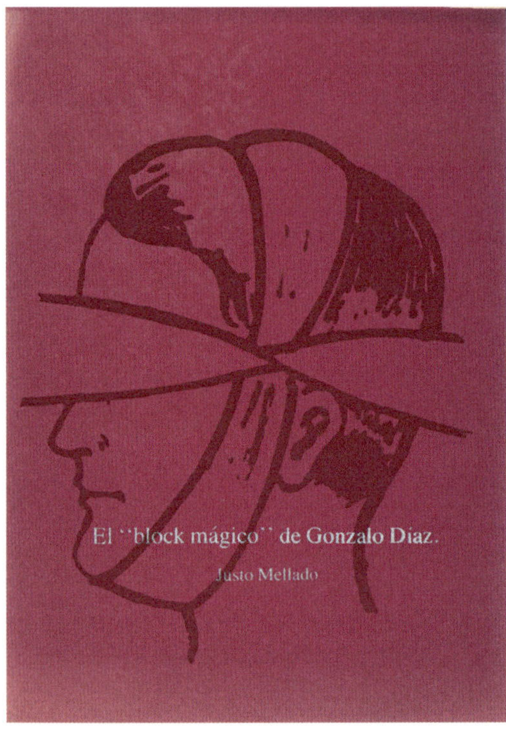

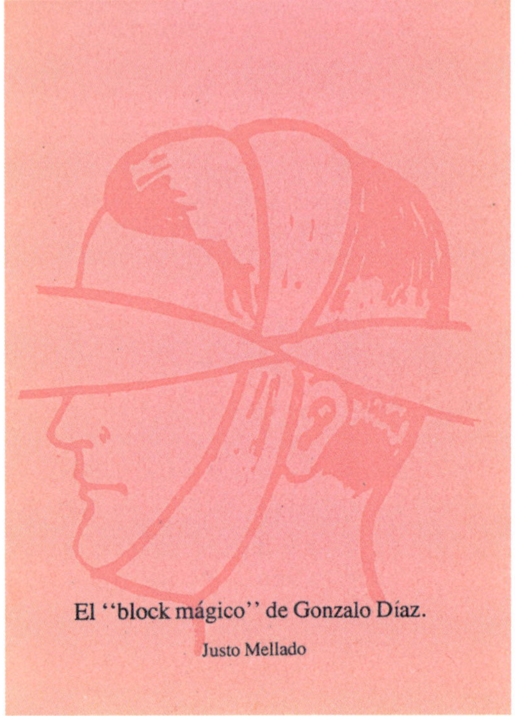

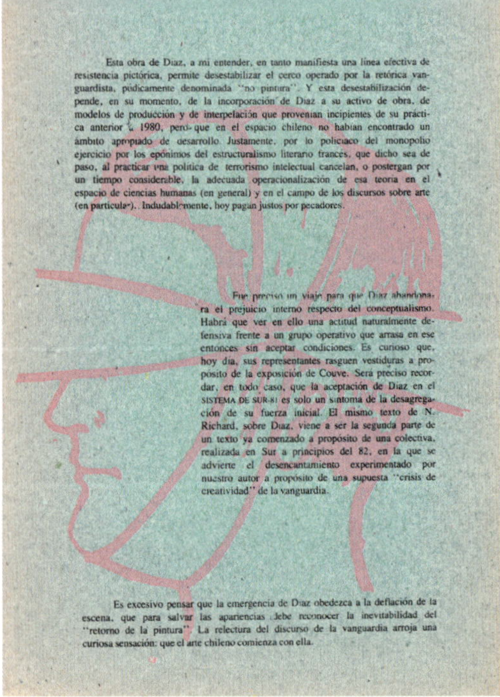

Esta obra de Díaz, a mi entender, en tanto manifiesta una línea efectiva de resistencia pictórica, permite desestabilizar el cerco operado por la retórica vanguardista, púdicamente denominada ''no pintura''. Y esta desestabilización depende, en su momento, de la incorporación de Díaz a su activo de obra, de modelos de producción y de interpelación que provenían incipientes de su práctica anterior a 1980, pero que en el espacio chileno no habían encontrado un ámbito apropiado de desarrollo. Justamente, por lo policiaco del monopolio ejercicio por los epónimos del estructuralismo literario francés, que dicho sea de paso, al practicar una política de terrorismo intelectual cancelan, o postergan por un tiempo considerable, la adecuada operacionalización de esa teoría en el espacio de ciencias humanas (en general) y en el campo de los discursos sobre arte (en particular). Indudablemente, hoy pagan justos por pecadores.

Fue preciso un viaje para que Díaz abandonara el prejuicio interno respecto del conceptualismo. Habrá que ver en ello una actitud naturalmente defensiva frente a un grupo operativo que arrasa en ese entonces sin aceptar condiciones. Es curioso que, hoy día, sus representantes rasguen vestiduras a propósito de la exposición de Couve. Será preciso recordar, en todo caso, que la aceptación de Díaz en el SISTEMA DE SUR-81 es solo un síntoma de la desagregación de su fuerza inicial. El mismo texto de N. Richard, sobre Díaz, viene a ser la segunda parte de un texto ya comenzado a propósito de una colectiva, realizada en Sur a principios del 82, en la que se advierte el desencantamiento experimentado por nuestro autor a propósito de una supuesta ''crisis de creatividad'' de la vanguardia.

Es excesivo pensar que la emergencia de Díaz obedezca a la deflación de la escena, que para salvar las apariencias debe reconocer la inevitabilidad del ''retorno de la pintura''. La relectura del discurso de la vanguardia arroja una curiosa sensación: que el arte chileno comienza con ella.

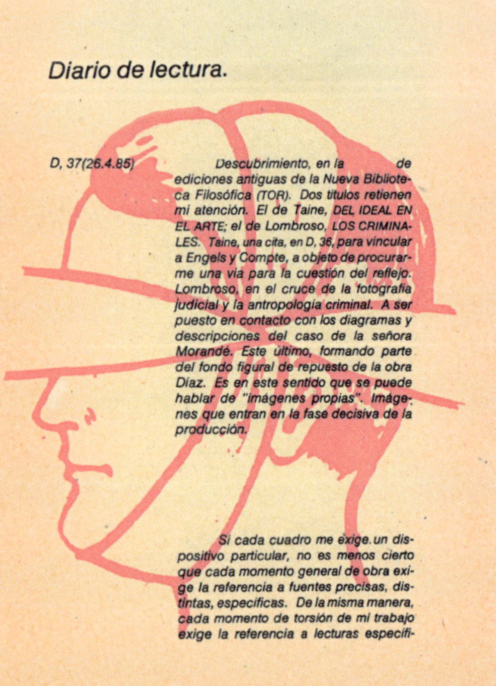

Diario de lectura.

D, 37(26.4.85)   Descubrimiento, en la   de ediciones antiguas de la Nueva Biblioteca Filosófica (TOR). Dos títulos retienen mi atención. El de Taine, *DEL IDEAL EN EL ARTE*; el de Lombroso, *LOS CRIMINALES*. Taine, una cita, en D, 36, para vincular a Engels y Compte, a objeto de procurarme una vía para la cuestión del reflejo. Lombroso, en el cruce de la fotografía judicial y la antropología criminal. A ser puesto en contacto con los diagramas y descripciones del caso de la señora Morandé. Este último, formando parte del fondo figural de repuesto de la obra Díaz. Es en este sentido que se puede hablar de "imágenes propias". Imágenes que entran en la fase decisiva de la producción.

Si cada cuadro me exige un dispositivo particular, no es menos cierto que cada momento general de obra exige la referencia a fuentes precisas, distintas, específicas. De la misma manera, cada momento de torsión de mi trabajo exige la referencia a lecturas especifi-

Magic Block, from the Body Mechanics to its flows

SOLEDAD GARCÍA SAAVEDRA

THE FLOORS RESOUND

Over and over again I walk through the exhibition *Magic Block.* I think Brandon would also have liked to do this exercise. I think we did not notice that the wooden second floor of the Museo de la Solidaridad Salvador Allende creaked, as if each board tried to make a call to be heard or cried by the weight it keeps carrying on its back after 90 years. Even in its apparent homely warmth, you can hear the secrets and myths reverberating, hidden in this space. Even when the walls are white, no experience in this museum can be neutral, even when the closed windows isolate it from the everyday natural light, from the wind moving the trees, from the traffic and pollution of the city. Everything goes in and out of this space and the floor gets dirty and cleaned, but it is still slowly breaking down with every stride.

I sit down in an open corner, near the staircase. One thing became clearer through this exercise of attention. If I had to pass on its spatial resonances, this exhibition is not asking for silence, end or conclusion. With some couplings between videos, it exclaims corporal gestures from artists' writings, rehearsing choreographies, telling stories, registering other voices. There are three sounds that I keep in the back of my head: the unstoppable scrub of hands on a surface interrupted by clapping and shaking, the roar of an airplane landing, and the chants of a woman in an indigenous language which, at times, tells me to rest and open my senses, but these break uncomfortably when the sounds of hands rubbing together and the buzz of the plane returns. Weeks later, I collect these experiences and I wonder if the tones and feelings that these sounds produced in me may open new horizons for my understanding of this exhibition, or if they trigger other ideas that may assist in following the greater scheme.

THE SCHEME

Thirty years after its publication, *the Magic Block of Gonzalo Díaz* (1985) first comes to public life as an object-document-image as well as overall framework for this exhibition. From this twofold role – as a material presence in the exhibition *and* a conceptual and historical reference – we have composed a horizon that extends toward two reflective and interconnected directions: block and magic, and how these further relate us to questions of the body, memory and history. By extending and examining the original *Magic Block* publication and its material traces – mainly an exercise in voluntary memory, using as reference a document that deals with the subjective memory of art in the 80s in Chile – and by considering the connections and connotations of its meanings, we repositioned a set of works produced from 1979 to 2014 by Chilean artists. This curatorial act was further confined to three media or concepts: ***the block,*** a support for textual and visual traditional writing, the strange notation and its invisible counterpart, oral transmission; the ***subjective memory,*** a vehicle to transform the self in relation to art and society; and ***magic,*** the power of personal, social, ancestral and ideological beliefs, illogically embedded in our perception and behavior.

Deploying and interchanging these three complex concepts was a process of organic construction in this exhibition that, contrary to a synthesis and unique direction (which is actually impossible if you think of the labyrinth that encloses memory and the immateriality of magic), mobilized both existing and new works by artists that became reconfigured per the exhibition conditions of the Gallery 3,14 in Bergen, Norway, and the Museo de la Solidaridad Salvador Allende in Chile.

This curatorial project aimed to look towards works and discussions that recently unsettle visibility, which after 30 years of immersion seem to arise in current society. Probably, this development is reflected in a constant archaeological work to which I feel passionately involved, the rummaging and connecting of loose ends to generate something like a *scratchmagic:* a set of works that remained rather forgotten to the public mind, particularly overshadowed by local myths, constrained by their authors themselves or left to their own devices in storages of museums and that suddenly return through the knowledge of their materiality, the contact with their ideas and the stubbornness to make their existence public. The exhibition is therefore a type of excavation, as well as refusing to be historical only; instead, the intention is to engage with what has become so apparent: the intensities of what has disappeared and yet remains essential. In addition to past works, there are works produced by artists in response to the discursive framework of the exhibition, which as a whole and after repeated conceptual and logistical invocations, geographic transportation and animism upon being displayed, we managed to present in an exploratory way, enabling us to raise questions about the past and the present. Especially so as to dig into those knots embedded in the dictatorial past that Chile drags behind it and that today, if we want to be optimistic, are slowly coming apart.

Using the expression "knot" does not exalt a simple metaphor, but refers to the implementation of political and artistic gestures and actions that forbid the full visibility of things, and that materialize as a contract in the representation and uses of writing and images. My interest lies in these structures and the magnitude of what they conceal and suspend in art and equally by the possibilities to find in their own moorings as well as overflows the understanding of the present.

The first, which is macroscopic and absolutely circumscribed in the territory of the country, is the law of the dictatorship led by Augusto Pinochet embedded in the Constitution of 1980 that until today remains immovable, ensuring the privatization measures and corporate logic of health, social security, and education to the benefit of small groups of class and families. This is the cornerstone of the neoliberal system which, projected in an image, makes me think of a vertical territory cordoned off by knots. Even a few days from an educational reform passed by Congress[1], this structure, while in the process of restructuring spreads outward, stressing the Constitution itself as well as other joints of the "transgenic appearance" that prevails in the country, as Valentina Montero notes in *By Reason or by Force* (2013: 39), where the authoritarian structure is camouflaged with a democratic face.

This field is discussed enough in the academic literature, but is perhaps more daunting to experience due to being aware of it. That is why in Chile forgetting is also more precious and encouraging than remembering, because it contains the possibility of change and which is embraced as a personal refuge, operating both in the structures of art and politics, relieving the discomfort, fatigue and pain that the body of reality and stories produce, both collective and individual.

During the dictatorship, this estrangement with social reality, related to forgetfulness, was a power of protection and healing for some artists who faced the degradation of their own bodies. Mainly, the uncertainty affecting the senses and mind, the disappearance of those people opposing the military regime. This force of oppression was accompanied by a contradiction in the local art discourse of the late 70s and early 80s, which yearned for the reality of its practice through a criticism of the regime and its ceaseless authoritarian presence. This moral principle, advocated by the writings of critic Nelly Richard and accompanied – even with some differences – by artists like Eugenio Dittborn and Carlos Leppe, implied a motive so precisely aimed at its goal, reinforced by a semiotic language and coupled to a conceptual trend, which left the practice of painting, for instance, not only downcast, but also deprived of its ability to reflect on reality. The tendency towards illusion, subjectivity, and intimacy expressed in a painting devoid of any social correlation, and that can be iconographically recognized in the observer, coupled with its instrumentalization during the dictatorship for civic and commercial purposes, triggered in this discourse a preference for other media, such as photography, video, installation and performance. It was understood that such media better enabled artists to critically explore the traces, footprints of signs, material processes and the marks of bodies. To summarize, this was called *Escena de Avanzada* (the avant-garde scene.)

To recuperate, as a synthesis, the discursive rupture that was generated by the abandonment of painting does not seek to highlight the dispute over the preference for other media. Rather, it aims to capture all the resonances and symbolic transformations experienced by the body when faced with the rigid structures of power in conscious and unconscious transmissions of a double authority (both political and artistic) and how these are breached by artists in their works. These questions open the second under-

---

1. The signs of a structural change in terms of education since the Constitution of 1980 and its laws under free-market logic are recent. Focusing on pre-school and school education, on January 26 of 2015 a first stage of the Educational Reform was passed, which constitutes a step forward in prohibiting profits obtained from education, and the creation of State funds and subsidies. The second stage involves free higher education and the improvement of teachers, in order to guarantee a high-quality public education.

ground knot in the field of art, whose representation captures the bondage of the body. Stepping into their externalities is to find infinite layers which, similar to the effort of peeling an onion, make your eyes sting when you get to the core. It is from this covert background, retained by conflicts occurring in both external and internal domains, that the *Magic Block of Gonzalo Díaz and Justo Pastor Mellado* comes to life, a document that moves and transforms this exhibition.

THE MAGIC BLOCK, TO TIE AND RELEASE THE BODY, AND TIE IT AGAIN

My interest to find a clue in the *Magic Block* publication that could clarify the importance of the central figure, that "bandaged head" printed on each sheet of the book, led instead to a delirious reading path driven by the digressions of ideas and topics written by Mellado (see pages 52/53). My reading tended toward speculating about the figure of that knot, about the symbolisms of a tie generating a double action: the bandage protecting the head while blocking the eyes. Following some vague notes written by Mellado, I figured that the bandaged head came from a synthetic transposition of two classic paintings studied by Díaz about Dante's Divine Comedy. On the one hand, the interpretation of Michelangelo on Dante's purgatory with moorings on Charon's body, and on the other, the familiar figure of Virgil in Delacroix's painting *The Barque of Dante.* I spent a few days comparing the reproductions of these two works, thinking that some elements of instability found in the Dante's body in Delacroix had emerged from the composition of the bandaged head of Díaz and that the moorings over Charon's body, the guardian of hell who had to be paid with coins in order to board his boat on the river Aquerontes, the river of tragedy, was an escort, a company that saved the bodies. My confusion was beyond a possible answer. Unknowingly, but still aware of my failure, I was caught by the medusa effect of this image of the knot. Like an impenetrable stone, it resisted my critical view due to its internal tightness. Still, the picture was explicit enough as an enigmatic riddle: if the bandage blocked the eyes, what was it that could not be seen? In other words, if blindness was a result of protecting the head, why bandage it? Bandages, like patching, gauze, plaster and in some cases suture, were a common and critical resource in visual and performative works in the late 70s and early 80s that covered the self-inflicted wounds and lacerations performed onto the body of artists.[2] This practice was not rooted in the works of Díaz. Indeed, much of his work resists an explicit demonstration of a lacerated body. Still, it was impossible to not adhere to the usual interpretation of the allegorical sign of the bandage as a restorer of a body that had been beaten and/or tortured during the military regime, and the damaged heads of the bodies thrown into the sea.

Rereading the text of Mellado – a "lithic" novel that I will refer to later – and the answers that he and Díaz gave to me in relation to the omission of

---

2. I would like to propose that the decisions of those actions are, primarily, a consequence of the personal stories of each artist. While they are encapsulated within a time of repression, they are triggered by the specific circumstances of their biographical contexts, like *Imbunches* (1978) by Catalina Parra, *El Perchero (The Coat Rack)* (1975), *la Acción de la Estrella (Action of the Star)* (1979) and *Sala de Espera (Waiting Room)* (1980) by Carlos Leppe, *Zonas de Dolor (Zones of Pain)* (1980) by Diamela Eltit, and the scar on the cheek of Raúl Zurita.

visual and written language, led me into other layers of those closely guarded sources that reveal, like oral memory, part of the problem that lies behind the *Magic Block:* what I may refer to as "body mechanics".

The heated debate that was raised in the various writings of Nelly Richard in the 80s, with the critical transformation of discourses on different sides of the *Escena de Avanzada,* was the aspect most refuted in the *Magic Block.* However, getting to understand who invigilates and authorizes entering into a critical discourse involved adapting the works and texts, in order to sharpen and balance a battle of meaning. While Díaz questioned the suspension of reflective value of painting from a graphic standpoint, Mellado accelerated another critical thinking masked as verbosity. These would be the beginnings of the creation of a language, i.e. neologisms or the removal of preceding categories, replaced by others with more fiction that claim, from a scathing position, the visibility of a conflict like the renowned "dictatorship of the serigraphic signifier".[3] In that sense, the multiple layers of writing found in *Magic Block* realize a break from a dominant way of seeing, touching and talking that, consciously disagreeing with a submission and uniformity, freed tensions and desires while being hidden or repressed.

As a brief account of the infinite strata which the *Magic Block* records, I would like to highlight some of the categories that excel both in imagery and in writing, even if there are other elements that are folded, that are kept visibly blurred and that for now are difficult to attend to. Without being a unified and finite nucleus, these following physical, mental and object categories resonate with the material and symbolic aspects of the works in the *Magic Block,* offering clues of the heights and depths that hide the thought of the images. In addition, they may suggest trajectories in and around the historical tensions to which the original publication was located.

to see

The fact that Díaz replaced painting with the serigraphy of *KM104* (1985) (see page 130), in which the *Magic Block* is based, triggers a physical condition that cancels the privileged vantage point that the painter has of reality, i.e. his point of vision or monocular eye. Although Alberti is not cited, Mellado refers to the "illusion of the perspectival eye" or the "transparent window" as metaphors of the infinite and static scene that are organized for the viewer. Eye deficiencies separate not only the ties between artist and observer, but actually condition the reality of the former painter (Díaz) according to a learned past. In the categorical words of Leonardo, losing sight is like being expelled from the world, a life that is equal to death. Without painting and with their perception of time sanctioned – a blemish, according to biblical scripture – the artist in his offensive answers with images already that he recognizes and that he remembers most; however, they are paradoxically the ones he must forget, inhibit and censor. The meta-image of this confrontation is the bandaged head that appears on each page of the *Magic Block* and in the prints of *KM104,* and which are included in his

---

3. Mellado refers to Eugenio Dittborn's struggle against the illusionism of representation on painting. See *Eugenio Dittborn: la coyuntura de 1976-1978,* 2005. www.justopastormellado.cl.

graphic works sporadically until 1992. Taken from a first aid manual for boy scouts, the illustration of the bandage on the head reflects the secret settlement agreement: the head is protected against the imposed blindness.

blindness

Mellado notes in several lines that the deprivation of sight is a "punishment" for violating the principle of *avant-garde* art. If we follow this interpretation, the first offense is to be deprived of vision. The second offense is to rebel and offer a painting hidden in its serigraphic surface. Both acts are protected in the space of darkness, a shelter for the symptoms of guilt, arrogance, desire, dreams and memory, and moreover, where a secret revelation of an internal visual experience can be found. Such epiphany is projected onto Díaz in *KM104,* where the "fleeting feeling" of the "illusion of a surprising and unattainable reality" is revealed. Recognizing this intensity of life makes him a visionary, a clairvoyant close to a mystical power, as he has knowledge that goes beyond reality, beyond understanding and beyond the misunderstanding of others. As Moshe Barasch said, the blind "embodies the dialectical tension inherent to the vision, the provocative contradiction to see with inner eyes" (2003: 44); a process that inverts the window of reality for the window of the "soul" (Mellado). Transformed into artistic language, blindness is, according to Renaissance interpretation, a process of creativity: ideas dwell in the mind. For Díaz, their transfers are externalized, keeping a distance with the social space. They are visions and memories of a distant past whose temporality and incorporality articulate an overlay of multiple images that obstruct the clarity of sight. A space similar to unconsciousness, where violent, muted and restrained states face each other. Forces that also vibrate in the body and become disoriented, in particular the consciousness in front of the obfuscation of the passions.

forgetfulness

How to forget what is most remembered? To negotiate the traces that are unreachable by nature and yet that continually surface? The repression of the most primary intensities of the body is alleviated through the simulation of obedience. Along with the banishment of painting, Díaz not only refers to the deprivation of sight, but also to the most difficult sense to contain: touch. By abandoning painting and drawing, the artist is forced away from the sensuality of the hand and the emotional experiences related to touch. Anchoring these desires would mean for Mellado to make a knot. In the serigraphies, the reproduction of a classical statue such as *Hermes and the Infant Dionysus* and his mutilated forearms, or the recurrence of a face with cleft lip, transmit cuts and cracks, and even more so the deformations of the body. In those corporeal effects remain the emotions. In the memory of the hand of Díaz there is the first love, the first painting and the first masturbation. In the memory of his tongue, the first kiss, the first communion and the first fellatio. Aware that everything is retained in the mind, especially that which is unforgettable due to its intensity, those pleasurable forces, close to death, affect a process of representation of the body in constant transition; they are never revealed or shown, but only reconstructed through clues, fine particles, substitute fingerprints obtained from other images[4], the atonement and subjective fascination for these forces disarms all symbolic order and transcendental truth, providing art its leitmotif, the experience of freedom, salvation and catharsis. Concealed and blurred before the watchful eyes of perception, the methods of camouflage intensify as self-protection mechanisms expressed in both in *KM104*[5] and the *Magic Block.* In both works, the use of metaphors about two mental filters of memory illustrated by Sigmund Freud through the artifice of a "mystic pad" is reflected by Díaz and Mellado in an outward defense. In his text *A Note upon the Mystic Writing Pad* published in 1925, Freud explores the two psychic systems of perception and the unconscious like the celluloid sheet and wax paper that make up the mystic pad. In Díaz, those experiences that should remain in the unconscious are concealed as memories in pictures and texts that "light up and die in consciousness due to the perception" (1992:245). In *KM104* and *Magic Block,* the appropriation of images refer us to bodily injury – the loss of sight through the image of the bandaged head, the lack of touch through the images of a broken wrist, the inability to socialize through the images of the cleft lip. These images speak for the body, forcing an awareness of their sensitive and rather imperceptible meanings, which constitute a conquest of the trap of the eye. This reveals a decisive act in the assemblies of closeness and remoteness of their optical and technical games that reach higher into the self-reflexive resources of the diary, the testimony and the confession used by both authors: in Díaz in relation to images of his childhood, and in Mellado according to his intimate and spontaneous notation; a telescopic figure of the body immersed in the energies of autobiography.

autobiography

Even in its different locations and time scales of production, the *Magic Block* catalog and the resurfaced video *La Memoria* (*The Memory*) (1981) by Eugenio Téllez, installed next to the video *The Laughing Alligator* (1979) by Juan Downey, make this exhibition a triad of visual and discursive inquiry on political power which additionally performs autobiography as an imaginary, double-edged cure. On the one hand, a desire to display a public identity hidden behind fiction, and on the other, a self-destruction that brought about the appetite to kill the memory of death. These autobiographical thicknesses hold several trajectories. Whether due to conflicts of multiple citizenship in the case of artists living abroad, as Téllez and Downey, or whether due to the crushing repression lived while under the dictatorship, as Díaz and Mellado, autobiography is exacerbated as the last defense of subjectivity in order to give glimpses of existence, to be heard. Mikhail Bakhtin coined

---

4. As Mellado will point out, "minor images from minor arts: almanacs, spelling books, fairy tales, school encyclopedias, family pictures, teacher's books, surgery books, etc."

5. In *KM104,* the camouflage methods Díaz uses are overprint and overlap. An image printed 40 or 50 times, offset every time, using the industrial model for color overlapping, discover the central problem of the denial of a background. Besides, images lose their clarity, since they are covered by a transparent polyester film.

the concept of "biographical value" as an attribute for organizing and managing not only the life of one and the other, but also to order life itself. Each artist takes a position and defines it according to their interests; in Téllez the self-identification with his writer friends Jorge Edwards and Raúl Zurita, or those "who mix their lives and words in an irreversible and starkly manner"; in Downey, facing "the self in the integrity of its ambiguous complexity and representing this alluding to both cultures, the Amerindian and the European..."; and in Mellado, "the desire to discredit the rigid structures of power." Subjectivity performed or problematized through autobiography becomes a political position, one founded on small stories about oneself and about the narration of others also seeking to subvert the discursive personality positioned against the absence of history, both personal and collective.

The transformations of the voice, or the many personifications of Juan Downey, the efforts of Eugenio Téllez to capture the physical gestures of the hands, the face, the eyes, the skin and the breathing of Raúl Zurita and Jorge Edwards, or the diverted bearings of the writings of Mellado where data are hidden, the information is elusive and entries multiply in styles, and literary figures amplify in their differences and means the bodily relations between reality and imagination. The first from the confrontational search for the body, and the latter from within their appearances.

stones

Retrieving the *Magic Block* also implies observing a part of the "stone age" of the art created in Santiago. The "lithic" writing of art and literature was self-defined and expressed in the replacement of the common word for sign-images. The texts of the 70s and 80s, in their inscription and placement of works in catalogs and a few books, connect the subjectivity of the artist and the writer himself, overflowing the traditional notation by an *infidelity to the word;* many iconic gestures, ranging from the fascination for the denial with visual aids and charts (the redaction and its contradictions), the coatings on punctuation and its intervals (the cut, the period, the breakdown of meaning), and the mounting of images and texts under a system of diagrams and invisible grids subverting the structure of the page and the linear logic of reading, demarcated a multi-directional semantic for the reader-viewer. Resistance to an analytical knowledge of equivalences is sought by hieroglyphic and obscure keys of writing. Thus, an armor was created that voluntarily sought the magical effects of fiction and imagination of language, a hallucinated matter that refers once again to the talisman of life that death calls for. A leak of the body through writing, which – like stones – may be an energetic projectile of violence and creation. Its style drifts amongst the novel, the intertext, the self-marginalization and the disqualification of facts, just as they are, canceling an identity while ratifying a new one.

BODY FLOWS

The Magic Block of Gonzalo Díaz is the first novel written by Justo Pastor Mellado. An incomplete novel, intentionally confusing, magic due to its resistance to its employment, and therefore, full of short-circuits that ignite new ideas and readings.

To cease and observe its knots is a slow exercise that crosses the enigmatic surfaces of its images and texts to enter into the confines of the body, those particles that vibrate and escape from its still presence. Setting in motion its discharges, the involuntary and desired intensities of the body, as well as reaching and deviating from its agencies, were the motivations and challenges of this exhibition. It had to generate a space for the coexistence and dialogue in mutual contact of past works and recent works, in the discontinuity of their temporalities and their affinities with the memory of the body, human and projected. In this line, some artists chose to work on the central ideas of their practices, others brought forth intimate, latent and lateral concerns in their works, while other works created previously penetrated through the explorations of their own bodies. The relationships and connections that can be inferred from the works and experiences of the artists are inexhaustible. The virtue of the *Magic Block* exhibition is how it offers different routes and layers of knots and stones to observe, to question and to understand, but above all, to communicate and listen. For me, and for now, it is in process where the biggest power of local change lies: sharing the suspended bonds that remain in art, in the social and in the political.

References:

Bakhtin, M. (1982) *Estética de la creación verbal* ("The Aesthetics of Verbal Art") Madrid: Taurus

Barasch, M. (2003) *La ceguera. Historia de una imagen mental* ("Blindeness: The History of Mental Image in Western Thought") Madrid: Cátedra

Freud, S. (1992) *Obras completas Sigmund Freud Volumen 19* (1923-25). Buenos Aires: Amorrortu editores (cuarta reimpresión)

González, A. (2003) *Tratado de la Pintura de Leonardo Da Vinci.* Madrid: Akal

Mellado, J. (1985) *El Block Mágico de Gonzalo Díaz.* Santiago: Autoedición

Montero, V. (2013) *By Reason or by Force.* Berlin: Errant Bodies

Tachas como secretos devenidos en documentos de arte contemporáneo
[apéndice: el secretario]

CRISTIAN GÓMEZ-MOYA

[1]

Si durante las últimas tres décadas las preocupaciones del arte contemporáneo en Chile por las condiciones de violencia se han aferrado a la trama del secreto que ha configurado la época de la postdictadura, y si dicha violencia corresponde a un tiempo desplazado de lo contemporáneo, entonces no podemos dejar de leer en ello el retorno de lo familiar reprimido inmediatamente en el ahora. Se trata de una época en que lo siniestro aumenta cada vez que surge aquello que, en forma de registro de esa misma violencia, aparece de improviso –inesperado, impensadamente– y que resulta de un documento capaz de revelar lo real de una historia traumática.

Esta lesión parece encontrar en el arte contemporáneo su lugar de desplazamiento temporal, toda vez que la sola idea de un documento sobre lo contemporáneo –como algo que ha sido escrito y visualizado con la pretensión de anudar un tiempo disperso– provoca precisamente el trastorno temporal en el arte. A pesar de ello su beneficio consistiría en develar hoy lo que ya habría ocurrido en un estado ciego. Y es de este modo que, abriendo un intersticio por donde dejar pasar la luz, el arte contemporáneo nos deja constancia de una oscuridad a destiempo.

Así, tomando prestada la cita de Agamben[1], apuntemos que una política de lo contemporáneo es una búsqueda fatigosa que siempre llega tarde porque indaga justo en el lugar en que la luz se ha extinguido, empero hace alarde de su capacidad de ver ahí, en la parte más umbría. Es por ello entonces que el arte contemporáneo no puede más que situarse en este anacrónico meandro, ya que es el misterio de una oscuridad anterior lo que lo embelesa.

Haciendo lectura de un texto inaugural del destiempo en el arte contemporáneo, como lo fue "Estética de la sed. *Lonquén 10 años*, diez años después" (2000), su autor, Pablo Oyarzún, nos advertía con una breve pero decisiva observación que Freud, al reutilizar la categoría de *lo siniestro* (*das unheimliche*, 1919), habría aportado "una categoría al orbe de la estética sin la cual no sería posible pensar buena parte del arte contemporáneo"(Oyarzún: 124). En efecto, a la luz de dicho texto, se podrían examinar las formas de pensar el arte en virtud de algo tan extraño en su propia configuración como es de extraño lo siniestro contenido en la representación artística. Y eso es así porque con ello se hace lectura no sólo de un retraso en las formas que el arte contemporáneo se encuentra con *lo real,* sino porque además se advierte el furibundo despertar de un secreto que debiendo quedar oculto se da-a-ver.

---

1. La cita prestada proviene de un original trabajo sobre lo contemporáneo, cuya guía es el texto de Agamben (2008). Ver Valderrama (2011).

Acaso es esta misma incongruencia la que demuestra la violencia con la que irrumpe el arte contemporáneo en todo régimen de homogeneidad histórica, y también a la inversa, la violencia con la que irrumpe la historia toda vez que examina lo que el arte contemporáneo suele mantener en secreto. Sin embargo, cabría recalcar que un arte perfilado por el secreto de la violencia, muchas veces opera a través del deseo, no carente de tensión, de revelar aquello que ha quedado oculto en la falta de humanidad. Pero a su vez, con ese mismo ánimo ciego de dar-a-ver, también se reprime dejándolo tal y como está. En esto se traduce el *quid pro quo* del arte contemporáneo: un secreto por otro secreto.

De ahí, a la sazón, que podamos pensar en el fulgor relampagueante que ha propiciado el secreto reflejado en la época de la postdictadura. Bajo la idea que la postdictadura ha sido una palabra en extremo oscura[2], en lo que tiene de oscura la sucesión de toda una época designada con esa otra palabra que le antecedía, diríamos que ésta no refiere a un momento cronológico en la aparente superación que otorga el prefijo *post,* sino al desplazamiento, a la marcha del régimen del terror hacia su total ocultamiento bajo el sintagma universal de lo irrepresentable. Por ello, precisamente, lo postdictatorial no podríamos pensarlo únicamente en referencia al origen de lo siniestro inscrito en el pasado de su violencia, sino por el contrario, tendríamos que pensarlo como un acontecimiento que ha progresado sobre sí mismo. Hablamos pues del progreso de la violencia de Estado en Chile, que ha consistido en mantener bajo secreto las confesiones –las confesiones de los victimarios, entre otros[3]–. Lucha que se mantiene entre la jurisprudencia del derecho público y el secreto confesional. Un asunto que la escritura sobre arte en postdictadura ha sostenido de manera lacónica, y cuyo reducto crítico ha sido la pareja arte-política/política-religión.

De modo que hablamos de una postdictadura del secreto cuyos documentos anuncian su permanente penumbra dentro del arte contemporáneo. A saber, que un archivo de la postdictadura es aquel que, franqueando el espacio de la jurisprudencia, se inscribe por medio de las huellas de algo *ya-hecho.* Por lo tanto, se alimenta inmediatamente de la época que le antecede, pero a su vez se reformula en el devenir de otras firmas que autorizan, intervienen y modifican el secreto de su inscripción. Pues se trata de documentos que en su impetuoso devenir entre los archivos jurídicos así como entre los museos, los centros de documentación y los dispositivos mediales, van incorporando otros registros de ingreso pero también de egreso, que afectan tanto el documento en su origen como el secreto que liberan: egresan del archivo como un *documento-ya-hecho* hasta transformarse en documentos de arte.

Con todo, el destiempo de este arte no persigue humanizar con la revelación de un secreto, antes tuerce el secreto con otro ejercicio secretista sin el cual, entonces, buena parte del arte contemporáneo no podría ser pensado. Es un arte que se instala, precisamente, en el fondo incierto

---

2. No dejemos de mencionar aquel esfuerzo textual que pensó la idea de postdictadura, justo en el deslinde de la transición democrática. Ver Richard y Moreiras (2001).

3. Esta discusión confesional entre víctimas y victimarios, atraviesa gran parte de la transición democrática chilena en torno a quien tiene el derecho a hablar. Su efecto *vicarizado* ha dado lugar a un sinnúmero de aparatos de habla sostenidos, según lo que proponemos en este ensayo, en homologables sistemas de memoria: eclesiásticos, museales, editoriales, mediales, etc.

de lo innombrable, que se ubica en la orilla opuesta de una comunicación capaz de traducirlo todo, de auditarlo todo. ¿Acaso no es la violencia de la incomunicación una condición primera e ineludible, para asumir resignados las virtudes del arte contemporáneo?

Así, habida cuenta de ello, es que este arte tampoco se podría pensar, exclusivamente, como un reducto de lo siniestro, ya que no da cuenta de lo real. Más bien utiliza el secreto para oscurecer de modo oblicuo lo que la imagen quisiera revelar[4]; y lo hace con la sinuosa transparencia de un velo. ¿Qué clase de velos son éstos? Diríamos que el archivo de la postdictadura es una textualidad de imágenes que *tamizan* lo real[5]. Éstas adquieren una extraña opacidad, pues corresponden a los residuos que han quedado del contacto con lo real traumático. No se puede hablar de un contacto entre la imagen y lo real, dice Didi-Huberman, sin hablar de una especie de incendio: las imágenes arden. Y arden pues las imágenes se manifiestan como cuerpos que *laten,* como *sintomatologías* de los deseos y temblores que han sido arrasados por lo real. Prueba de ello son las brasas vivas y las escorias de cenizas que han quedado, son éstas el vestigio devastado de una barbarie documentada. Tal como indica el historiador, "el archivo suele ser gris, no sólo por el tiempo que pasa sino también por las cenizas de todo aquello que lo rodeaba y que ha ardido" (Didi-Huberman, 2013: 17).

No es extraño que la analogía resulte aún más significativa al pensar el archivo como el lugar en que se depositan dichas cenizas, entendidas como síntomas de un *resto de vida.* Esta acepción catastrófica, que sigue además la traza benjaminiana, indica que las imágenes devienen huellas documentales que si bien han sido abandonadas producto del contacto con lo real, aun no han sido destruidas plenamente. En efecto, el archivo de la postdictadura es un síntoma opaco porque ha quedado como un rastro de pavesas de todo aquello que ha sido calcinado. Manto de cenizas, entonces, que ensombrece hasta opacar por completo la mirada sobre lo real.

Hablamos, por tanto, de un arte del secreto que únicamente da-a-ver las imágenes *tamizadas* de una historia, al tiempo que ésta no puede ser leída en su escritura alfanumérica sino en sus secretos *tachados* como documentos cenicientos. Se trata, si quisiéramos excavar más aún en los síntomas de dicho arte, de un régimen del secreto que ya venía avanzando desde un conjunto de relatos sobre la perenne tensión entre arte y escritura. Por ello, decimos que un arte del secreto es aquel que ha querido anticipar su efecto aurático o mejor dicho que ha dejado como legado cenizas esparcidas para el porvenir, con la esperanza escrita que alguien pueda quizá desplazar el tiempo encontrando en ellas el aquí y ahora de su secreto[6].

---

4. Oyarzún cita la explicación del término ofrecida por Schelling: "Se denomina *unheimlich* todo lo que, debiendo permanecer secreto, oculto... no obstante, se ha manifestado". La observación del filósofo chileno, pese a la autoridad de la cita, continúa con una particular precisión: "[...] no ha de entenderse el secreto como lo meramente oculto que es susceptible de ser, sin reservas, expuesto a la luz. El secreto no son los hechos que han permanecido ajenos a la mirada y la conciencia públicas, sino lo que se cela en ellos" (Oyarzún, 2003: 124).
5. La conocida acepción es del historiador Hal Foster (2001), al referirse al paradójico efecto de la pantalla-tamiz en torno a *lo real* (aquello que está fuera de lo representable). Cabe advertir en ello, sin embargo, un enfoque hacia lo traumático de origen lacaniano, que se desvía del pleno sentido por *lo siniestro* que corresponde al texto de Freud.
6. En esta línea historiográfica destacamos la obra en proceso de Valderrama (2009).

[2]

Las veladuras de lo contemporáneo, necesarias para el sobrevivir de su misma condición de época, nos permiten descubrir que el secreto es en el orden de lo que *no parece*[7], por lo tanto su extravagante régimen histórico es antes una *verdad muda* y no una mentira de *naturaleza absoluta*.

Ahora bien, la huella que ha dejado una tachadura, comprendida aquí como la figura plástica de una tacha[8], nos brinda uno de los principales síntomas de un arte condicionado por los documentos de la postdictadura. Lo perturbador no resulta de observar que el índice de algo velado se haya manifestado, durante las últimas décadas, como una tacha que oscurece el registro, sino de un arte que ha indagado en las bases históricas de la violencia estatal y se ha empeñado en suspender el relato de la propia historia a través del secreto inscrito en los documentos.

Esto dice razón con una época en que la tachadura se inscribió como una dialéctica entre visualidad y textualidad, haciendo de la propia tachadura una huella que interrumpía las usuales condiciones significantes entre arte y escritura –cuestión que, ciertamente, resultaba verosímil bajo el componente intertextual del secreto, pero muy distante de la intención de evocar la censura represiva del período dictatorial[9]–. Así, dada su peculiar condición, a este arte no se le podría imputar un correlato comunicante entre una inscripción y un testigo, ya que no establece un criterio de correspondencia incesante entre sujeto y objeto, antes sólo su contradicción. De ahí que la tachadura sea siempre la negación de lo que está escrito: rectifica y contradice –sin borrar del todo– aquello a lo que refiere, pues nunca es finalmente lo que debe decir. Y de ahí, además, "la inquietud que palpita en toda obra de arte –como ha sentenciado Oyarzún–, aun en la tachada, y sobre todo en ella" (Oyarzún, 2003: 170)[10]. De este modo, al fin, es que

---

7. Nos permitimos una alusión al afamado diagrama de "veridicción" de Greimas, en el cual definía el secreto como "lo que es y no parece". Ver Greimas (1990).

8. Si utilizamos la acepción "tacha" es para referirnos a una estética del secreto en el arte contemporáneo. A saber, una tacha es una falta, un defecto, una imperfección, y asimismo corresponde a una rectificación, una enmienda, una borradura. Como figura representa un recurso consubstancial de un texto en proceso, pero a su vez conmina una mancha moral, una censura legal en el régimen del derecho. Para efectos de esta sintética lectura, diremos que la tachadura, como ejercicio historiográfico de escritura, muchas veces es omitido como un simple arcaísmo técnico, sin embargo una tachadura alude a una crítica sobre la escritura de la imagen y sus efectos en la relación arte y política. La forma plástica de una tacha será, por ahora, una destructiva forma iconoclasta para cancelar lo que ha quedado escrito, lo que ha quedado a la vista como *imagen de*. Esta *grafía* se debate en una dialéctica entre textualidad y visualidad, pues habitualmente se tacha un escrito, no obstante éste no deja de existir sino que se transforma en una nueva imagen escritural: figura, límite, opacidad, *sobrescritura*. Tachar es, entonces, producir escritura, y viceversa. Cf. Lyotard (2014). En el léxico anglosajón cabe observar la dimensión plástica que adquiere una tachadura al señalar su aparición gráfica dentro de un documento: *BLANK*. Ver Storr (2006).

9. Al respecto corresponde mencionar la observación del historiador Sebastián Vidal. "El uso de las tachaduras era un recurso frecuente en los textos editados por artistas y teóricos del período como un método de establecer simbólicamente el sentido de la represión de organismos de inteligencia con actos subversivos al interior de la escritura de artes visuales" (Vidal, 2012: 89). Sin embargo, diríamos que no sería absolutamente preciso leer la tachadura como una literalidad simbólica entre la represión de Estado y la subversión de los signos que aluden a esa misma represión, tal como lo consigna el historiador al referirse al período dictatorial. La razón es que no se puede soslayar que en dicha época se estaba produciendo una sofisticada dialéctica de la imagen, entre lo textual y lo visual, que, manifestada desde la hipertextualidad poética, afectaría furtivamente la relación arte-política al menos en dos aspectos: la cuestión *parergonal* del secreto en la escritura sobre arte-política; y la transferencia entre escritura y arte, que permite leer la tachadura misma como un paratexto de orden visual.

10. Es relevante la frase anterior de Oyarzún: "El arte, como se sabe, es afásico, incluso cuando toma la palabra. Y lo es por una razón precisa: no puede pronunciarse sobre lo que lo hace posible" (170). Ver Oyarzún, "La pregunta, la paradoja y la promesa. A propósito de ~~Obra de Arte~~, de Gonzalo Díaz", en *El Rabo del Ojo* (2003).

podemos consignar en la tachadura la suspensión de la propia escritura histórica, habida cuenta de su acontecimiento impuro y tembloroso.

Decir suspensión nos obliga a comentar brevemente el sentido benjaminiano en torno al progreso, pues se trata de una forma que piensa que el devenir de la historia quedaría suspendido. Esto se debe a una imagen, que según la figurativa expresión del escritor alemán, aparece como un *relámpago* cuya fuerza invade súbitamente el estado de ensoñación del hombre[11]. A contar de ahí se desencadena el *continuum* de la historia, que no es otra cosa, tal como lo consigna la traducción en este punto paradójico, que la catástrofe del progreso: "El concepto de progreso ha de ser fundado en la idea de la catástrofe. El que las cosas 'sigan así', y [eso] es la catástrofe" (Benjamin, 1995: 146).

Tal vez por ello, por lo que ofrece la tachadura al sostener la permanencia de la suspensión histórica, es que los archivos secretos –como secretos confesionales– aparezcan como la forma sensible no sólo de la postdictadura sino, además, de la violencia que todo arte contemporáneo ejerce al reproducir un documento impuro. Se trata de un extraño ruido que avanza en secreto, propio del avanzar a oscuras entre el arte y la política. En *stricto sensu* un documento clasificado es un secreto, ya que amenaza con un daño a la seguridad social *(secret: serious damage),* pero a su vez, la desclasificación es el *continuum* de la clasificación. Es decir, aunque la desclasificación tienda a leerse como una revelación histórica concomitante a la libertad, en su interior se fragua el *dictum* de la catástrofe: que las cosas sigan así.

De este modo, un arte del secreto se puede comprender como una violenta catástrofe. Porque se trata de un arte que no es humanitario, al menos no refuerza la idea testimonial de lo humano, y tampoco otorga derecho ya que en el fondo no entrega lecciones sobre la perpetuación de la paz, sino todo lo contrario, es un arte de la violencia que resguarda el secreto para transformarlo en un encuentro entre documentos –deja incomunicado al espectador como testigo–, y con ello se acerca a lo que en la paráfrasis nietzscheana se ha sostenido como *la comparecencia del documento en relación con otros documentos.*

Ahora bien, si el síndrome de una tacha se transformó en una política de la creatividad artística desbordada hacia los regímenes de circulación de la imagen[12], es debido a que su emocionante oscuridad propició la promesa incumplida de acceder a una verdad histórica. A su vez, si las tachaduras impuestas a los documentos clasificados han contribuido a pensar en lo que

---

11. Interesa observar la idea genuinamente benjaminiana que piensa que la representación materialista de la historia es visual. Ver Cadava (2014).

12. Cabe mencionar al menos ciertos casos que, en torno a las tachaduras como secretos, han causado razón de análisis para el arte contemporáneo. En el contexto nacional i) la serie Protocolos Díaz-Mellado (1984-1987), así como algunas obras específicas de Gonzalo Díaz *(B̶a̶n̶c̶o̶/Marco de Pruebas,* 1988; ~~Obra de Arte,~~ 2000), que principian tachas de distinción en sus enunciados textuales; ii) la obra gráfica de Carlos Altamirano en torno a sus series de retratos (1996), y especialmente la obra *40 retratos inconclusos* (2009), cuyo régimen diagramático expone en página la desclasificación de listas de detenidos-desaparecidos, opacadas en cajas de textos degradadas hacia su plena invisibilidad; ii) el trabajo *Biblioteca de la No-Historia* (2010-2011), de la artista Voluspa Jarpa respecto de la historia reciente en Chile, cuyo ejercicio de tachadura editorial tensiona gramática con imagen, y junto con ello el volumen del documento. Asimismo, pero en otro orden geopolítico internacional, también valdría consignar iii) la serie *Redaction Paintings* (2004-2006), de la artista estadounidense Jenny Holzer, quien reprodujo una serie de documentos secretos durante la "Guerra contra el Terror" caracterizados por sus cromáticas tachaduras; iv) así también el sentido disruptivo de la virtualización de la democracia y la verdad, que recientemente documentó el artista español Daniel G. Andújar *(Technologies To The People),* a través de la serie *Transcripciones desclasificadas de Benghazi* (2014).

ocultan y, finalmente, en qué clase de secreto ha terminado siendo desclasificado, es porque su espacio de interpretación se vuelve un diagrama pensativo sobre lo que cela el documento contemporáneo. Diríamos que en ello gran importancia ha tenido el deslumbramiento de la imagen en torno a la desclasificación. Y decir imagen significa, en este caso, hacer de ella una imagen que ha quedado suspendida, una imagen, entonces, que ha quedado embelesada en un extraño lugar del pensamiento.

Una "imagen que piensa" es lo que Benjamin comprendía como la realización de un pensamiento (Benjamin, 1933), distinción performativa de lo que alguien ha dejado en suspenso. Por su parte, una "imagen pensativa" es lo que Rancière le asignaría, años más tarde, a un acto que aún no ha sido pensado siquiera (Rancière, 2010)[13]. Ambas figuras, a pesar de sus impugnaciones históricas, conciernen a un estado de suspensión a través de la imagen. De ahí que la tachadura aparezca como una de estas imágenes, pues atañe a un pensamiento que choca y se contradice al decir lo que piensa, pero que a la vez, por su simple presencia, provoca pensamientos que aún no han sido pensados.

En breve, la tachadura se vuelve pensativa del momento que el arte invierte el proceso de su desclasificación. Esto significa que para conservar pensativo el delito de la violencia, el arte decide mantener indisoluble el secreto manifiesto en cada documento.

Así, siguiendo esta ensimismada figura, podríamos interrogar si un secreto que pervive sobre los documentos no se ha transformado acaso en un documento de arte. Si podemos observar documentos tachados ingresando al espacio del arte contemporáneo, es porque bien podemos leer en ellos el devenir de un documento *ya-hecho* (v. g. *objet tout-fait).* Incluso podríamos pensar que toda tachadura deviene un documento de arte del momento que aceptamos que cualquier documento anómalo y apócrifo deviene arte cada vez que colinda con el secreto[14]. En otras palabras, un arte del secreto no sería aquel que ha ocultado el documento a la vista de los demás, sino aquel que ocupando el fondo escrito del documento ha mantenido las tachaduras dejando a la vista lo que simplemente es. Un arte, entonces, que se embriaga con el tiempo uniforme del archivo, por ser éste el lugar en que se valida el culto al arte; esto es, el canon que dirime toda clasificación entre arte y no-arte.

[apéndice: el secretario]

Si el secreto es constitutivo de un tiempo, entonces no podría desconocerse en ello un tipo de acto performativo de quien ejerce su administración; que de otro modo sería atemporal. Pues bien, si el secreto, bajo la alambicada fórmula de la voz latina *secrētum,* indica poner aparte, en un lugar separado de los demás, y donde nadie lo pueda ver ni oír, entonces el secreto requiere

---

13. La discusión por el efecto dialéctico de "la imagen en suspenso" ha tenido una particular relectura en los términos que los expone Rancière acerca de "la imagen pensativa": "es una imagen que oculta el pensamiento no pensado, un pensamiento que no puede asignarse a la intención de aquel que lo ha producido y que hace efecto sobre aquel que la ve sin que él la ligue a un objeto determinado" (Rancière, 2010: 105).

14. Esto es lo que se ha manifestado bajo las políticas de la desclasificación a nivel global entre el secreto y la tacha, dejando en un estado de suspensión el régimen histórico así como el régimen estético. Situación que, sin ir más lejos, hoy en día se puede constatar en una sociedad secreta como es WikiLeaks, por ejemplo, como un *ready-made* del secreto.

de un agente, un secretario que opere como guardián de una voz propia o impropia –en el afónico acto de quien audita un silencio–, y cuya labor no será otra que la de un ministro que escucha, da fe de la información, transcribe y custodia los documentos de un gabinete.

Próximo a una postdictadura del secreto marcada por la frontera entre la verdad y su revelamiento –el destiempo de un arte contemporáneo que fue (es)–, se encuentra aquello que el artista Gonzalo Díaz conminaba en la obra *Lonquén. 10 años* (1989) –en alusión al siniestro crimen cometido en los hornos de Lonquén en 1973[15]–, como un tiempo escaso para señalar la "distorsión que el arte apenas puede nombrar, indicándolo" (Díaz, 1989)[16]. Tiempo por lo demás doblemente escaso o ya definitivamente sobreabundante al decir otra vez *Lonquén* en 2012, cuya contemporaneidad ingresaba paradójicamente en la memoria del museo[17] a través de algo impensado sobre dicha obra: el aura que ha dejado la documentación de su secreto.

Decir que el aura se reifica en la documentación de su secreto –que no es equivalente a su falta de documentación– concierne a los exabruptos que los últimos años ha tenido la archivística –jurídica, museal, historiográfica, entre otras– al momento de indagar con urgencia, con extremo delirio tal vez, sobre los secretos mal heredados del arte. Un arte cuya principal fuente de perdurabilidad se ha consignado sobre una serie de complementos paratextuales, a través de los cuales ha dejado la huella de su peregrinaje.

En ello, si cabe, *Sueños privados, ritos públicos* (1989) asomaba en el deslinde de la década del ochenta como un texto *auxiliar,* como el complemento denominativo que para esa época utilizaba el escritor Justo Pastor Mellado al referirse a la co-autoría entre ambos, Díaz-Mellado, artista-escritor, sobre el devenir de la obra *Lonquén.* Así, como un texto de apoyo, de socorro para la lectura de obra, dicho documento proponía textual y visualmente lo que podríamos anunciar como un documento de arte, lo que a su vez brindaba una crítica a la secreta confesión sobre arte y política.

Dejando entrever una profunda complicidad entre artista y escritor, *Sueños privados, ritos públicos,* aparecía en el horizonte de lo impensado: el secreto de su pensamiento. Trabajo por lo demás que ya se venía fraguando en una serie de operaciones editoriales plagadas en gran parte de citas des-

---

15. El atentado a pobladores y campesinos, detenidos días posteriores al golpe militar, fue descubierto recién en 1978 por medio de la denuncia confesional de un testigo al clérigo. En el lugar se encontraron los cadáveres de 15 cuerpos escondidos al interior de una mina de cal en aquella zona agraria conocida como Lonquén. El mismo año la revista *Hoy* reveló por primera vez las imágenes innegables de los homicidios cometidos por los organismos de la dictadura, dejando así al descubierto las osamentas de los pobladores asesinados: restos de cráneos, cueros cabelludos y ropas desgarradas aparecieron fotografiadas entre hierros retorcidos y escombros de cemento.

16. La frase es de Díaz y refiere a la primera presentación de la obra bajo el título *Lonquén. 10 años,* en Galería Ojo de Buey, enero de 1989. En Mellado, *Sueños privados, ritos públicos* (1989).

17. Nos referimos a la reposición de *Lonquén* en el Museo de la Memoria y los Derechos Humanos en 2012. Es interesante revisar las palabras del curador Mario Navarro respecto del carácter extra temporal de dicha obra, que a ratos se vuelve afirmativo sobre cierta transparente jurisprudencia ofrecida en su reinstalación: "[...] la reposición de *Lonquén* no tiene el objetivo de constituirse en un objeto con un estricto y estático valor histórico, por el contrario, la esencia de esta obra es su carácter extra temporal, es decir, de hablar de la historia sin tener que soportar el peso de la ubicación temporal. En este plano, *Lonquén* en el Museo de la Memoria y los Derechos Humanos apuesta a reponer el debate sobre el fin de la transición política, a dar mayor especificidad a la defensa de los DD.HH en Chile y sobre todo a reflexionar sobre quienes siguen esperando conocer el paradero de sus familiares detenidos desaparecidos" Mario Navarro, *Lonquén,* junio-agosto, 2012, Museo de la Memoria y los Derechos Humanos. Fuente: http://www.museodelamemoria.cl/expos/lonquen/

agregadas, cuyos constructos resultaban sumamente crípticos debido a su escritura en clave de especulativo *develamiento del secreto*[18].

Se trata de un documento de arte que aglutina breves capítulos escritos con discontinuidad de estilo. Sin embargo, lo que el escritor ahí señala con mayor énfasis y claridad es la declinación de una época:

> "Gonzalo Díaz presenta el remate de un trabajo diseñado a partir de la juntura de una declinación y de una lectura. Declinación de la cuestión del marco, desde la propuesta inicial de junio este año. Como conjunto de variaciones. Como decadencia de un tema. Lo que hay que ver aquí, con declinar, es que el título de la exposición indica el momento de la declinación efectiva del Régimen [militar]" (Mellado,1989).

En efecto, dicho régimen estaba a punto de terminar, pero además comenzaba a empinarse uno nuevo. Las constataciones de la violencia en el arte comenzarían a partir de ahí un extraño periplo que consolidaría lo que se ya venía anunciado como un fuera-de-marco, una economía más bien *parergonal* del secreto. Esto se inscribiría en la obra *Lonquén. 10 años,* como la siniestralidad que gobernaba la crítica del propio texto arte-política. Declinación, por lo demás, que emergía contra las formas producidas bajo la veterana escritura arte/vida, así como también contra las esfinges arte-política que pronto comenzarían a pregonar las estéticas de la memoria.

Estos procedimientos, a su vez, remecían los supuestos entre obra y escritura para pensar los sueños privados como condición primera. Y tal como lo revelaba Mellado intentando desvestir al propio Díaz[19], esto habría consistido en "sobreponer su sueño [el de Díaz], su modelo de sueño como poética material, a una política de la reducción de los cuerpos" (Ibid.). No obstante, también cabría decir que quien sobreponía el sueño, al sobreexponer su propio sueño, sería el propio escritor del texto; cual escribano de un secreto capaz de cautelar el ritmo gramatical de los sueños confesados. En tanto perspicaz secretario disfrazado de acucioso funcionario –*agente doble* según un conocido texto de Fabbri–, parece deambular entre sueños y delirios textuales que imprimen a este trabajo y los que vendrán una sobrecodificación de los sueños de lo que cada cual desea re-hacer como imagen y escritura[20].

---

18. Se pueden consignar la serie de paratextos auxiliares en co-autoría entre el escritor Justo Pastor Mellado y el artista Gonzalo Díaz, entre otros el caso emblemático *Qué hacer* (Galería Sur, 1984): "trabajo de operación escrito-visual producido por el Acuerdo Díaz-Mellado". Bajo el título *Acuerdos de Mayo* aparece una serie de publicaciones mecanografiadas que sirven de "andamio" para el trabajo de escritura y visualidad de ambos autores en virtud de una co-producción de obra: "No habrá catálogo para contener una escritura que llega siempre tarde a la obra/o se adelanta para re/condicionarla a un programa extraplástico, sino cuerpo editorial que se constituye en este caso específico llamado *Protocolo,* como el andamio previo y posterior de las obras. Este mismo corpus es la obra que siempre falta: el espacio privado como espacio público", en *Modus Operandi: Acuerdos de Mayo/Protocolo 1,* Santiago de Chile, 1984, s/n. A contar de 1984, bajo los *Acuerdos,* surgen los *Protocolos* (1,3,5), en ellos se exponen los delirios textuales sobre la co-producción de obra, así como las claves de enunciación crítica respecto del arte chileno. Los documentos consultados corresponden al Centro de Documentación de las Artes Visuales (CEDOC) del CCPLM. Fuente: http://www.ccplm.cl/sitio/2013/documentos-de-trabajo-en-arte-y-cultura/

19. Según el mismo autor opera "De sapo. Por luquear de cerca y (h)ojear el movimiento de Gonzalo Díaz y confesar su crimen" (Mellado, 1984).

20. No deja indiferente la enunciación de Mellado al justificar su participación en el *Protocolo 1:* "[...] somete a Díaz al desconsuelo de ser nada más que el ilustrador de un programa que ha escogido el espacio plástico para sus (otros) fines" (Ibid.).

Bajo esta peculiar agencia, Díaz-Mellado, no se puede soslayar la desbordante estructura del marco en un paratexto que no es otra cosa que una permanente cita a lugares anteriores[21]. *Lonquén. 10 años,* según lo insinúan los mismos documentos mecanografiados de Mellado, es la continuación de la obra *Banco/Marco de Pruebas* (1988), la que a su vez fue acompañada del texto *Sueños privados, mitos públicos,* escrito ese mismo año en París. En 1989, en cambio, su autor re-escribe dicho texto bajo el título *Sueños privados, ritos públicos.* La única diferencia son las palabras *mitos y ritos.* En consecuencia, se trata de una continuidad entre las lecturas pero a la vez de un ligero reajuste del texto no sólo en su expresión, sino que además en el deseo de operar con la heteronomía de una obra-documental. Estas maniobras responden a un régimen de producción que podríamos señalar como secretos intertextuales o *intermediales,* y que requieren de otros documentos de obra para ser leídos[22]. Es lo que el escritor nombra como declinación: de un régimen a otro, de una obra a otra.

> "Del Mito de la construcción del Estado al Rito de su de/Montaje: pintura y procedimiento judicial. La pintura como un procedimiento judicial que es: primera tentación del retrato, ejercicio de fisiognómica. Pero sobre todo, ejercicio de topografía: la colina del Mito se desplaza y da lugar a otra formación; el estrato del Rito. La sustitución de una letra, en este dominio, una 'm' por una 'r', indica la declinación que opera de una exposición a otra. Esto es, el efecto formal de un corrimiento inédito. Formalidad que me obliga a indicar los pasos corridos y llamarlos en mi nombre. Digo: llamaré 'r' al uso del caso judicial de Lonquén: escándalo de un fallo relativo a un crimen individual, escándalo de un fallo relativo a un crimen colectivo" (Mellado, 1989).

Dicho orden nos revela esta clave fundamental: *La sustitución de una letra, en este dominio, una "m" por una "r", indica la declinación que opera de una exposición a otra.* Para leer las obras se requiere, entonces, de un aparato documental que abra un espacio de legibilidad por medio de una clave combinatoria. ¿No sería esto reemplazar un secreto por otro secreto? Así, si hablamos de fuera-de-marco es porque se requiere historia –la historia del marco antes que todo–, que no es otra cosa que el devenir textual que gobierna la obra en clave de secreto, de modo que todo resulte profundamente traspapelado. En esto parece consistir la declinación de un régimen a otro, la apariencia de reemplazar una cosa por otra cosa, o mejor dicho, siguiendo las claves criptoanalíticas, *cualquier cosa por medio de cualquier cosa (omnia per omnia)*[23].

No es difícil pensar la complejidad que esto supondría para el campo de lectura de las artes que comenzaban a experimentar la transición postdictatorial. Se requería un seguimiento funcionario-letrado de las obras, una conciencia notarial del texto, antes que un simple lector. Momento

---

21. El documento señala: "Me pareció una buena ocasión para continuar el delirio en forma de sonata ya advertido en mi performance del 22 de julio recién pasado" (Mellado, 1989).

22. Dicho de algún modo, el secreto se constituye como un pensamiento en el anacronismo de aquello que se dice pero fuera del tiempo del acontecimiento que lo origina. A su vez, el secreto se origina en un tiempo distinto al cual se revela, por lo tanto el secreto anticipa una lectura que llegará con retraso.

23. Cf. Sherman (2010/11). En cuanto a *Sueños privados, ritos públicos,* cabría advertir la intencionalidad de un secreto, cuyo destino parece ser la lectura en el porvenir de un intercambio entre obras y documentos.

intertextual, además, en que la crítica también se volvía objetable: "En ninguna obra chilena, la crítica política ha alcanzado un grado de cristalización como en esta serie; en ninguna obra chilena, la crítica teológica ha alcanzado un grado de disolución como en esta serie"[24], afirmaba Mellado en un texto inédito que enlazaba una serie de obras de 1984, 1987 y 1988.

Así, trasvasado en un *continuum* de obra en obra, de escritura en escritura, de régimen en régimen, la relación arte y política sería aquella que punzaba como una imagen secreta:

> "En el *Protocolo 1,* de junio de 1984, Díaz-Mellado publican la foto recuperada del arco de medio punto. Del horno de Lonquén. Lo que allí se fragua, ya, proviene de la recuperación de esa foto, publicada antes del viaje a Italia. Esa es la foto que Gonzalo Díaz lleva consigo: aparejada. [...] Punzando. Pulsando" (Mellado, 1989).

La desnudez de la cita deja al descubierto que la fotografía de Lonquén, antes que nada fue una imagen que estuvo en manos de ambos, por tanto lo que hay es la confesión de un origen: un secreto que deviene en obra y documento. Hay aquí un principio del secreto que pondría el límite del arte y el no-arte. Cosa irrelevante si se acepta que todo documento desclasificado de su secreto constituye arte, por cuanto en él se instala el valor inconmensurable de otro valor, el de un *documento-ya-hecho,* que no es más que el misterioso reemplazo de una cosa por otra cosa, una letra por otra letra. Algo que para este caso, sin embargo, resulta substancial para pensar el paratexto oculto en un documento de arte, pues lo que instala dicha confesión es la pregunta sobre lo que se encuentra en el fondo quieto de una oscuridad acaecida, oscuridad que el arte apenas puede nombrar dando-a-ver lo *ya-hecho;* mientras que el documento de arte puede dar cuenta de esa misma oscuridad *punzando* el secreto de su proveniencia.

A modo de una suerte de exégesis al final del catálogo, Mellado introduce una serie de extrañas marcas sobre las pruebas escriturales –las pruebas forenses, diría el escritor–. Se trata de la tachadura sobre un nombre: ~~José Sanfuentes,~~ motivo aparente de una autocensura. El comentario alude a las declaraciones de prensa que involucraban a capitanes militares y otros cargos ministeriales (políticos y clericales), así como el de ciertos nombres propios que afectaron la "memoria real del movimiento popular" en mesas de negociación política. El autor se da el trabajo de ocultar un nombre, quizá porque el simple señalamiento le podría ocasionar escarnios de otro orden. Sin embargo, ¿por qué dejar marcas en un texto mecanografiado cuando éste se podía rehacer o técnicamente pasar en limpio? Es sabido que una imagen aurática siempre reflejará las cenizas de su deseo. Lo relevante es que tales indicios anticiparían la plasticidad de la tachadura como evidencia del secreto, cualquiera fuese su magnitud.

---

24. La peculiaridad del texto es que deja entrever la razón crítica que domina el diagrama de pensamiento crítico del escritor: "¿Cuál es la lección que debemos extraer de la última exposición de Gonzalo Díaz en al sala Ojo de Buey (12 al 28 de enero)? Desde luego una, metodológica, para la crítica. Exigencia de por [sic] esos objetos y operaciones teóricas en sincronía [sic] con otros objetos y operaciones teóricas anteriores, con el propósito de abordar con rigor las dificultades permanentes que conducen el trabajo de obra –trabajo de sepultación y hallazgo– a través de las antinomias y contradicciones que su desarrollo problemático nos presenta". Mellado, *Notas inéditas. Texto sobre "Lonquén 10 años" de Gonzalo Díaz.* Fuente: Centro de Documentación de las Artes Visuales (CEDOC/CCPLM).

Avanzando en la lectura del mismo texto, aparecen algunas tachaduras más sobre nombres propios:

"El discurso del padre Lira repite los términos de las declaraciones de ~~Mireya Baltra~~ luego de su conversación orgánica con el ~~Nuncio Einaudi.~~ La doctrina del tiranicidio amenaza en los umbrales de las iglesias" (Mellado, 1989).

Probablemente sean éstas las razones para decir que "El arte chileno no le debe nada a la política", la frase también es de Mellado en 1989. Y por ello es probable, igualmente, que dicha política haya consistido en el secreto confesional instalado por el clérigo bajo el contubernio de la misma política años después —como una "política de suspensión permanente de la verdad"[25]—.

De manera que estos pasajes encuentran su fundamento crítico en el delirio histórico que significó la filiación entre arte-política/política-religión. A través de ella el escritor buscaba subrayar cierta crítica al servilismo del arte que habría tributado a configurar lo político. Y lo político que además fue concebido como el apaciguamiento *transicional* hacia lo religioso: "El poder de la religión. Esto es, de la política" (Mellado, Ibid.). Poder de la religión que mucho tiempo después se consolidaría bajo el credo de palabras supraterrenales y definitivamente imborrables, como reconciliación y perdón. En consecuencia, es quizá bajo esa deuda que se podría asumir que *el arte chileno no le debe nada a la* religión[26].

Pues bien, al final del texto, la declinación de un régimen a otro parece desplazarse por medio de un deseo de mirada más prosaico y siniestro. Por ello el escritor piensa, citando a la psicóloga Lombardo, que *la fuente de pulsión no es el ojo, sino la ranura de los párpados.* Y por ello el texto lo *designa,* es decir, lo diseña como texto-visual:

"Cuando Máximo Pacheco [abogado del caso Lonquén] llega al lugar, el 30 de noviembre de 1978, lleva herramientas. Escarban. Abren un boquete. Fabrican una antorcha de papel y penetran el umbral. La ranura de los párpados del Régimen, aquella por la cual este deseaba ser mirado. Solo no indicó el modo. Ese modo es nuestra invención. Una investigación sobre la obscenidad del Régimen [militar]" (Mellado, 1989).

Último episodio para pensar lo siniestro en el régimen de la mirada. "Se dice que es lúgubre la manifestación visible de la muerte. Siniestro [...] lo

---

25. Subrayamos la *política de suspensión* bajo la rúbrica postdictatorial que hemos discutido: secretos confesionales, arte contemporáneo y derechos humanos. Al respecto citamos un trabajo reciente de Mellado (2009: 405). En dicho compendio resuenan cuatro capítulos bien hilados, en que el escritor comenta las relaciones incubadas por los personeros de gobierno durante la transición democrática chilena, en consonancia con la posterior aparición del Museo de la Memoria y los Derechos Humanos en 2010. Es notable la dualidad crítica que instala el autor entre "secretario" y "secretariado", para referirse a la función que desempeñó el Secretario General de la OEA, Javier Insulza, en 2008, así como su distinción secretista entre una anodina acción "maquiavélica" y una enseñanza política "maquiaveliana". Véase "El secretario del Príncipe (1)"; "El secretario del Príncipe (2)"; "Memoria y Museo"; y "De secretario a Conserje", en Mellado (2009).

26. Se trata, entonces, de una intensa querella sobre las políticas iconoclastas de la imagen; esto es, la cuestión entre quienes advierten el abismo que separa un medio de representación de lo representado, y quienes confunden el soporte representativo con lo representado haciendo de ello una sola cosa. En síntesis, las políticas iconoclastas de la imagen equivalen al escamoteo de aquello que no se puede ver pero aún así sabemos que está.

que Máximo Pacheco desentierra es lo que 'debiendo haber quedado oculto, se ha manifestado' " (Mellado, Ibid.). Ranura de los párpados que se vuelve extensiva pues a los regímenes del arte que también desea ser mirado por esa canal, dando paso así a una cultura del disimulo: aquello que *es y no parece*. Pero en cualquier caso, lo que prevalece es una textualidad política-confesional que dialoga bajo la apariencia ambigua de que conocemos el código –el pacto del secreto– y todos sabemos de qué estamos hablando.

No ha de extrañar, entonces, que si la tacha es lo que allanó el camino del secreto hacia la época en que la postdictadura dejó fuera-de-marco lo real, es debido al entredicho causado por una historia de lo siniestro sin la cual el arte contemporáneo no podría ser pensado; oscuridad suficiente por lo demás para pensar la propia violencia religiosa anidada entre el arte y la política.

Bibliografía

Agamben, G .(2008) *Qu'est-ce que le contemporain?*, Paris: Rivages Poche

Benjamin, W. (1995) *La dialéctica en suspenso. Fragmentos sobre la historia*, Santiago: UARCIS-LOM, [traducción de Pablo Oyarzún]

—. (2012) *Denkbilder. Imágenes que piensan.* Madrid: Abada editores, [primera versión 1972; manuscrito original 1933]

Cadava, E. (2012) *Trazos de luz.* Tesis sobre la fotografía de la historia, Santiago: Palinodia

Didi-Huberman, G. (2013) *Cuando las imágenes tocan lo real,* Madrid: Ediciones Arte y Estética

Oyarzún, P. (2003) *El Rabo del Ojo. Ejercicios y conatos de crítica,* Santiago: Editorial UARCIS

Lyotard, J. (2014) *Discurso, figura,* Buenos Aires: Ediciones La Cebra, [versión original, 1971]

Moreiras, A. Richard, N.(eds.) (2001) *Pensar en/la postdictadura.* Santiago: Editorial Cuarto Propio

Foster, H. (2001) *El retorno de lo real. La vanguardia a finales de siglo,* Madrid: Akal

Greimas. A.J. (1990) *Semiótica. Diccionario razonado de la teoría del lenguaje,* Madrid: Gredos,[versión original, 1979]

Mellado, J. (1988) *Banco/Marco de Pruebas,* catálogo Nº 7, Santiago: Galería Arte Actual

—. (1989) *Sueños privados, ritos públicos,* Santiago: Ediciones de La Cortina de Humo

—. (2009) *Textos de Batalla,* Santiago: Ediciones Metales Pesados

Rancière, J. (2010) *El espectador emancipado,* Buenos Aires: Ediciones Manantial

—. (2011) *El destino de las imágenes,* Buenos Aires: Prometeo

Sherman, W. (2010/11) "How to Make Anything Signify Anything", en *Cabinet* Nº 40, Hair Winter

Storr, R. (2006), "Paper Trail", en *Jenny Holzer. Redaction Paintings,* New York: Cheim & Read

Valderrama, M. (ed.) (2011) *¿Qué es lo contemporáneo?,* Santiago: Ediciones Universidad Finis Terrae

—. (2009) *La aparición paulatina de la desaparición en el arte,* Santiago: Palinodia

Vidal, S. (2012) *En el principio. Arte, archivos y tecnologías durante la dictadura en Chile,* Santiago: Ediciones Metales Pesados

Imag. 1 – 2, de *Modus Operandi-Acuerdos de Mayo-protocolo*
Portada y página interior
Cover and interior page

Imag. 3 *Banco de Pruebas* (1988)
Portada de catálogo
Cover of catalog

Imag. 4 *Sueños privados, ritos públicos* (1989)
Portada de catálogo
Cover of catalog

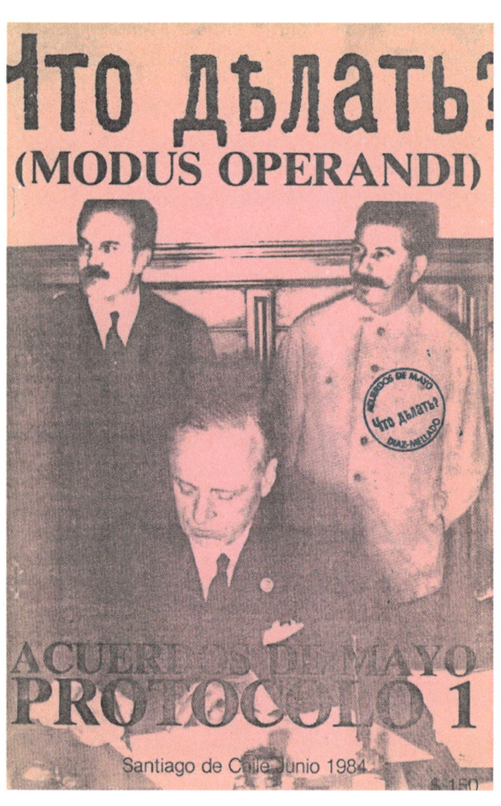

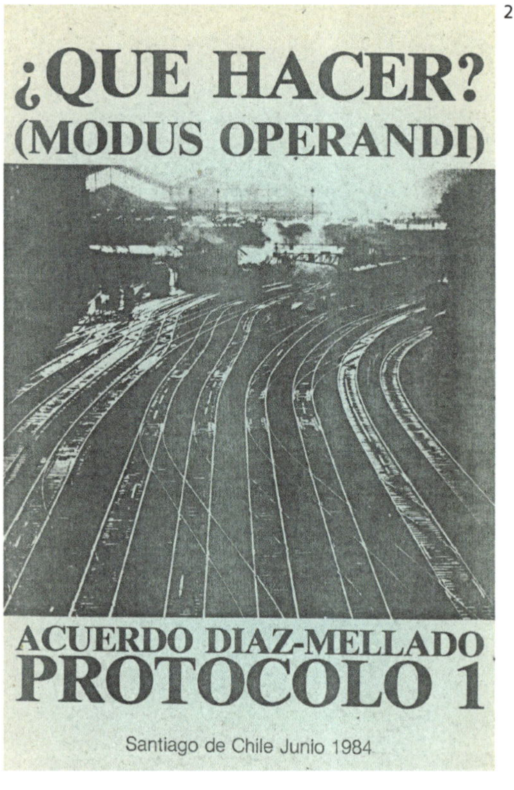

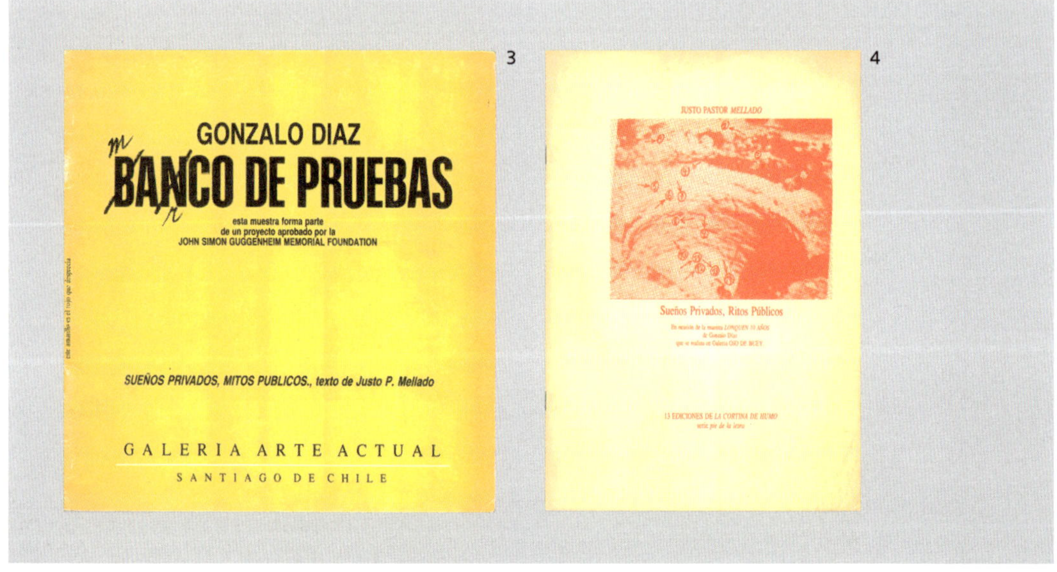

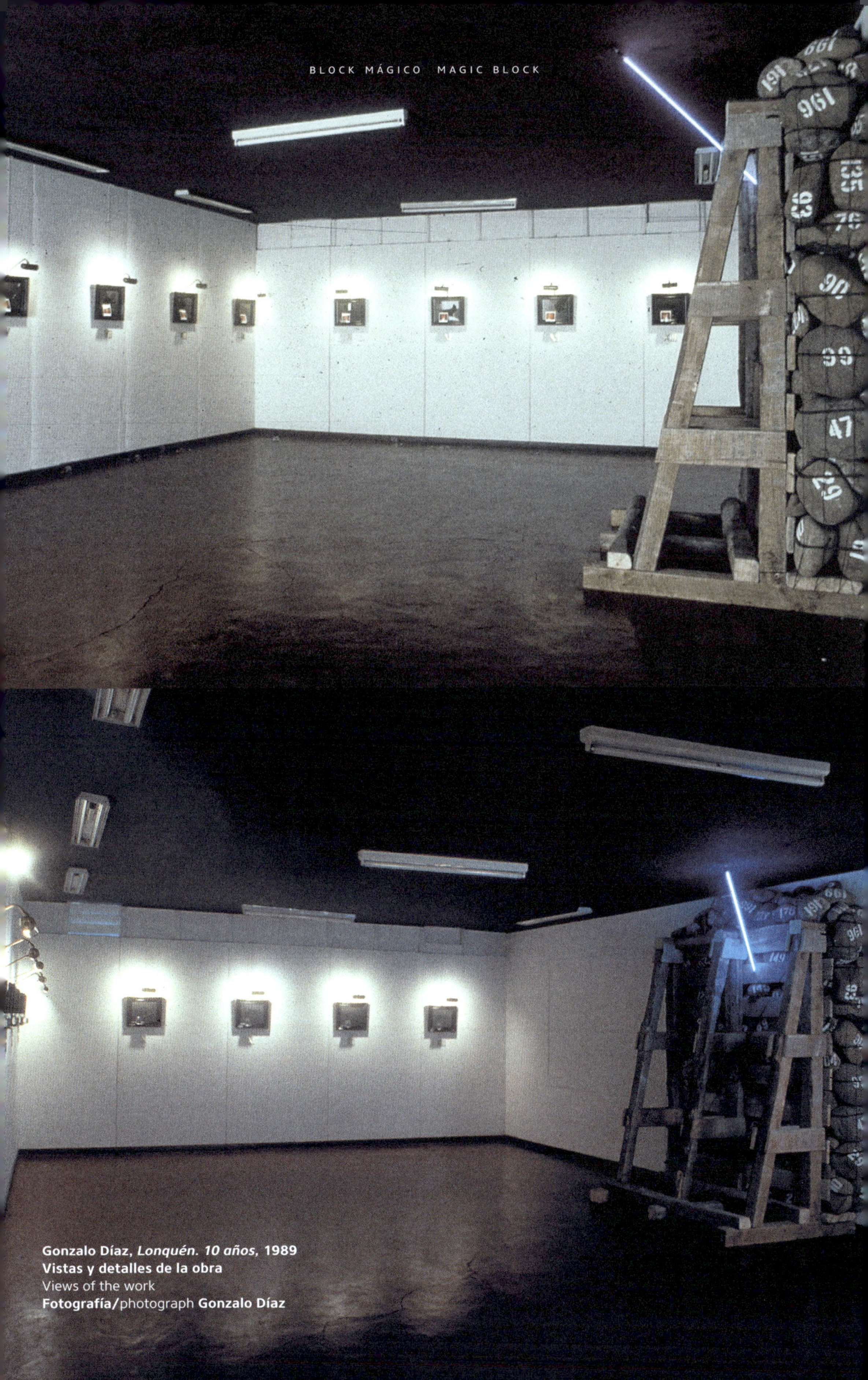

Gonzalo Díaz, *Lonquén. 10 años,* **1989**
Vistas y detalles de la obra
Views of the work
Fotografía/photograph **Gonzalo Díaz**

Blackened-out Secrets in the process of
becoming Documents in Contemporary Art
~~[appendix: the secretary]~~

CRISTIAN GÓMEZ-MOYA

[1]

If in the last three decades the preoccupation in contemporary art in Chile with the conditions of violence has hinged on the conspiracy of secrecy that characterised the post-dictatorship era, and if that violence corresponds to a time displaced from the contemporary, then one must read in it a return to the familiar immediately repressed in the present. This is a period of time in which the sinister increases every time something emerges which, in the form of a record of the same violence, appears unexpectedly – unforeseen, unimagined – and which results in a document capable of revealing the reality of a traumatic past.

This wound seems to find in contemporary art its place of temporal dislocation, as long as the only aim of a document about the contemporary – written and visualised with the ambition of bringing together dispersed time – provokes precisely such a temporal disruption in art. Despite which, its benefits lie in revealing today what happened in a blind state. And it is in this way that, opening up a crack which lets the light in, contemporary art provides us with the evidence of a darkness that is out of time.

Therefore, to borrow a phrase from Agamben[1], we suggest that the politics of the contemporary is a difficult pursuit that always arrives too late because it investigates precisely there where the light has been extinguished, nevertheless displaying its capacity for clear-sightedness in the darkest areas. This is why contemporary art cannot help but situate itself within this anachronistic meandering, captivated as it is by the mystery of the former darkness.

In "Estética de la sed. *Lonquén 10 años, diez años después*" ("The Aesthetics of Thirst, *Lonquén 10 Years,* Ten Years Later"), (2000), the author Pablo Oyarzún, in his reading of an inaugural text of the inopportune nature of contemporary art, warns us with a short but decisive observation that Freud, by re-using the category of the uncanny *(das Unheimliche,* 1919) had provided "a category to the world of aesthetics without which it would be impossible to contemplate a significant part of contemporary art" (Oyarzún: 124). In effect, in the light of this text one could examine the ways of thinking about art in virtue of something as strange in its own configuration as is the uncanny contained within artistic representation. This, because the uncanny, the sinister, enables a reading not only of contemporary art's delay in form in relation to *the real,* but also because it announces the furious awakening of a secret which comes to light precisely because it needs to be hidden.

---

1. The phrase cited here is taken from an original work about the contemporary, guided by Agamben's text (2008). See Valderrama (2011).

It is perhaps this same contradiction that reveals the violence with which contemporary art explodes on every homogenous regime in history, and, conversely, the violence with which history erupts once it examines that which contemporary art tends to maintain secret. However it is worth emphasising that an art form defined by the secret of violence often functions through the desire, not without tension, of revealing that which has remained hidden through a lack of humanity. But at the same time, with this same blind intention of bringing something to light, it also represses it, leaving the status quo intact. This is the *quid pro quo* of contemporary art: one secret in exchange for another.

From here we can at the same time consider the flashing brightness that has contributed to the secret reflected in the post-dictatorial era. Following the logic that "post-dictatorial" is an extremely dark phrase[2] in so far as the succession of an entire era designated by that other word which precedes it is a dark one, we can state that this does not refer to the chronological moment in the apparent improvement which the prefix *post* confers, but rather to displacement, to the march of the reign of terror towards complete secrecy under the universal syntagma of the un-representable. This is precisely why we therefore cannot consider the post-dictatorial only in reference to the origins of the sinister inscribed in the past of its violence, but rather we must consider it as an event which has progressed towards itself. So let us talk then about the progress of state violence in Chile, which has consisted of keeping secret the confessions – confessions of the murderers among others[3]. It is a battle still played out between the jurisprudence of public rights and the confessional secret. An issue laconically supported by the writing about art in the post-dictatorial era, whose critical stronghold has been the coupling of art-politics/politics-religion.

So we talk about a post-dictatorship of the secret whose documents announce its permanent semi-darkness within contemporary art. To be precise, an archive of the post-dictatorship is one which, giving access to the space of jurisprudence, inscribes itself in the traces of something *already-made.* It therefore nourishes itself in the era which precedes it but at the same time reformulates itself in the future of other traces that authorise, intervene and modify the secret of its inscription. Because these are documents which, in their uncontrollable progression between judicial archives as well as between museums, centres of documentation and other medial mechanisms, incorporate other records of incoming but also outgoing material, which affect not only the document in its origin but also the secret that the document is releasing: they emerge from the archive as an *already-made-document* then transforming themselves into documents of art.

All in all the "out of time" nature of this art does not seek to humanise with the revelation of a secret, rather it contorts the secret with another secretive exercise without which, therefore, a good part of contemporary

---

2. Emphasis is placed on the textual effort made to re-think the concept of the post-dictatorship, in the defining of the transition to democracy. See Richard and Moreira (2001).

3. This confessional discussion between the victims and the perpetrators spans a significant part of the transition to democracy in Chile and is concerned with who has the right to speak. The *ecclesiastical* bent of its effect has given way to innumerable apparatuses of dialogues sustained in, as this essay proposes, equivalent systems of memory: the ecclesiastical, museums, editorial, media etc.

art would be unthinkable. It is an art that establishes itself, precisely, in the depths of all that is uncertain and unmentionable, of all that is located on the opposite shore of any communication capable of translating it in its entirety, of auditing it. Perhaps the violence of a lack of communication is a primary and inevitable condition for resignedly coming to terms with the virtues of contemporary art?

This art can accordingly not be considered, exclusively, as a stronghold of the sinister, as it does not take into account the real. Rather it uses the secret in order to obliquely obscure that which the image seeks to expose[4]; and it does so with the sinuous transparency of a veil. What sort of veils are these? Let us say that the archive of the post-dictatorship is a textuality of images that veils the real[5]. The images acquire a strange opacity as they match those residues left over from the contact with the traumatic reality. One cannot discuss contact between the image and the real, writes Didi-Huberman, without speaking of a sort of conflagration: the images burn. They burn because the images manifest themselves as throbbing bodies, as symptomatologies of the desires and tremors that have been devastated by the real. The proof of their existence is the glowing embers and the dregs of ashes left behind; this is the devastating proof of a documented barbarism. As the historian noted: "an archive tends to be grey, not only because of passing time, but also because of the ashes of those who surrounded it and have been burned" (Didi-Huberman, 2013: 17).

It isn't strange that the analogy should become even more meaningful when one considers the archive as the place in which these ashes are deposited, understood as the symptoms of the *remains of life.* This catastrophic meaning, which follows Benjamin's steps, indicates that the images become documentary traces that, even if they have been abandoned as a result of the contact with the real, have nevertheless not been completely destroyed. In effect, the archive of the post-dictatorship is an opaque symptom because it remains as the remnants of the glowing embers of all that was burned. A blanket of ash, therefore, which overshadows to the point that it completely obscures the way of looking at the real.

Let us talk therefore, of an art of the secret which only brings to light the veiled images of a story, at a time that this cannot be read in its alphanumerical script but rather in its *blackened-out* secrets like the ash-grey documents. If one is inclined to excavate further into the symptoms of this art, the impression emerges of a regime of the secretive that was already developed out of the combination of stories about the perennial tension between art and writing. Let us say therefore that an art of the secret is one which has wanted to anticipate its auratic effect or rather that has left scattered ashes behind as a legacy for the future, in the written hope that

4. Oyarzún quotes the explanation of the term offered by Schelling: *"unheimlich* denotes all that which should be kept secret, hidden... and has nevertheless revealed itself". The Chilean philosopher's observation, despite the authority of the quotation, continues with a particular precision: "[...] the secret should not be understood as something merely hidden which could come to light. The secret is not those facts that have remained far from the gaze and public consciousness, but rather that which avoids these latter" (Oyarzún, 2003: 124).

5. The well-known definition is given by the historian Hal Foster (2001) and refers to the paradoxical effect of the veil-screen erected around *the real* (that which cannot be represented). However it must be noted that there is in this a focus on the traumatic which is Lacanian in origin, and deviates from the full meaning given by Freud's texts to the *uncanny/sinister.*

somebody might be driven to displace time and find in them the here and now of its secret[6].

[2]

The veiled outlines of the contemporary, necessary for surviving the very condition of the era, allow us to the discover that the secret is of the type that *remains hidden*[7], and therefore its extravagant historical regime is rather a *dumb* truth and not a lie of an *absolute nature.*

So the traces left by something being blackened-out, understood here as the plastic embodiment of a blemish[8], give us one of the principle symptoms of an art conditioned by the documents of the post-dictatorship. The disturbing thing is not to see how the content of something obscured has made itself manifest during the last decades, like a blemish that blackens the record, but rather how an art that has investigated the historical data of state violence has insisted upon suspending the account of its own history through the secret inscribed in the documents.

This concords with an era in which the blackened-out material has inscribed itself as a dialectic between visuality and textuality, making of its own erasure a trace which interrupts the usual signifying conditions between art and writing – a question which certainly seems plausible considering the inter-textual component of the secret, but is far removed from the intention of evoking the repressive censorship of the dictatorship era[9]. Therefore, given its peculiar condition, one cannot attribute to this art a communicatory correlative between an inscription and a witness, as it does not establish the criteria of constant correspondence between the subject and the object previous to its contradiction. From this to the fact that the blackening-out is always a negation of what is written: it rectifies and contradicts – but absolutely without deleting – that which it refers to, as this never reveals what it should. And from here arises "the curiosity which pulses in every work of art – as Oyarzún stated – even and especially in that

---

6. In this historiographical line we note the work in progress of Valderrama (2009).

7. We allow ourselves here an allusion to the renowned diagram of "veridiction" by Greimas, in which he defines the secret as "that which is and does not appear". See Greimas (1990).

8. If we use the definition of the blackening out of material, it is in reference to an aesthetics of the secret in contemporary art. That is, a blemish is a stain, a defect, an imperfection, and as such corresponds to a correction, an amendment, an erasure. As a figure it represents the consubstantial resource of the text in process, but it also makes the admonition of a moral stain, a legal censorship in the legal realm. For the purpose of this concise reading we will say that the blackening-out as a historiographical exercise in writing is often omitted as a simple technical archaism, and yet the blackening-out alludes to a criticism of the writing of the image and its effects in relation to art and politics. The plastic figure of an erasure will, for now, be an iconoclastic and destructive form of cancelling out what is written, what has remained visible as the *image of*. This graphical symbol is debated in a dialectics between textuality and visuality as it is usually a text that is blackened-out and yet the text does not thereby stop existing, it just becomes a new written image: a figure, a limit, opacity, something *overwritten*. To blacken-out is therefore to produce writing, and vice versa. Cf. Lyotard (2014). In the Anglo-Saxon lexicon one can see the plastic dimension that a blackened-out text acquires when it indicates its graphic appearance in a document: *BLANK*. See Storr (2006).

9. Concerning this it is correct to mention the observation of the historian Sebastián Vidal: "The use of blackened-out text was a frequent resource in the texts edited by artists and theoreticians of the period as a method of symbolically establishing the sense of repression of the intellectual bodies with subversive acts within the writing of visual arts" (Vidal, 2012: 89). However, we would say that it would be incorrect to read the blackened-out text as literally symbolic of state repression and the signs that allude to this repression, as the historian does by referring to the dictatorship era. This is because one cannot avoid the fact that at the time a sophisticated dialectics of the image was being established, between the textual and the visual, which, expressing itself in the hyper-textuality of the poem, would furtively affect art-politics; the transference between writing and art, which would allow one to read the blackening-out of text itself as a visual para-text.

which has been blackened-out" (Oyarzún, 2003:170)[10]. In this way, in the end, we can confirm in the blackened-out text the suspension of historical writing itself, bearing in mind its impure and trembling occurrence.

To speak of suspension and standstill obliges us to comment briefly on the Benjaminian concept of progress, as it posits the future of history as remaining in suspension. This is owed to an image, which according to the figurative expression of the German writer, appears as a *bolt of lightning* whose power suddenly overwhelms man's unconscious state[11]. From this the *continuum* of history unfolds and it is nothing other than, as the translation at this paradoxical moment denotes, the catastrophe of progress: "The concept of progress should be based on the idea of catastrophe. That things 'just keep on going' *is* the catastrophe" (Benjamin, 1995: 146).

Perhaps this is why, despite what blackening-out offers in sustaining the permanence of the historical suspension, the secret archives – like confessional secrets – appear as the sensitive form not only of the post-dictatorship but also of the violence which all contemporary art exercises when it reproduces the impure document. It is a strange noise that develops secretly, just like the obscure comings and goings between art and politics. In the strictest sense a classified document is a secret document as it threatens to damage the social security *(secret: serious damage),* but in a way the process of declassification is the *continuum* of the classification. Even though declassification tends to be interpreted as a historical revelation that goes hand-in-hand with liberty, in its essence it hardens the *dictum* of the catastrophe: everything continues as it was.

In this way an art of the secret can be understood as a violent catastrophe. This because it is an art which is not humanitarian, at least it does not reinforce the testimonial idea of the human, nor does it endow the spectator with rights as in the end it teaches nothing about the perpetuation of peace, but rather does quite the opposite, and is therefore an art of violence that maintains the secret in order to transform it into an encounter between documents – it leaves *isolated* the spectator as a witness – and thus becomes increasingly what, to paraphrase Nietzsche, has been posited as *the appearance of a document in relation to other documents.*

---

10. The earlier phrase of Oyarzún is relevant: "Art, as we well know, is mute, even when it speaks. And this is for a specific reason: It cannot pronounce on that which makes it possible" (170). See Oyarzún, Pablo, "La pregunta, la paradoja y la promesa. A propósito de ~~Obra de Arte~~, de Gonzalo Díaz", (*"The Question, the Paradox and the Promise. Concerning Gonzalo Díaz' ~~Work of Art~~"* in "The Corner of the Eye"), (2003).

11. It is interesting to observe the genuinely Benjaminian idea that posits that the representation of history is visual. See Cadava (2014).

Now if the syndrome of a blackened-out material transformed itself into a policy of overwhelming artistic creativity impacting even on the regimes of the circulation of the image[12], this is due to the fact that its exciting erasure favours the unfulfilled promise of accessing a true story. In turn if the blackened-out material on the classified documents have contributed to making one wonder what they might be hiding, and finally, what sort of secret has in the end been declassified, it is because the space of interpretation becomes a thoughtful diagram superposed on what the contemporary document hides. Let us say that in this the glare of the image as concerns the declassification, is key. And to speak of an image is, in this case, to make of it an image that has stayed in suspension, an image, therefore, which has remained spellbound in a strange place in one's thoughts.

An "image that thinks" is what Benjamin understood as the *fulfilment* of a thought (Benjamin, 1933), a performative distinction of what somebody has left in suspension. For his part, a "pensive image" is what Rancière would designate, years later, as an act which has not yet even been thought (Rancière, 2010)[13]. Both figures, despite their historical oppositions, are concerned with the state of suspension and standstill through the image. The blackening-out therefore appears as one of these images as it pertains to a thought which collides with and contradicts itself in saying what it thinks, but which at the same time, by its mere presence, provokes thoughts which have yet to be thought.

In brief, the blackened-out material becomes full of thought in the moment in which art inverts the process of its declassification. This means that in order to keep alive in one's mind the crime of the violence, art decides to maintain inviolable the manifest secret of every document.

Following this solipsistic figure, one can ask whether a secret that endures beyond the documents has not been converted into a document of art. If we see blackened-out documents in the arena of contemporary art, it is because we can read in them the future of a document *already-made (objet tout-fait).* We could even consider that every blackening-out becomes a document of art at the moment in which we accept that any atypical or apocryphal document becomes art every time that it cohabits with the se-

---

12. It is worth mentioning here at least certain cases which, concerning the blackened-out material as secrets, have been analysed by contemporary art. In the national context i) the series *Protocolos* Díaz-Mellado (1984-1987), as well as the specific works by Gonzalo Díaz *(Banco/Marco de Pruebas,* 1988; ~~*Obra de Arte,*~~ 2000) which begin with distinguishing blemishes in its text statements; ii) the graphic work by Carlos Altamirano on his series of portraits (1996), and especially the piece *40 retratos inconclusos* ("40 Unfinished Portraits"), whose diagrammatic system puts on the page the declassification of lists of detained-missing people, obscured in text boxes which have been distressed to the point of making them almost invisible; iii) the work *Biblioteca de la No-Historia* ("Library of Non-History"), (2101-2011) by the artist Voluspa Jarpa about recent Chilean history, whose exercise in blackening-out/editorial erasure places in tension grammar and image and the volume of the document. Additionally, but in a different order of international geopolitics it is also worth highlighting iv) the series *Redaction Paintings* (2004-2006) by the American artist Jenny Holzer, who reproduces a series of secret documents from the "War Against Terror" which are characterised by their chromatic blackening-out; v) the disruptive sense of the virtualisation of democracy and truth which the Spanish artist Daniel G. Andújar recently documented *(Technologies To The People)* through a series *Transcripciones desclasificadas de Benghazi* ("Declassified Transcriptions from Benghazi"), (2014).

13. The discussion about the dialectical effect of the "image in standstill" has had a particular re-reading in the terms set forth by Rancière about the "pensive image": "it is an image that hides the un-thought thought, a thinking that cannot assign itself to the intention of that which produced it and has an effect on those who see it without their linking it to a determined object" (Rancière, 2010: 105).

cret[14]. In other words, an art of the secret is not that art which has hidden the document from the sight of others, but rather that art which by adopting the written basis of the document has made it imperfect leaving visible what simply *is*. An art therefore, which intoxicates itself with the uniform time of the secret archive, as this is the location in which the worship of art validates itself; that is, it is the canon that decides all classification between art and non-art.

[appendix: the secretary]

If the secret amounts to a time, then it is impossible not to see in this a performative type of act on the part of the body administrating it; which would otherwise be a-temporal. Therefore if the secret, under the subtle formula of the Latin voice *secretum,* means to place apart in a location separated from others, where it can be neither seen nor heard, then the secret needs an agent, a secretary functioning as guardian of an own or foreign voice – in the mute act of those who audit silence – whose work is none other than that of a minister listening, testifying in faith to the information, transcribing and guarding the documents of a cabinet.

Following a post-dictatorship of the secret marked by the boundary between truth and its revelation – the out of time nature of contemporary art that was (is) – we find what the artist Gonzalo Díaz exposes in the piece *Lonquén. 10 años* ("Lonquén. 10 Years"), (1989) – an allusion to the sinister crime committed in the ovens of Lonquén in 1973[15] – as a limited time to signal the "distortion which art can hardly bear to name, only indicating it" (Díaz, 1989)[16]. Time which is furthermore either doubly limited or conversely overabundant to discuss *Lonquén* again in 2012, whose contemporaneity paradoxically entered into the memory of the museum[17] through something un-thought about that work: the aura left behind by the documentation of its secret.

To say that the aura becomes reified through the documentation of its secret – which is not the same as that documentation being absent – concerns the knee-jerk reactions that archivists have had in recent years

14. This is what has manifested itself under the politics of declassification at a global level between the secret and the blackening-out, leaving in a state of suspension the historical regime as well as the aesthetic regime. This is a situation which, without putting too fine a point on it, can be seen today in a secretive society in WikiLeaks, for example, a sort of *ready-made* of the secret.

15. The attacks on slum inhabitants and people living in rural areas, detained in the days after the military coup, were uncovered In 1978 through a witness who denounced the facts in confession. In the place indicated 15 bodies were found hidden in a lime mine in an agricultural area know as Lonquén. In the same year the magazine *Hoy* revealed for the first time irrefutable proof in the form of images of the homicides committed by the state organisations of the dictatorship; images revealing the bones of the assassinated victims: bits of skulls, skin with hair, and ripped clothes – all photographed among twisted metal and cement rubble.

16. The phrase is Díaz' and refers to the first presentation of the piece under the title *Lonquén. 10 años* in the Galeria Ojo de Buey in January 1989. See Mellado *Sueños privados, ritos públicos* (1989).

17. We refer here to the reinstatement of the piece *Lonquén* in the Museo de la Memoria y los Derechos Humanos in 2012. It is interesting to revisit the words of the curator Mario Navarro concerning the a-temporal nature of the piece, which time and again becomes affirmative in a certain legal transparency offered in its re-installation: "[...] the reinstatement of *Lonquén* does not have the intention of making it an object with a strict and static historical value, but rather, the nature of the piece is a-temporal, that is to say, it speaks about history without having to sustain the weight of its temporal location. On this level *Lonquén* in the Museo de la Memoria y los Derechos Humanos aims to ignite a debate about the purpose of political transition and to give a greater specificity to the defence of human rights in Chile, as well as, above all, to reflect on those who continue to wait for information about the whereabouts of their missing and detained relatives". (Mario Navarro *Lonquén*, June-August 2012, Museo de la Memoria y los Derechos HUmans). Source: http://www.museodelamemoria.cl/expos/lonquen/

– be they archivists in the legal, museum or historiographical line, among others – at the moment of urgently investigating, perhaps even deliriously, the poorly inherited secrets of the art. An art whose principle source of durability is recorded in a series of para-textual complements through which it has left the traces of its meanderings.

In this, if anything, *Sueños privados, ritos públicos* ("Private Dreams, Public Rituals"), (1989) appeared under the definition of the decade of the 1980s as a auxiliary text, like the denominative complement which the writer Justo Pastor Mellado used at that time to refer to the co-authorship, Díaz-Mellado, artist-writer, of the future of the work *Lonquén.* So, as a support text, a help for the reading of the work, this document textually and visually proposed what one could see as a document of art, which in its turn provided criticism of the secret confession between art and politics.

Revealing a profound complicity between the artist and the writer, *Sueños privados, ritos públicos* appeared on the horizon of the un-thought: the secret of its thinking. A work which in addition was already being developed in a series of editorial operations bristling with disjointed quotations whose constructions were decidedly cryptic thanks to their coded writing of a speculative *unveiling of the secret*[18].

This is a document of art that brings together short chapters written with stylistic discontinuity. However, what the writer is indicating with great emphasis and clarity is the decline of an era:

> "Gonzalo Díaz presents the conclusion of a work designed from the juncture of a decline and a reading. A decline of the question of the frame, from the initial proposition in June of this year. As a combination of variations. As the decadence of a theme. What we must consider here, with the decline, is that the title of the exhibition indicates the effective moment of the decline of the [militar] regime" (Mellado, 1989).

The regime was indeed on the point of coming to an end, but a new one was already rising up. The certification of the violence in art would begin from here a strange journey consolidating something that was already becoming apparent as outside-the-frame, an economy quite incidental to the secret. This would be present in the piece *Lonquén. 10 años* as the sinister nature governing the criticism of the artistic-political text. A decline which, furthermore, emerged in opposition to the forms produced under the old art/life writing, as well as in opposition to the artistic-political sphinxes who would soon begin to proclaim the aesthetics of the memory.

---

18. See the series of associate para-texts co-authored by the writer Justo Pastor Mellado and the artist Gonzalo Díaz', among others those concerning the emblematic case *Qué hacer* (Galería Sur, 1984): "a visual-written operation produced by Díaz-Mellado". Under the title *Acuerdos de Mayo* ("May Treaties"), a series of typed publications appearing as a supporting structure for the written and visual work of the artists in their co-production of the work: "There will be no catalogue containing texts that either always arrive late to explain a piece of work/or advance it to re/condition it to a extra-plastic program, but rather there will be an editorial body made up in the case of the so-called *Protocolo* as a framework which both precedes and follows the works of art. This same body of writing is the work which is always missing: the private space as public space". See *Modus Operandi: Acuerdos de Mayo/Protocolo 1,* Santiago de Chile, 1984, s/n. From 1984 onwards *Protocolos* (1,3,5) emerge from the *Acuerdos* and in this the textual deliria are exposed concerning the co-production of the piece, as are the keys for the critical declarations concerning Chilean art. The documents consulted belong to the Centro de Documentación de las Artes Visuales (CEDOC) in the CCPLM. Source: http://www.ccplm.cl/sitio/2013/documentos-de-trabajo-en-arte-y-cultura/

These occurrences in turn shook the givens between art and writing that consider private dreams as the primary condition. As Mellado indicated as he tried to expose Díaz[19], this would have consisted of "superimposing his dream [that of Díaz], his way of dreaming as poetic material, onto a policy of the reduction of the bodies" (Ibid.). Nevertheless it should also be noted that the person superimposing a dream, by over-exposing his own dream, is the author of the text himself; the scribe of a secret capable of captivating the grammatical rhythms of the confessed dreams. As a keen-sighted secretary disguised as a diligent bureaucrat – a "double agent" according to a well-known text by Fabbri – he seems to meander between textual dreams and deliria which impregnate this work and those to come with an over-codification of dreams which everyone wants to re-fashion as image and writing[20].

Under this peculiar agency, Díaz-Mellado, one cannot avoid the overwhelming frame of a para-text which is nothing other than a permanent quotation of earlier places[21]. According to what these same typed-up documents by Mellado suggest, *Lonquén. 10 años* is the continuation of the piece *Banco/Marco de Pruebas* ("Bench/Test Frame") (1988) which was in turn accompanied by the text *Sueños privados, mitos públicos* ("Private Dreams, Public Myths") written that same year in Paris. In 1989, on the other hand, the author rewrites this text under the title *Sueños privados, ritos públicos* ("Private Dreams, Public Rituals"). The only difference being the words myth and ritual. There is consequently a continuity between these readings but also a slight readjustment of the text not only in its expression but also in the desire to operate with the heteronomy of a documentary work. These strategies respond to a production regime that we could signal as being inter-textual or *intermedial* secrets, and which require other documents of works in order to be interpreted[22]. This is what the writer defines as a decline: from one regime to another, from one work to another.

> "From the Myth of the construction of the State to the Ritual of its/of Editing: painting and judicial procedure. Painting as a legal procedure is: the initial temptation of the portrait, the exercising of physiognomy. But above all, the exercising of topography: the hill of the Myth shifts and gives way to another formation, the stratum of the Ritual. The substitution of one letter, in this field, an "m" for an "r", indicates the decline present in one statement to the next. That is, the formal effect of an unprecedented slide. A formality that obliges me to indicate the steps taken and to name them as I see them. I say: I shall call "r" the legal case of Lonquén: the scandal of a verdict concerning an individual crime, the scandal of a verdict concerning a collective crime" (Mellado, 1989).

---

19. According to the author himself he functions as "A spy. To follow closely and trace the movements of Gonzalo Díaz in order to confess his crime" (Mellado, 1984).

20. Mellado's justification of his participation in *Protocolo 1* does not leave one indifferent: "[…]submits Díaz to the grief of being no more than an illustrator of a program that has chosen the location of plastic art for his (other) ends" (Ibid).

21. The document signals: "It seemed to me a good occasion to continue the delirium in the form of a sonnet already announced in my recent performance of the 22nd July" (Mellado, 1989)

22. Expressed, the secret becomes the thought process of the anachronism of that which is said outside the timeframe of the event at the origins of the secret. In turn the secret originates from a timeframe different to the one in which it is revealed, and therefore the secret anticipates a reading which arrives late.

This order reveals a fundamental key: *The substitution of one letter, in this field, an "m" for an "r", indicates the decline present in one statement to the next.* So in order to interpret these works we need a documentary apparatus to open a space of legibility through a combinatory key. Isn't this replacing one secret with another? So if we talk about the outside-of-the-frame it is because the history is needed – the history of the frame first and foremost – which is nothing other than the textual process of becoming governing the work in a secret key, in such as way as to leave everything in confusion. This is what the decline of one regime to another consists of, the appearance of replacing one thing for another, or rather, following the crypto-analytical keys, *anything for anything (omnia per omnia)*[23].

It isn't difficult to imagine the complexity that this would entail in the field of interpreting the arts that the post-dictatorial transition began to experience. Rather than being accessible to a simple reader, it is necessary to have a learned-bureaucratic understanding of the works, a lawyer-like analysis of the text. It is also an inter-textual moment in which the critic becomes open to criticism. "In no Chilean work has the political criticism achieved a level of crystallization as in this series of works; in no Chilean work has the theological criticism attained the level of this series of works"[24] sustained Mellado in an unpublished text which brought together a series of works from 1984, 1987 and 1988.

Therefore, transferring in a *continuum* from one work to another, from writing to writing, from regime to regime, the relationship between art and politics would be that which throbbed like a secret image:

> "In *Protocolo 1,* June 1984, Díaz-Mellado published a photograph of the rounded archway. Of the Lonquén oven. What is here concretised comes from the recuperation of that photo published before a journey to Italy. It is the photo that Gonzalo Díaz would take with him: linked. [...] Throbbing. Beating" (Mellado, 1989).

The nakedness of the quotation leaves unconcealed that the photograph of Lonquén was first and foremost an image that was in both of their hands, and as such it is the confession of its origins: a secret becomes a work and a document. This is the principle of the secret that places a limit on the art and the non-art. An irrelevant fact if one considers that any declassified document constitutes art in its secrecy in so far as the immeasurable value of other value installs itself in it, that of the *already-made* document which is none other than the mysterious replacement of one thing for another, one letter for another letter. Something which in this case, nevertheless, is fundamental for the contemplation of the para-text hidden in the art

---

23. Cf. Sherman (2010/11). In relation to *Sueños privados, ritos públicos,* it is worth noting the intentionality of a secret, whose destiny seems to be a future reading between works of art and documents.

24. The peculiarity of the text is that it allows one to glimpse the critical reasoning which dominates the writer's diagram of critical thought: "What lesson should we take from Gonzalo Díaz' latest exhibition in the gallery Ojo del Buey (12th to 18th January)? One, of course, methodological reading for the critic. The demand for [sic] those theoretical objects and operations in synchrony [sic] with previous objects and theoretical operations, with the aim of rigorously addressing the permanent challenges that shape the development of the art work -a development of burial and discovery- through the antimonies and contradictions which its problematic development presents us with" Mellado, *Notas inéditas. Texto sobre "Lonquén 10 anos" de Gonzalo Díaz.* Source: Centro de Documentación de las Artes Visuales (CEDOC/CCPLM).

document, as what the above confession installs is the question of what is to be found in the quiet depths of the established darkness, the darkness that art can hardly beat to name as it brings to light the *already made;* while the document of art can testify to that same darkness throbbing with the secret of its origins.

As a sort of exegesis at the end of the catalogue, Mellado introduces a series of strange frames for the written tests – forensic tests, the author would say. These are blackened-out names: ~~José Sanfuentes,~~ the apparent motif of self-censorship. The comment alludes to the media declarations that involved military officers and ministerial positions (political and clerical) as well as certain full names of those who changed the "real memory of the popular movement" in round tables of political negotiation. The author goes to the trouble of blackening-out the name, perhaps because its mere mention could cause problems of a different sort. However, why leave such traces of erasure in a typed text when this could have been retyped or technically made into a clean copy? It is known that an auratic image will always reflect the ashes of its desires. What is relevant is that those clues anticipated the plastic blackening-out as evidence of a secret, whatever the magnitude of that secret.

Reading further in the text other blackened-out names occur:

> "The speech of Padre Lira repeats the terms of the declaration of ~~Mireya Baltra~~ after his organic conversation with the ~~Nuncio Einaudi.~~ The doctrine of tyrannicide is a threat on the margins of the church" (Mellado, 1989).

These are probably the reasons for Mellado's statement in 1989 that "Chilean art owes nothing to politics". It is therefore also probable that these politics are made up of the confessional secret installed by the clergy in collaboration with the same politics years later – like a "politics of the permanent suspension of the truth"[25]. These passages therefore find their critical basis in the historical delirium that was the relationship between art-politics/politics-religion. Through this relationship the writer sought to emphasise certain criticism of the servility of art that had contributed to the shaping of politics. And the political was also conceived as a *transitional* appeasement of the religious: "The power of religion. That is, of politics" (Mellado, ibid.). The power of religion which would later consolidate itself in the doctrine of otherworldly and absolutely indelible words such as reconcil-

---

25. We emphasise the *politics of suspension* under the rubric of the post-dictatorial that we have previously discussed: confessional secret, contemporary art and human rights. We quote a recent work by Mellado (2009:405). In this collection four well-connected chapters strike the reader, in which the author comments on the relationships nursed by the government officials during the transition to Chilean democracy in accordance with the later building of the Museo de la Memoria y los Derechos Humanos in 2010. The duality which the author installs between "secret" and "secretary" is notable, as he refers to the function of the Secretary General of the OEA (Organisation of American States), Javier Insulza, in 2008, as well as his secretive style both Machiavellian in its anodyne action and in his teachings of a Machiavellian politics. See "El secretario del Príncipe (1)"; "El secretario del Príncipe (2)"; "Memoria y Museo"; y "De secretario a Conserje", in Mellado (2009).

iation and pardon. Consequently, it is perhaps due to this debt that one can assume that Chilean art owes nothing to the politics of religion[26].

So at the end of the text the decline of one regime into another seems to occur through the wish for a more prosaic and sinister gaze. So the writer considers, quoting the psychologist Lombardo, that *the source of an urge is not the eye but rather the slit of the eyelid.* So the text describes the urge, that is to say, it designs it as a visual text:

> "When Máximo Pacheco [the lawyer involved in the Lonquén case] arrived on the scene on the 30th November 1978, he took tools with him. They dig. They open up a hole. They light a torch of paper and penetrate the darkness. The slit of the eyelids of the regime, through which this latter wished to be seen. It just didn't indicate how. That 'how' is our invention. An investigation into the obscenity of the regime" (Mellado, 1989).

A final section to consider the sinister in the regime of the gaze. "People say that the visible manifestation of death is sombre. Sinister [...] is what Máximo Pacheco unearths and what 'should have remained hidden but comes to light'" (Mellado, ibid.). The slit of the eyelids that becomes visible because the regimes of art also want to be seen through this aperture, giving rise to a culture of dissimulation: what *is* and *does not appear.* But in any case what prevails is a politico-confessional textuality that dialogues under an unambiguous appearance whose codes we know – the pact of the secret – so that we all know what we are talking about.

It should come as no surprise therefore, that if this blackening-out is what smoothed the path of the secret until the time in which the post-dictatorship left the real outside-the-frame, this is due to the doubt caused by the history of the sinister without which contemporary art could not be thought; an obscurity which is furthermore dark enough to reflect on the inherent violence nestled between art and politics.

---

26. This concerns an intense argument about the iconoclastic politics of the image: that is, the question of who opens the abyss that separates the medium of representation from that which is represented, and who confuses the representative basis with that which is represented, making both one. In synthesis, the iconoclastic politics of the image are equal to the vanishing trick of that which cannot be seen but which we nevertheless know exists.

Bibliography

Agamben, G. (2008) *Qu'est-ce que le contemporain?* ("What is the Contemporary?"). Paris: Rivages Poche

Benjamin, W. (1995) *La dialéctica en suspenso. Fragmentos sobre la historia,* Santiago: UARCIS-LOM [translated by Pablo Oyarzún].

—. (2012) *Denkbilder. Imágenes que piensan.* Madrid: Abada editores [first edition 1972; original manuscript 1933].

Cadava, E. (2014) *Trazos de luz. Tesis sobre la fotografía de la historia,* ("Sketches of Light. Thesis On the Photography of History") Santiago: Palinodia

Didi-Huberman, G. (2013) *Cuando las imágenes tocan lo real,* Madrid: Ediciones Arte y Estética

Oyarzún, P. (2003) *El Rabo del Ojo. Ejercicios y conatos de crítica,* ("The Corner of the Eye. Exercises and Attempts at Criticism") Santiago: Editorial UARCIS, pp. 115-127 y pp. 169-170.

Lyotard, J. (2014) *Discurso, figura,* ("Discourse, Figure") Buenos Aires: Ediciones La Cebra[original version, 1971].

Moreiras, A. Richard, N. (2001) (eds.) *Pensar en/la postdictadura* ("Thought in the Post-dictatorship Era") Santiago: Editorial Cuarto Propio

Foster, H. (2001) *El retorno de lo real. La vanguardia a finales de siglo* ("The Return of the Real. The Avante-Garde at the End of the Century") Madrid: Akal

Greimas. A.J. (1990), *Semiótica. Diccionario razonado de la teoría del lenguaje,* Madrid: Gredos [original version, 1979].

Mellado, J. (1988) *Banco/Marco de Pruebas* ("Bench/Test Frame") catalogue N° 7, Galería Arte Actual, Santiago

—. (1989) *Sueños privados, ritos públicos,* ("Private Dreams, Public Rituals") Santiago: Ediciones de La Cortina de Humo

—. (2009) *Textos de Batalla* ("Battle Texts") Santiago: Ediciones Metales Pesados

Rancière, J. (2010) *El espectador emancipado* ("The Emancipated Spectator"), Buenos Aires: Ediciones Manantial

—. (2011) *El destino de las imágenes* ("The Future of the Image"), Buenos Aires: Prometeo

Sherman, W. (2010/11) "How to Make Anything Signify Anything", in *Cabinet* N° 40, Hair Winter

Storr, R. (2006), "Paper Trail", in (exhibition catalogue) *Jenny Holzer. Redaction Painting*s, New York: Cheim & Read

Valderrama, M. (2011) (ed.), *¿Qué es lo contemporáneo?* ("What is the Contemporary?"), Santiago: Ediciones Universidad Finis Terrae

—. (2009) *La aparición paulatina de la desaparición en el arte,* ("The Gradual Appearance of Disappearance in Art"), Santiago: Palinodia

Vidal, S. (2012) *En el principio. Arte, archivos y tecnologías durante la dictadura en Chile,* ("In the Beginning. Art, Archives and Technology during the Dictatorship in Chile"), Santiago: Ediciones Metales Pesados

Juan Downey y Raúl Ruiz en contrapunto[1]

FERNANDO PÉREZ VILLALÓN

Las trayectorias de estos dos artistas parecen a veces líneas paralelas que trazan la misma figura a distancia constante; otras veces parecen más bien entrelazarse en un abigarrado enjambre de ecos cruzados en que sus preocupaciones y procedimientos coincidieran casi por completo, como si fueran el uno la sombra o el doble del otro. Es posible ver sus producciones visuales como voces diferentes de una misma fuga, como fragmentos de un filme futuro en que lo que nos dieron a ver se entrevera sin nunca fundirse del todo. O bien, en contraste simétrico, parecen explorar en direcciones opuestas que se complementan, recorridos espirales espejeados que se van entrecruzando a intervalos regulares. Ambos nacen en Chile, con un año de distancia, Downey en 1940 y Ruiz en 1941. Downey se titula de arquitecto, Ruiz nunca concluye los estudios de derecho y teología que siguió en la misma época. Uno y otro ejercieron como profesores en algún momento de sus vidas, y conservan de esa profesión una paradojal inclinación a la didáctica: por muy complejas que hayan sido sus obras respectivas, no son nunca verdaderamente herméticas, y siempre se sale de ellas con la sensación de haber aprendido algo que no puede traducirse por completo a otro sistema que el de las imágenes con las que ellos plantean problemas, preguntas, hipótesis, con las que, en suma, piensan y nos proponen maneras de hacerlo.

Ruiz viene de la dramaturgia, un oficio del que quedan muchas huellas en su obra de cineasta, que nunca cortó los lazos con la narrativa y la teatralidad, incluso si contaba historias de carácter sumamente laberíntico, enigmático o elíptico. El grueso de su obra corresponde al ámbito del cine, pero hizo también películas en video y para la televisión, instalaciones, dirección de teatro, además de escribir varios libros. Durante los 60, Downey estudia grabado en París, luego experimenta con esculturas electrónicas en Washington D.C. y a partir de los 70, ya instalado en Nueva York, comienza a explorar el medio del video en el que realizó la mayoría de su obra. Ambos exploraron insistentemente las convenciones, posibilidades y límites del medio en el que trabajaban principalmente, pero en una práctica porosa, sin purismo, permeada por otros modos de registro, de circulación y montaje de imágenes.

En un discurso del 97, Ruiz define hacer cine como "mirar el mundo a través de una máquina o monstruo medio mecano, medio cámara fotográfica, medio bicicleta; máquina solar, porque se agita al contacto con la luz; noctámbula, porque acuna entre penumbras". (Ruiz 2013b: 329) Ruiz estuvo siempre muy consciente de la materialidad del medio con el que trabajaba

---

1. Este texto le debe mucho a los numerosos textos críticos que se han dedicado tanto a la obra de Downey como a la de Ruiz, pero decidí prácticamente no citarlos debido a su formato ensayístico y su extensión relativamente breve. Agradezco muy especialmente los lúcidos y generosos comentarios de Irene Depetris y Soledad García a un primer borrador.

y de las lógicas pragmáticas y fantasmáticas de su operación, que describe como una suerte de cocinería, una serie de procesos con algo de mágicos, pero también mucho de prosaicos, tensionados entre los dos polos del misterio y ministerio a los que se refiere en su *Poética del cine.* Solía subrayar la naturaleza colaborativa del cine como arte, y su destino a un modo de circulación colectivo que Ruiz tenía muy presente, la "noche artificial" de la sala de proyección. Contra esta vocación nocturna de la imagen cinematográfica tradicional, heredera en cierto sentido del teatro de sombras y de la linterna mágica, la imagen de video parece adscribirse a un régimen diurno, destinada a la pantalla reducida del televisor, que produce una imagen por la traducción de impulsos magnéticos a intensidades luminosas en una superficie de vidrio. En general, los primeros practicantes del video arte (y en esto Downey no era una excepción) sentían la necesidad de explorar las propiedades de este nuevo medio en contraste con el cine. Con la aparición de las primeras cámaras portátiles se volvía posible registrar la realidad de manera instantánea y reproducirla transmitiéndola en directo a un monitor sin necesidad de registrarla en soporte alguno y por tanto sin pasar por el proceso de revelado. Esto permitía no sólo ver inmediatamente la imagen que se estaba registrando, sino también explorar las relaciones inmediatas con la propia imagen reproducida en vivo sobre una pantalla, una dimensión del medio que frecuentemente lo llevó a ser asociado con el espejo y con las resonancias narcisísticas de ese dispositivo. El formato del video permitía además manipular la imagen en el proceso de montaje y obtener efectos imposibles de lograr en celuloide.

Downey estaba sumamente interesado en estos contrastes entre el cine y el video, y en las posibilidades de la baja resolución, escala reducida, cercanía e inmediatez de este último, que producían una mayor intimidad con el espectador y el sujeto filmado (que en varios casos podían coincidir). Ahora bien, si por un lado tanto Downey como Ruiz exploran a conciencia los recursos técnicos de sus respectivos medios, por otro lado hay en ambos también una reflexión intensa sobre la imagen como un fenómeno capaz de traspasar diversos medios: no sólo mezclan o alternan libremente el cine y video, sino que llevan a cabo en varias de sus obras un trabajo sostenido con lo que Raymond Bellour (2009) ha llamado el espacio entre-imágenes al incluir en ellas imágenes fijas fotográficas, pinturas, diagramas y mapas que trastornan el tiempo de la imagen móvil y sus relaciones con la historia, los relatos, el espacio, y la imaginación.

Esta indagación aparece de modo consciente en la obra de Ruiz desde finales de los 70, cuando realiza una película utilizando casi solamente imágenes fijas conectadas por la voz de un narrador (*Coloquio de perros,* 1977), una serie en video sobre la historia de Francia compuesta a partir de la edición combinada de películas populares sobre sus grandes acontecimientos (*Pequeño manual de historia de Francia,* 1979), y dos adaptaciones muy libres de Pierre Klossowski (*La vocación suspendida,* 1978, y *La hipótesis del cuadro robado,* 1979), en las que pone en relación ciertas preguntas sobre la interpretación de una pintura o una imagen fotográfica, su descripción verbal, su relación con un relato y con los estereotipos a partir de los que se produce todo simulacro, con procedimientos cinematográficos como el montaje, los movimientos de cámara, y los *tableaux vivants,* que ponen en escena en el espacio tridimensional el drama que una pintura representa. Los cuadros vivientes en *La hipótesis* tienen por función explícita servir a la reconstrucción del sentido de una serie de pinturas a la que le falta un cuadro que permitiría comprenderlo cabalmente, pero son también un procedimiento que pone en juego la tensión entre la inmovilidad relativa de la pose y la movilidad de la imagen cinematográfica, la tensión entre el tiempo detenido de la pintura y el tiempo en flujo de la acción. Estos motivos seguirían presentes en la obra de Ruiz durante el curso de las décadas siguientes, en películas que interrogan las paradojas de la relación entre un territorio y su representación cartográfica, o entre una imagen fija y una imagen animada. Las películas de Ruiz están llenas de pinturas que parecen a punto de cobrar vida, de personajes cuyas acciones imitan o reiteran sin saberlo las de un cuadro, de espejos que duplican y complican el espacio, de imágenes de imágenes que nos proponen una rigurosa pero delirante reflexión sobre el vértigo de lo visible, un registro que en Ruiz se vincula de modo inquietante con el paso de la vida a la muerte y de la muerte a los retornos fantasmáticos de los que el cine es una instancia.

El impulso autorreflexivo y la exploración del espacio entre-imágenes estuvo presente en la obra de Downey desde sus inicios, pero se acentúa hasta el delirio en los videos de la serie "El ojo pensante", que ponen en escena algunas de las mismas paradojas y preguntas que plantea Ruiz. *Maids of honor* (1975), *Venus and her Mirror* (1980), *The Looking Glass* (1982) e *Information Withheld* (1983) son meditaciones acerca de la relación entre la realidad y su reflejo, entre el pintor y su modelo, entre la mirada del espectador y los sentidos de lo visible. Los videos de Downey exploran los mismos procedimientos y problemas que proponen las películas de Ruiz: la transposición de una escena pintada a un cuadro viviente en que actores representan la escena como un modo de interrogarla, la anamorfosis como multiplicación de los puntos de vista posibles para ver un cuadro, la exploración de la pintura como un mundo cuyas fronteras con la realidad externa son porosas, un espacio en que podemos penetrar con la mirada y que al mismo tiempo nos penetra, nos permea, nos devuelve la mirada.

Ahora bien, si en Ruiz siempre persiste una mirada distanciada, irónica y juguetona, en cambio Downey se entrega sin reservas a ese juego, se sumerge en las imágenes, como el Narciso inclinado sobre una fuente que, en una escena reiterada de *The Looking Glass,* se arroja al agua y se hunde en ella. Aunque en la obra de uno y otro hay guiños innegables al género del diario y la autobiografía, Ruiz opta por la reserva, la fabulación, y la especulación impersonal desde detrás de la cámara, parece preferir estar situado en el lugar del voyeur, oculto atrás de un espejo transparente como el que aparece en *Klimt,* sin revelar su rostro, en tanto que Downey se inclina con frecuencia hacia lo confesional, hacia el relato en primera persona y la filmación del propio rostro como creación de un personaje, como ficción que se pone en escena.

Esta fascinación por la transposición del cuadro a la pantalla tiene que ver también con una pregunta persistente por la relación entre la realidad y su reflejo o representación, el mapa y el territorio, o mejor dicho una indagación en el modo de ser realidad de la imagen especular, pictórica o cartográfica. Michael Goddard se ha referido al cine de Ruiz como "una cartografía cósmica, imposible, no meramente una representación de lo que existe sino (...) de lo que ya no es o no es todavía, o incluso de lo que no existe y de lo que tal vez no puede existir más que como imagen" (2013: 4-5). Esta descripción le viene claramente como anillo al dedo a la obra en video de Downey, pero también resuena con su obra gráfica, con sus dibujos en los que aparece obsesivamente el mapa del continente americano superpuesto a un patrón de círculos concéntricos vinculado en su obra a la práctica de la meditación por medio del dibujo reiterado de espirales.

Las cartografías en Ruiz y en Downey son además testimonios de una mirada nómade, viajera, tensionada entre lugares distantes. Los dos producen en el exilio una obra cosmopolita que sin embargo conserva un cordón umbilical con lo chileno, lo local, lo regional. En ambos la lengua extranjera en que realizan sus películas conserva un grado de extrañeza que les sirve como mecanismo de distanciamiento y los confronta a los peligros de la traducción, del extravío y la dislocación. Ruiz explicó varias veces que en sus películas francesas se vio obligado a renunciar a su trabajo con el registro coloquial y a adoptar una lengua formal, literaria; Downey en general producía versiones de sus videos en castellano e inglés, doblados por él mismo, y relatados en un inglés fluido y correcto pero con acento extranjero. Ya sea que filmen Santiago, París, Nueva York, un shabono abandonado en la selva amazónica, Viena o Chiloé, en uno y otro los lugares se convierten en escalas de un itinerario y zonas de una geografía ficcional. Si el centro de operaciones que marca la orientación de su trabajo es París, para Ruiz, y Nueva York, para Downey, en los dos persiste siempre una tensión fuerte con Chile y lo latinoamericano como lugar de enunciación, pero también con una serie de otros lugares, como oriente medio, en particular Egipto, en el caso de Downey, o Portugal en el caso de Ruiz. Curiosamente, sus búsquedas convergen además en ciertos lugares cargados de connotaciones bastante específicas para sus obras: Viena y Chiloé.

Hacia el final de su vida, como parte de la serie nunca terminada *Hard Times and Culture,* Downey realiza su *Vienna, fin-de-siècle* (1990), una meditación sobre las fuerzas políticas, culturales y libidinales que se anudan en torno a esa ciudad en la transición al siglo XX, y que son en alguna medida las mismas que explora Ruiz en su *Klimt* (2006), que explora la fascinación de Ruiz con la figura del pintor, pero también los vínculos secretos entre Viena y el Santiago de su juventud: "Santiago, como Viena, era una ciudad anterior a la catástrofe. En la película metí conversaciones enteras que se sostenían en Il Bosco, un bar-restaurant [de Santiago] hoy desaparecido, que era frecuentado por intelectuales y patos malos" (Ruiz 2013b: 222).

Ahora bien, si Viena representa para ellos al mismo tiempo el esplendor y la crisis de la alta cultura europea, en el polo opuesto se encuentra Chiloé, una isla que tiene para ambos una cierta connotación de paraíso perdido y utopía legendaria, mítica y mágica, un Chile posible que contrasta con la prepotencia de la capital.

Ruiz, originario de Puerto Montt y declaradamente "medio chilote", observa en *Las soledades* (1992) el paisaje insular filmándolo en diálogo con la teoría de los seis tipos de trazos del pintor chino Shitao. Downey da inicio a su video *Chiloé* (1980) filmando imágenes de libros de viajes a la isla. Ambos le siguen la pista a los mitos, en particular a la historia del Caleuche y sus muertos vivientes, a la música folclórica, y filman fascinados una geografía en que la tierra y agua se entremezclan interpenetrándose como dos mundos superpuestos. *Chiloé* (1980), de Downey, filmada originalmente en 16mm., celebra el modo de producción artesanal característico de la isla, amenazado por la llegada de la industria. Se detiene en la cosecha y preparación de las papas, las etapas en la manufactura de tejidos de lana de oveja, la fabricación de un bote, y concluye con una meditación sobre el modo en que "el subconsciente de una persona contiene las memorias de muchos", a partir de una fotografía de su padre a los 40 años y de una entrevista a su madre en que recuerda su infancia. Hacia el final de la película de Ruiz, el narrador (la voz en off del propio director) explica que despertó en Puerto Montt luego de haberse quedado dormido en París, y relata: "Me busqué en las casas de mis tíos muertos. Nadie me había visto. Visité la Calle Ancud. Nadie sabía que yo existía. Cerca de la estación me habían visto una semana atrás. Cerca de Angelmó, me divisé a lo lejos pero me perdí de vista. En cambio, me encontré con mi padre." Tanto en la película de Downey como la de Ruiz, la cámara opera como un aparato mágico que permite transportarse en el tiempo y el espacio, producir secuencias de imágenes que alteran la linealidad y la homogeneidad de ambas dimensiones y atravesar incluso, por medio de ellas, la frontera entre vida y muerte. Las dos películas meditan también sobre el pasado familiar y los antepasados, sobre la memoria y sus metamorfosis, sobre la individualidad biográfica y sus lazos con tramas culturales e históricas más amplias, que la imagen es capaz de revelar, de hacer aparecer, con peculiar intensidad.

Algo de esto es lo que defiende Ruiz al abogar por un cine chamánico, en un pasaje que dialoga con el interés de Downey por la figura del chamán entre la tribu de los yanomami. Una "cinta chamánica" es, según Ruiz, aquella que contiene secuencias que "nos hacen creer que nos acordamos de sucesos que no hemos vivido, mientras que nuestros propios recuerdos, que pensábamos no rememorar nunca, son conectados a esas memorias fabricadas, y ahora vemos que se levantan y caminan hacia nosotros como los muertos vivientes de una película de horror" (Ruiz 2013a: 98-99). Tanto en Ruiz como en Downey, existe una magia de la imagen, una alquimia en que la combinatoria de los planos produce estas memorias fantasmáticas, este pasaje fluido del propio inconsciente a un inconsciente plural, compartido con otros, pero también un enfrentamiento a la propia muerte, a la propia finitud.

Downey, por su parte, se fascinó con el término utilizado por los yanomami para referirse a la fotografía, el cine o el video, "Noreshi towai", que literalmente significa "tomar el doble de una persona", y meditó intensamente sobre la relación que establece esa cultura con la muerte al rechazar el registro técnico de una imagen para evitar que "en un futuro posible, sus descendientes pudieran entristecerse con la imagen de una persona muerta" (Downey 1987: 61). En una imagen registrada en cualquier tipo de cámara, somos siempre el que habrá muerto, aquel cuya vida durará menos que el registro de ese instante, una melancólica constatación que Downey exorcizaba recurriendo a la retroalimentación directa de la cámara al monitor, sin grabación en cinta, en su trabajo con los yanomami.

En buena parte de su obra, esta relación de la cámara con la magia, lo mítico, el magnetismo y la muerte se vincula con una particular pulsión etnográfica, en la que nunca se trata sencillamente de documentar ni de representar al "otro primitivo", sino de dialogar con él, verse afectado y ser devorado por él, transformarse en contacto con otra cultura de la que se aprende y a la que también, inevitablemente, se altera en ese diálogo. De hecho, su primer proyecto a gran escala *(Video Trans Américas)* se proponía precisamente utilizar la posibilidad del *playback* para poner en circulación una imagen múltiple de la diversidad y unidad cultural del continente americano al grabar en video a "las diversas poblaciones que actualmente habitan los continentes americanos (...) desde los fríos bosques del norte hasta la punta sureña de las Américas" para producir una obra de arte que ofreciera una imagen de su diversidad que sería compartida con cada cultura: "para mostrar unas personas a otras y a sí mismas." (Downey 1973: 3)

Este proyecto parece implicar una utilización de la imagen como documento antropológico y visual, pero ni en él ni en Ruiz se trató jamás principalmente de registrar la realidad, sino de producir conjuntos de imágenes deliberadamente distorsionadas: en Ruiz con el uso de filtros de colores o iluminación artificial, ángulos y movimientos de cámara inusuales, y una muy peculiar gramática del montaje; en Downey, por la división de la pantalla en secciones, la introducción de una paleta cromática alterada, la intervención de la imagen con textos y diagramas computacionales y todas las posibilidades de manipulación de la imagen disponibles en la tecnología de su época.

En contraste con Downey, no parece haber a primera vista un marcado impulso etnográfico o documental en el cine de Ruiz, pero hay algunas excepciones a esta norma: un film temprano, recientemente recobrado *(Ahora te vamos a llamar hermano,* 1971), propone un diálogo a través del montaje entre un discurso de Allende sobre el mundo indígena y la UP con las declaraciones de los propios mapuches de la zona cercana a Temuco. Por otra parte, se podría afirmar que todo el cine temprano de Ruiz tiene algo de registro de las particularidades del habla chilena, y su polémico *Diálogo de exiliados* es en cierto modo una etnografía implacable de la comunidad chilena en el exilio. Ese impulso se invierte en *De grands événements et des gens ordinaires: les élections* (1979), un documental autorreflexivo e irónico sobre las elecciones legislativas en Francia, cuya secuencia final, centrada en los habitantes de Nueva Guinea, explicita el diálogo de la película con la tradición del cine etnográfico que retrata al otro primitivo con una fascinación que esconde muchas veces superioridad y desprecio. El mismo cuestionamiento a la pulsión etnográfica aparece en *Le toit de la baleine* (1982), una película sobre las paradojas de la traducción, la imposibilidad de comprenderse y los vínculos de la antropología con una mirada neocolonial.

El paralelo de las preocupaciones de estas películas con algunos de los problemas que inquietaban a Downey durante esos mismos años es evidente, aunque la distancia no es menor: en Downey predomina en general cierto optimismo con tintes utópicos respecto al posible uso del video para el diálogo intercultural, en Ruiz prevalecen la ironía, el humor escéptico y la tendencia a la fabulación. Paradojalmente, por otra parte, podría decirse que en la obra tardía de Downey (por ejemplo en *The Return of the Motherland*, de 1989) aparece una exploración de la teatralidad, del melodrama y la parodia, que dialoga con la obra temprana de Ruiz, en cuyas películas filmadas en Chile en video digital durante la última década de su vida se exploran cuestiones políticas, lingüísticas y culturales en un autorretrato fílmico cuyo tono afectivo está más cercano al de Downey que la obra europea de Ruiz.

Por mucho que Downey tienda a mostrarse más explícitamente en su obra, y Ruiz a esconderse tras una proliferación imaginativa desbordante, ambos se revelan en el ojo con que escogen lo que filman, y más aún en la voz en off con la que van hilando sus historias, sus imágenes, sus modos de mirar. Sus trayectorias parecen a veces líneas paralelas que trazan la misma figura a distancia constante, o bien se entrelazan en abigarrados enjambres de ecos cruzados que casi coinciden, el uno la sombra o el doble del otro, o las voces diferentes de una misma fuga, fragmentos de un filme futuro en que lo que nos dieron a ver se entremezcla sin nunca fundirse del todo.

Bibliografía

Bellour, R. (2009) *Entre imágenes. Foto, cine, video.* Buenos Aires: Colihue.

Downey, J. (1973) "Relatos descriptivos de vídeo trans américas", en sección "Video Trans América" de *El ojo pensante.* Santiago: Fundación Telefónica. Extraída el 12/XI/2014 desde http://www.fundaciontelefonica.cl/arte/downey/archivos/video_transamericas.pdf

(1987) *Video porque te ve.* Santiago: Ediciones Visuala Galería.

Ruiz, R. (2013a) *Poéticas del cine.* Santiago: Ediciones Universidad Diego Portales.

—. (2013b) *Ruiz. Entrevistas escogidas. Filmografía comentada.* Selección, edición y prólogo de Bruno Cuneo. Santiago: Ediciones Universidad Diego Portales.

Goddard, M. (2013) *The Cinema of Raúl Ruiz: Impossible Cartographies.* Londres y Nueva York: Wallflower Press.

Imag. 1 Raúl Ruiz, *Las soledades*, 1992
Imagen de la película
Film still

Imag. 2 Juan Downey, *Chiloé*, 1980
Imagen del video
Video still

Imag. 3 – 4, Raúl Ruiz, *Klimt*, 2006
Imagen de la película
Film still

Imag. 5 – 6, Juan Downey,
***Hard Times & Culture*, 1990**
Imágenes del video
Video still

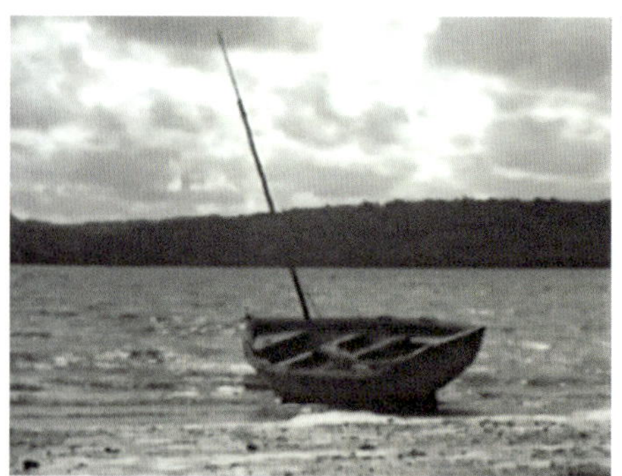

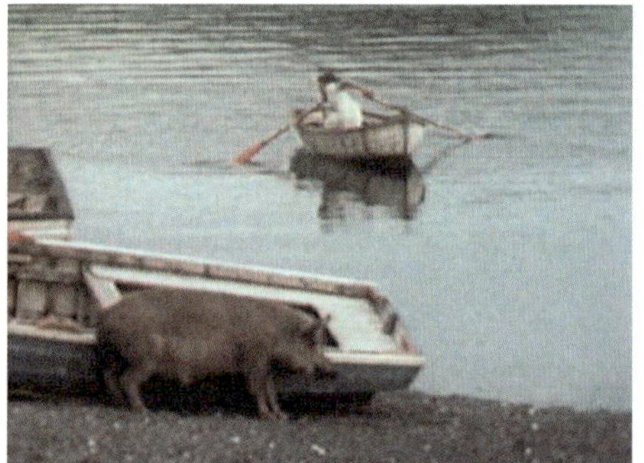

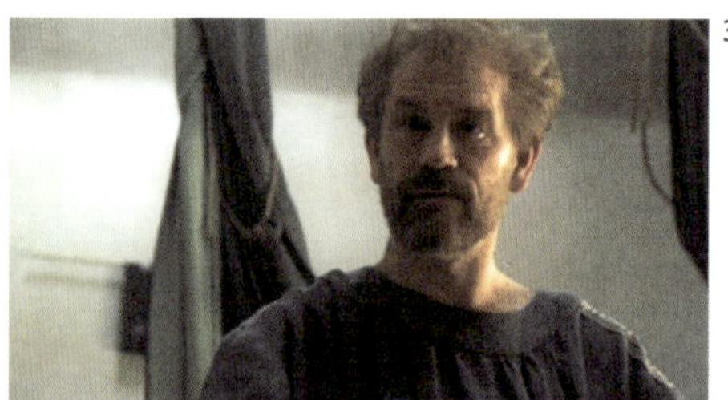

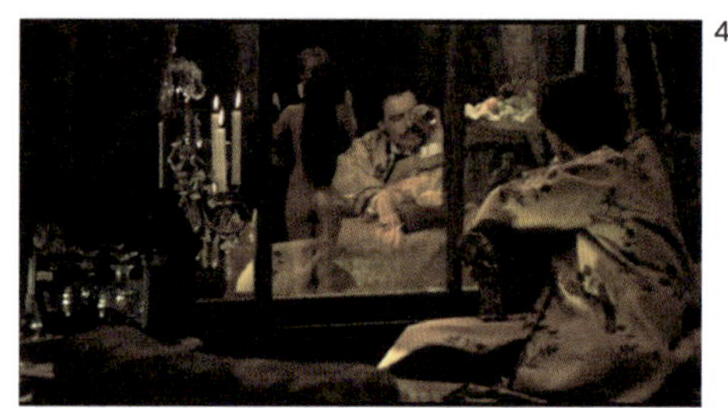

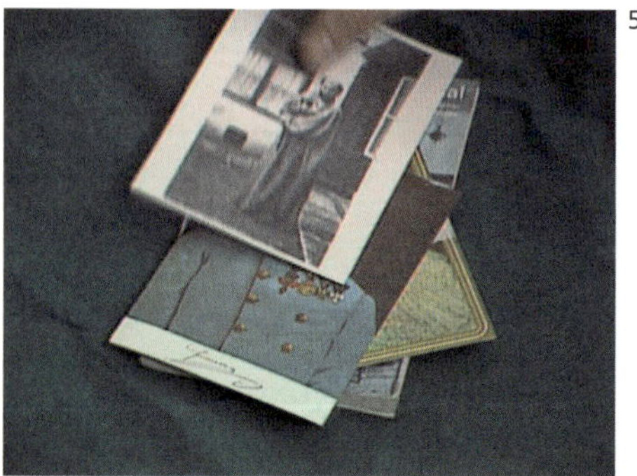

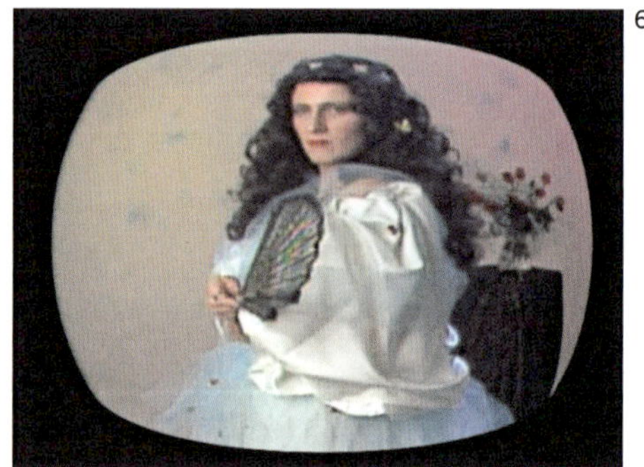

Juan Downey and Raúl Ruiz in Counterpoint[1]

FERNANDO PÉREZ VILLALÓN

The paths taken by these two artists, at times, seem like parallel lines tracing the same figure at a constant distance from each other. At other times these lines seem to become intertwined in a tangle of crisscrossing echoes, marked by almost identical preoccupations and procedures, as if one artist were the shadow or double of the other. Their visual productions can be seen as different voices emerging from the same fugue, fragments of a future film in which their works are intermingled, without ever fully merging. Or rather, in a symmetric contrast, they seem to explore in diverging yet complementary directions, spiraling paths that mirror each other, intersecting at regular intervals. Both artists were born in Chile, one year apart: Downey in 1940 and Ruiz in 1941. Downey earned a degree in architecture, and Ruiz never finished the university studies he began at around the same time, in law and theology. Both worked as professors at some point in their professional lives and retain from that occupation a paradoxical inclination toward the didactic: no matter how complex their respective works may be they are never completely hermetic, and they always leave one with the feeling of having learned something that cannot be translated entirely to any system other than that of images – the images with which they propose problems, questions, and hypotheses, in other words the images with which they think and invite us to think.

Ruiz's background is in playwriting, and many traces of this approach may be discerned in his work as a filmmaker. He never fully cut his ties with narrative and theatricality, even when telling the most maze-like, enigmatic or elliptical tales. The majority of his oeuvre is in film, but he also made movies on video and for television, created installations, directed theater, and wrote several books. In the 1960s, Downey studied printmaking in Paris and then experimented with electronic sculptures in Washington, D.C. Starting in the 1970s, having settled down in New York, he began to explore the video medium in which he carried out most of his work. Both men insistently explored the conventions, possibilities and limitations of their primary medium of expression, but in a way that was porous, free of purism, and permeated by other modes of recording, circulation and montage of images.

In a 1997 speech, Ruiz defined making movies as "looking at the world through a machine or monster that is part Meccano, part photographic camera, part bicycle; a solar machine that comes to life when it enters into contact with light; a nocturnal one that sways in the shadows" (Ruiz, 2013b: 329). Ruiz was always particularly sensitive to the materiality of the medium

---

1. This essay is indebted to the many critical texts devoted to the works of Downey and Ruiz, but I chose almost uniformly not to cite them because of the essay format and relative brevity of this piece. I am especially thankful for Irene Depetris' lucid and generous comments as well as Soledad García's review of my first draft.

he worked with and the pragmatic and phantasmatic logics of its operation, which he describes as a kind of cookery, a series of processes with a bit of the magical and a lot of the mundane, with a tension between the two poles of mystery and ministry that he speaks of in his *Poetics of Cinema.* He tended to underscore the collaborative nature of film as art, and its fate as a product destined to a collective mode of circulation that preoccupied Ruiz considerably, the "artificial night" of the projection room. As opposed to this nocturnal vocation of the traditional cinematographic image, which was in a certain sense the successor to the shadow play and the magic lantern, the video image seems to ascribe to a daytime regime, designed for the small screen of the television set, which produces an image by translating magnetic impulses as luminous intensities on a glass surface. In general the earliest practitioners of video art (and in this Downey was no exception) felt the need to explore the properties of this new medium in contrast to film. When the first portable video cameras came out, it was suddenly possible to document reality instantly and reproduce it by transmitting directly to a monitor without having to record the material on a separate device, circumventing the developing process entirely. As a result, one could not only view the image being documented instantly, but also explore the immediate relations that emerged around that reproduced image, live and on screen. It was this dimension of the medium that led many people to associate it with the mirror and the narcissistic resonances of that device. The video format also brought with it the possibility of manipulating the image during the editing process and achieving effects that would have been impossible on celluloid.

Downey was extremely interested in these contrasts between film and video, and in the possibilities of the low resolution, reduced scale, closeness and immediacy of video, which generated greater intimacy between viewer and subject (which in several cases were one and the same). While on the one hand both Downey and Ruiz consciously explored the technical capabilities of their respective media, on the other hand we find in both an intense reflection on the image as a phenomenon capable of traversing a variety of media: not only do they freely mix or alternate between film and video, but in several of their works they realize a sustained effort at what Raymond Bellour (2009) has called the between-the-images space by including in those works photographic stills, paintings, diagrams, and maps that alter the temporality of the moving image and its relationships with history, narration, space, and imagination.

This inquiry appears consciously in Ruiz's work from the late 1970s, in a film he made exclusively with still images connected by a narrator's voice *(Dog's Dialogue,* 1977); a video series on the history of France that he composed by creating a montage of a number of different popular movies about the great historic events of France *(Handbook of French History,* 1979), and two very loose adaptations of Pierre Klossowski *(The Suspended Vocation,* 1978 and *The Hypothesis of the Stolen Painting,* 1979), in which he draws a connection between certain questions about the interpretation of a painting or photographic image, its verbal description, its connection to a narration and to the stereotypes that form the basis of all simulacra, with cinematographic procedures such as editing, camera movements, and *tableaux vivants,* which place the drama represented by a painting on a three-dimensional stage. The explicit purpose of the *tableaux vivants* of *The Hypothesis* was to help reconstruct the meaning of a painting series from which one painting is missing, which makes it impossible to fully understand it. But they are also a procedure that stages the tension between the halted time of the painting and the moving time of action. These motifs would appear and reappear in Ruiz's work over the course of the following decades, in films that question the paradoxes of the relationship between a territory and its cartographic representation, or between a still image and an animated one. Ruiz's films are filled with paintings that seem ready to spring to life, characters whose actions unwittingly imitate or reiterate those of a painting, mirrors that duplicate and complicate the space, images of images that suggest a rigorous but unbridled reflection on the vertigo of the visible, a nuance that in Ruiz's work is uncannily connected to the passage from life to death and from death to the phantasmatic apparitions of which film is an example.

The self-reflective impulse and the exploration of the between-the-images space was present in Downey's work from the start, but became ubiquitous in the video series "The thinking eye," in which he stages some of the same paradoxes and questions that Ruiz raises. *Maids of Honor* (1975), *Venus and her Mirror* (1980), *The Looking Glass* (1982) and *Information Withheld* (1983) are meditations on the relationship between reality and its reflection, between painter and model, between the gaze of the viewer and the meanings of the visible. Downey's videos explore the same procedures and problems that Ruiz's films propose: the transposition of a painted scene to a living picture in which actors enact the scene as a way of understanding it; anamorphosis as a multiplication of the possible perspectives for viewing a painting, the exploration of painting as a world whose borders with external reality are porous, a space we may penetrate with our gaze and that also penetrates us, permeates us, gazes back at us.

While Ruiz's work is marked by the persistent presence of a removed, ironic, playful gaze, Downey plunges into that game without reservations: he dives into his images like the image of Narcissus leaning over a fountain that, in a repeated scene from *The Looking Glass,* dives into the water and sinks in it. Though in both artists' works there are some irrefutable references to the diary and autobiographical genres, Ruiz opts for reserve, inventiveness, and impersonal speculation from behind the camera. He seems to prefer occupying the spot of the voyeur, hidden behind a transparent mirror like the one that appears in *Klimt,* without revealing his face, while Downey so frequently tends to the confessional, first-person narrative, filming his own face as if creating a character, as a staged fiction.

This fascination with transposing the painting to the screen is also related to a recurring inquiry into the relationship between reality and its reflection or representation, the map and its territory or, in other words, an investigation into the mode of reality of mirror, pictorial or cartographic images is a reality. Michael Goddard has described Ruiz's filmmaking as "a cosmic, impossible cartography, not merely representing what exists but (...) what is no longer, or is yet to be, or even what has never existed and can perhaps never exist except as an image" (2013: 4-5). This is clearly a perfect description of Downey's video work, but it also resonates with his graphic work, with his drawings that feature obsessively the American continent, superimposed over a pattern of concentric circles connected in his work to the practice of meditation via a repeated spiral drawing.

The cartographies in Ruiz and Downey are also testimonies of a nomadic, traveler's gaze that experiences a tension between two distant places. Both artists produce, in their respective exiles, a cosmopolitan oeuvre that still clings to a kind of umbilical cord connecting them to all that is Chilean, local, regional. In both bodies of work, the foreign language in which each artist makes his films retains a degree of perplexity that serves as a mechanism for maintaining distance and forces them to confront the dangers of translation, loss and dislocation. On several occasions Ruiz explained that in his French movies he ultimately had to give up working with a colloquial register and adopt a formal, literary language. Downey in general produced both Spanish – and English – language versions of his videos, which he himself dubbed, in an English that was fluid and properly spoken but inevitably marked by a foreign accent. Whether filmed in Santiago, Paris, New York, an abandoned shabono in the Amazon rain forest, Vienna or Chiloé, any and all of these places became stopovers on a longer itinerary and zones of a fictional geography. Though Paris was the operational center that oriented Ruiz's work, and New York was Downey's, both artists would always remain strongly bound with Chile and Latin America as places of enunciation, but also with a number of other places like the Middle East, and particularly Egypt in Downey's case, or Portugal in the case of Ruiz. Curiously, their creative quests converged in certain places that were filled with quite specific connotations for their work: Vienna and Chiloé.

Toward the end of his life, as part of the unfinished series *Hard Times and Culture,* Downey made his *Vienna, fin-de-siècle* (1990), a meditation on the political, cultural, and libidinous forces that became intertwined in the city during the transition to the twentieth century, and which in some way are the same that Ruiz explored in *Klimt* (2006), which reveals Ruiz's fascination with the figure of the painter, as well as the secret links between Vienna and the Santiago of his youth: "Santiago, like Vienna, was a city previous to a catastrophe. In the movie I included entire conversations I had heard in Il Bosco, a bar-restaurant [in Santiago] that no longer exists, which was frequented by intellectuals and shady characters" (Ruiz, 2013b: 222). Now, if for them Vienna represents both the splendor and the crisis of European high culture, at the opposite pole we find Chiloé, an island that for both men conjures a paradise lost, a legendary, mythical and magical utopia, a possible version of Chile that contrasts starkly against the arrogance of the capital.

Ruiz, born in Puerto Montt and a self-declared "half *chilote*," observed the island landscape in *The Solitudes* (1992) by filming it in dialogue with the theory about the six types of brushstrokes of the Chinese painter Shitao. Downey starts his video *Chiloé* (1980) by filming images from travel books about the island. Both artists follow the trail of myths, in particular the story of the Caleuche and its living dead, of folkloric music, and they are fascinated by filming a geography in which land and water blend together, permeating each other like two superimposed worlds. Downey's *Chiloé* (1980), originally filmed in 16mm, celebrates the island's characteristically manual modes of production that were being threatened by the arrival of industry. He stops to look at the harvest and preparation of potatoes; the phases by which sheep's wool is made into fabric; the construction of a boat; and ends with a meditation on the way in which "the subconscious of one person contains the memories of many people," reflecting on a photograph of his father at the age of 40 and an interview with his mother recalling her childhood. Toward the end of Ruiz's movie, the narrator (in the director's own voice-over) explains that he woke up in Puerto Montt after having gone to sleep in Paris: "I looked for myself in the houses of my dead uncles. Nobody had seen me. I visited Ancud Street. Nobody had any idea who I was. Close to the station people had seen me a week earlier. Near Angelmó, I caught a glimpse of myself from far away but I lost sight of myself. Then I run into my father." In both Downey's and Ruiz's movies, the camera operates as a magic box that allows people to travel in time and space, to produce sequences of images that alter the linearity and homogeneity of both dimensions and, through those dimensions, to travel across the border separating life from death. Both movies, as well, meditate upon family history and ancestors, memory and its metamorphoses, biographical individuality and its connection to broader historical and cultural narratives that the image is able to reveal, to elicit, with peculiar intensity.

Some of this is what Ruiz defends when he champions "shamanic film," in a passage that resonates with Downey's interest in the figure of the shaman among the Yanomami tribe. A "shamanic sequence" in a film, according to Ruiz, "makes us believe we remember events which we have not experienced; and it puts these fabricated memories in touch with genuine memories which we never thought to see again, and which now rise up and march towards us like the living dead in a horror movie" (Ruiz, 2013a: 80). Both in Ruiz and Downey, there exists a magic of the image, an alchemy in which the combination of shots produces these phantasmatic memories, this fluid passage from one's own unconscious to a plural unconscious, shared with others, as well as a confrontation with one's own death, one's own finality.

Downey was fascinated by the term that the Yanomami people used for photography, film or video, *noreshi towai,* which literally means "to take a person's double," and he pondered quite intensely the relationship that that culture had established with death, by rejecting the technical storage of an image so as to avoid "in a possible future, to sadden their descendants by confronting them with the image of a dead person" (Downey, 1998: 338). In an image taken by any kind of camera, we are always the one who will have died, the one whose life will not last as long as the document of that instant, a melancholy realization that Downey exorcised by resorting to the direct transmission from the camera to the monitor, without recording anything on tape, in his work with the Yanomami.

In much of his oeuvre, this relation the camera has with magic, myth, magnetism and death is connected to a specific ethnographic impulse which is never just about documenting or representing "the primitive other" but about dialoguing with that other, being affected and being devoured by him, transforming through the contact with another culture that one learns from and that the dialogue itself inevitably alters. In fact, he embarked on his first large-scale project, *Video Trans America,* precisely to use the possibility of playback to circulate a multiple image of the cultural diversity and unity of the American continent by recording on video "the diverse peoples that presently inhabit the American continents (...) from the cold forests of the north to the southernmost tip of the Americas" to produce a work of art that could offer an image of its diversity that could be shared with any and every culture: "to show people to others and to themselves" (Downey, 1973: 3).

This project seems to imply a use of the image as a visual and anthropological document but in neither Downey nor Ruiz was capturing reality ever a priority; the goal, rather, was to produce ensembles of deliberately distorted images. Ruiz did this through the use of color filters or artificial lighting, unusual camera angles and movements, and a very peculiar grammar of editing. Downey achieved this by dividing the screen into sections, introducing an altered chromatic palette, retouching the image with texts and computerized diagrams and manipulating images in all the ways that the technology of the day would allow.

In contrast with Downey, at least at first glance, Ruiz's films don't seem to contain a decisively ethnographic or documentary impulse, but there are a few exceptions to this norm: an early film, recently rediscovered, *Ahora te vamos a llamar hermano* [From Now On or: We Will Call or: You Brother] (1971), proposes a dialogue through a montage that alternates between a speech by Allende on the indigenous world and the Unidad Popular (UP) and statements made by the Mapuches themselves in the area near Temuco. On the other hand it is safe to say that all of Ruiz's early work is something of a register of the particularities of Chilean spoken language, and his controversial *Dialogue of Exiles* is, in a certain way, an implacable ethnography of the Chilean community in exile. This impulse would become inverted in *Great Events and Ordinary People: The Elections* (1979), a self-re-flective and ironic documentary about the French legislative elections, the final sequence of which, focused on the inhabitants of New Guinea, reveals the film's dialogue with the tradition of ethnographic film, which portrays the primitive other with a fascination that often conceals superiority and disdain. The same critique of the ethnographic impulse appears in *On Top of the Whale* (1982), a movie about the paradoxes of translation, the impossibility of being understood and the connection between anthropology and the neo-colonial gaze.

There is a clear parallel between the concerns of these films and some of the issues that preoccupied Downey during the same period, although there is a considerable distance between the two. Downey's work is marked by a kind of optimism laced with utopian inclinations with respect to the uses of video for intercultural dialogue, whereas in Ruiz irony predominates, as do skeptical humor and a penchant for fantasy. Paradoxically, on the other hand, one might say that in Downey's later work, such as *The Return of the Motherland* (1989) we find an exploration of theatricality, melodrama and parody, which dialogue with the earliest works of Ruiz, whose films made in Chile on digital video during the last decade of his life explore political, linguistic and cultural issues in a cinematic autobiography whose emotional tone is closer to Downey than Ruiz's own European work.

As much as Downey explicitly exhibits himself in his own work, and Ruiz hides behind an abundant proliferation of imagination, both reveal who they are through the eye that chooses what to film, and even more through the voice-over they employ to weave their stories, their images, their ways of seeing. Their paths, at times, seem like parallel lines tracing the same figure at a constant distance from each other, or else they become intertwined in a tangle of crisscrossing echoes that almost comes together, one the shadow or double of the other, or the different voices emerging from the same fugue, fragments of a future film in which their works are intermingled, without ever fully merging.

Bibliography

Bellour, R. (2009) *Entre imágenes. Foto, cine, video.* Buenos Aires: Colihue.

Downey, J (1998), *Juan Downey. With energy beyond these walls,* Valencia: IVAM Centre del Carme.

Downey, J. (1973) "Relatos descriptivos de vídeo trans américas", in the section "Video Trans América" of *El ojo pensante.* Santiago: Fundación Telefónica. Consulted 12 November 2014 at http://www.fundaciontelefonica.cl/arte/downey/archivos/video_transamericas.pdf

—. (1987) *Video porque te ve.* Santiago: Ediciones Visuala Galería.

Ruiz, R. (2013a) *Poetics of Cinema.* Paris: Éditions Dis Voir.

—. (2013b) Ruiz. *Entrevistas escogidas. Filmografía comentada.* Santiago: Ediciones Universidad Diego Portales.

Goddard, M. (2013) *The Cinema of Raúl Ruiz: Impossible Cartographies.* London and New York: Wallflower Press.

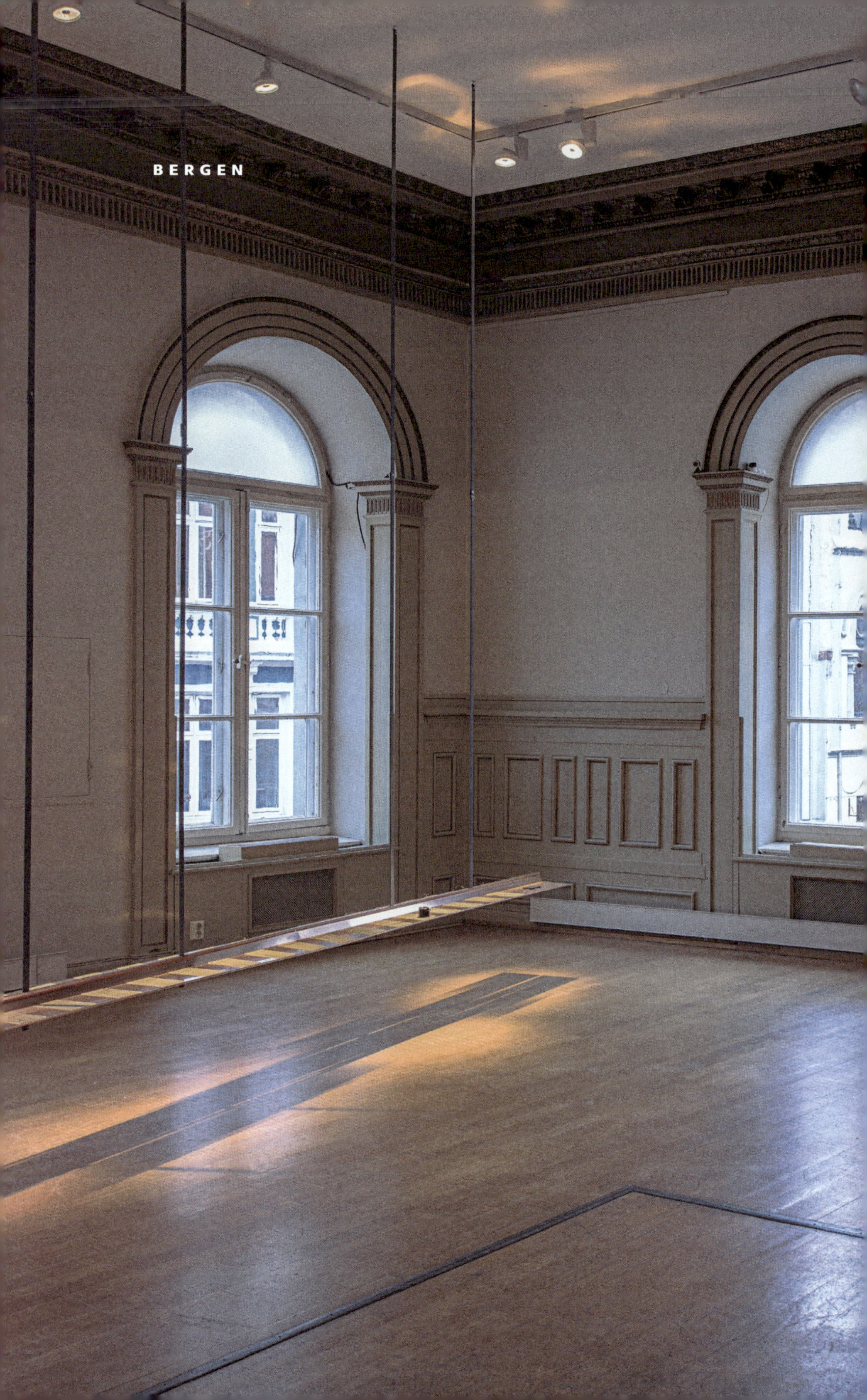
BERGEN

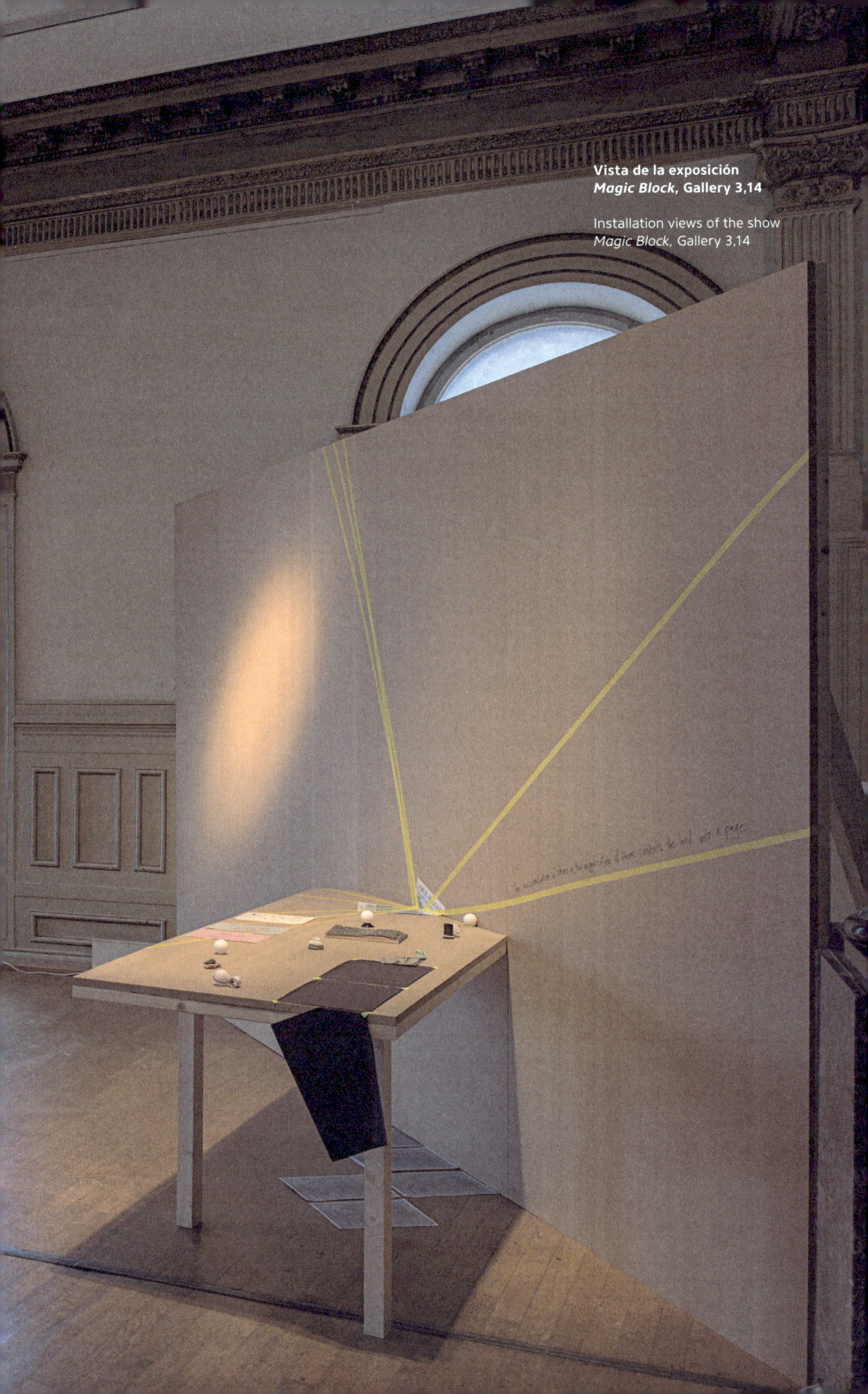

Vista de la exposición
Magic Block, Gallery 3,14

Installation views of the show
Magic Block, Gallery 3,14

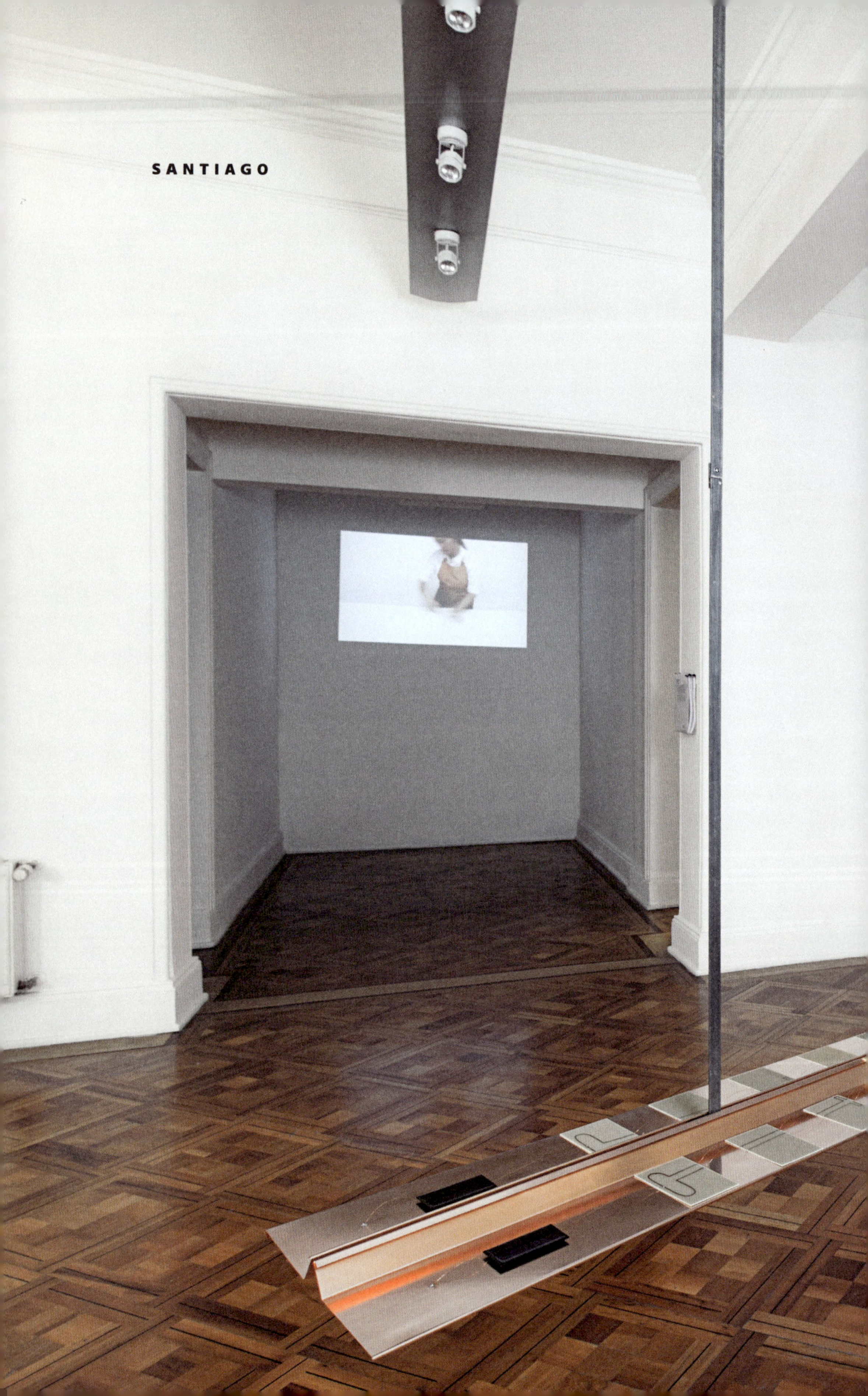

SANTIAGO

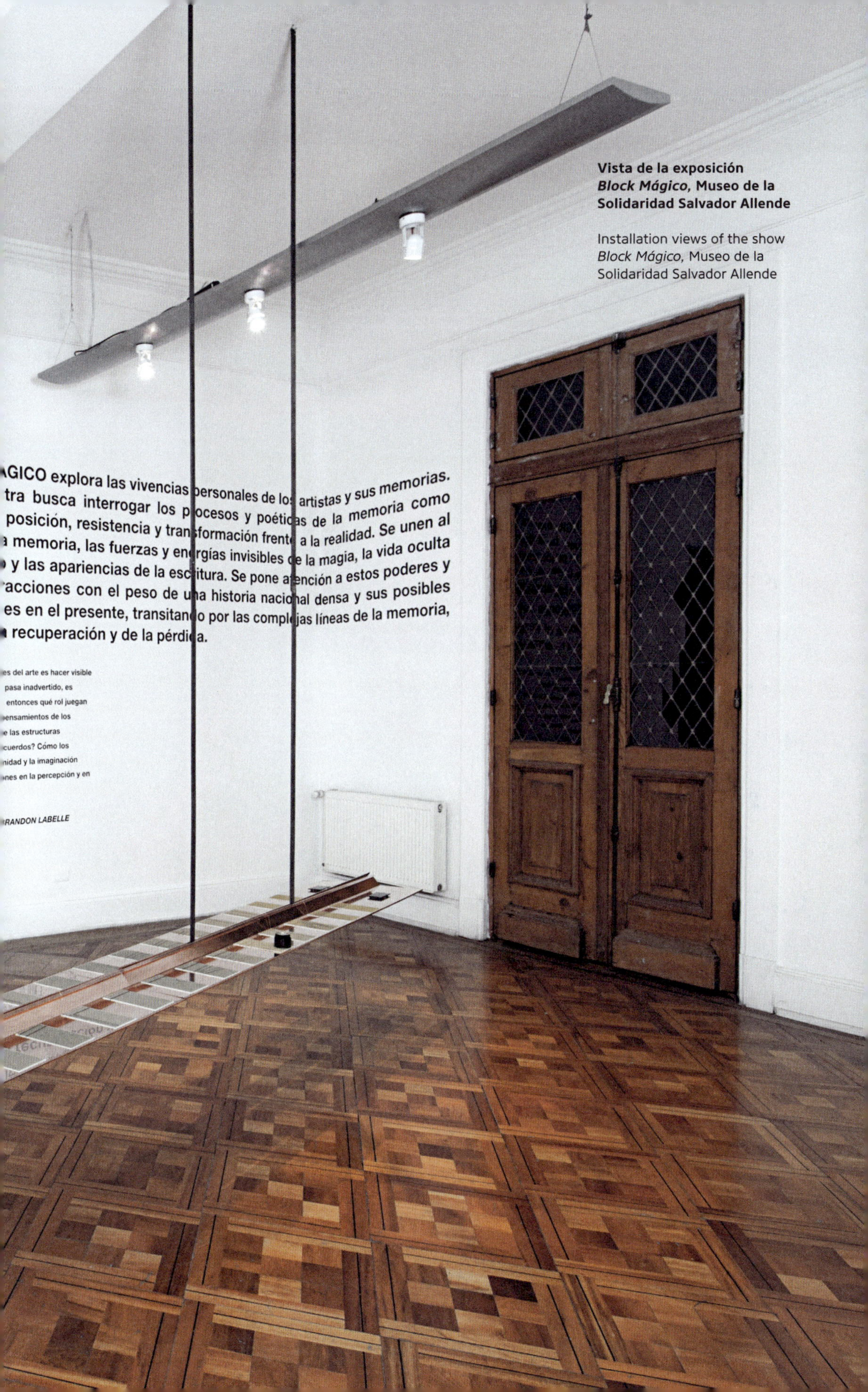

Vista de la exposición
Block Mágico, Museo de la
Solidaridad Salvador Allende

Installation views of the show
Block Mágico, Museo de la
Solidaridad Salvador Allende

A Dos Voces
sobre la obra *Panacea* de Catalina Bauer
CAMILA MARAMBIO

There is joy in movement; in discovering the boundless possibilities of consecutive actions allowed by the body in space. The mental tendency however is always to start with the known, with the informed action. Faced with a blank slate, it is therefore no surprise that Catalina's initiating movement is a regimented form that represents her universal female body as a productive machine. Yes, our awesome hands can make things; our energy can be channeled into labor power, but what happens when we move aimlessly? What emerges when we let go of utility and surrender to an exploration of movement and form without the intention of material gain, of signification? As observed in *Panacea,* we first give in to composition. Our "free" hands explore abstract shapes, unexplainable signs, and uselessness. After that, comes the pleasurable discovery of tactility, of sensorial drifting. Giving way to beautiful, endearing gestures, full of volume and subtle tenderness. A self-conscious embarrassment snaps us out of this indulgence and reverts the whole aimless dance towards those repetitive, mechanical movements that domesticate the hands, ridding them of idle experimentation. Brisk, determined movements contrast with that sweet and surprising fluidity of experimentation. Embodiment is a chain to all of the above stages and as each act supersedes the next we experience the changing tone of the body. Plasticity is a marvelous thing and to exercise it is nothing less than a cure to the ills of conservative minds.

Hacer pan es considerada una labor femenina. Se relaciona con lo doméstico, con lo básico, con lo ordinario, lo cotidiano, casi con lo insignificante. Una vez, a comienzos del año 2010, me tocó llegar empapada a la puerta de una comisaría policial perdida en las pampas de Tierra del Fuego. Allí, mientras secaba mi ropa junto a una estufa precaria, el Cabo a mando, Luis, me ofreció quedarme a tomar once. Yo, sin apuro alguno, felizmente acepté y presencié así una de las performance más conmovedoras que me ha tocado ver. En el primer acto, se arremangó la camisa. En seguida limpió la cubierta de melamina de la única mesa que se encontraba en el cuarto trasero de la humilde casa que cumplía la función tanto de recinto oficial del Estado como de hogar para Luis en su destierro. Hundiendo varias veces la taza en el gran saco de harina que se encontraba reposado en la esquina de la austera habitación, Luis fue construyendo una suave montaña de trigo procesado frente a nuestros ojos. Con su gruesa mano derecha girando rítmicamente sobre la articulación de su muñeca creó un pozo en el centro la volátil ruma blanca. Éste fue llenado con agua, aceite y una pizca de sal. Luego de este clímax comenzó la espontánea, fluida y tierna coreografía de ligar los materiales secos con los líquidos. Habrán sido diez minutos? cinco?

Me perdí en el tiempo de sus gestos atípicos. Me fasciné con su soltura muscular, pero por sobre todo me deleité con ser la espectadora de esta pequeña transferencia de roles. Yo no estaba sola, a mi lado estaba Manuela, mi amante. Ambas, en nuestra complicidad lésbica, gozábamos sin medida la danza de la panacea.

Over the years, Catalina has worked insistently with tropes of femininity. Weaving, washing, and baking have been some of her excursions into the activities generally considered feminine. *Panacea* is in my opinion her most poignant statement. Why? Well, because it clusters together so many references and yet, it affirms the simplicity and succinctness that is characteristic of her practice. While Martha Rosler's seminal feminist parody *Semiotics of the Kitchen* was shot in 1975, *Panacea* was created in 2012. Both videos critique the role of women in society. The first does so by navigating a culinary lexicon: beginning with the Apron, Rosler moves through the alphabet challenging the signification of everyday kitchen items. Through her video performance, Rosler emancipates the woman from her domestication by transposing the docility and surrender of the female to her commoditized life with that of an enraged and frustrated woman, capable of taking the very tools of her supposed "comfort" as vehicles of violence. Almost 40 years later, Catalina Bauer chooses a similar artistic format to express an only slightly evolved struggle: the normativity of the repetitive bodily action. The highly cluttered kitchen in Martha Rosler's video is replaced by a white cube, the dead pan humor is left out by framing only the torso of the woman on the scene, the TV aesthetic gives way to the filmic close-up. Focusing in on parts of the body, Catalina gracefully estranges herself from the habitual movements of bread making and proceeds to liberate her upper limbs. Her arms are no longer tools of mass productivity and thus freed, they become agents of a new order, of a sort of poetic linearity. It's as if her disengaged arms are no longer at the mercy of the televised, social imposition of industry and instead they can be merely structural elements for the construction of a new language. Not necessarily one of "freedom," but at least one of momentary selfless exploration.

Tal vez, has leído sólo las partes en Español. Que distintas son mis dos voces. Cómo dos manos que urden diferentes personalidades, cada idioma posibilita y encarcela ciertos modos expresión. Mi castellano, aprendido como lengua materna en tierras extranjeras, siempre fue más osado que mi inglés. Sin tildes, ni comprensión gramatical alguna, la lengua colonizadora de Sudamérica me deja ser abstracta. Alma Roa, Fidel Sepúlveda, Jaime Blume, Cecilia Vicuña y ahora también Catalina Bauer me enseñaron, e inspiraron, a sincerar vivencias en formas que tal vez puedan llamarse constructivismos del Sur. Rosalind Krauss, Hal Foster y Simon Schama, entre otros, me instruyeron en el estructuralismo. Furiosa, me rebelé contra ellos luego de haber sido su alumna sumisa. Desafortunadamente, obnubilada por la ira que me producía la cita obligatoria me castigué a mi misma en mi rebeldía. Me desterré de la escritura. Agradezco la *Panacea* que me permite volver a bailar entre palabras y espacios vacíos, que me resuelve, cual elixir, a soldar mis dos lenguas femeninas.

Catalina Bauer, *Panacea,* **2012**
Imágenes del video
Video stills

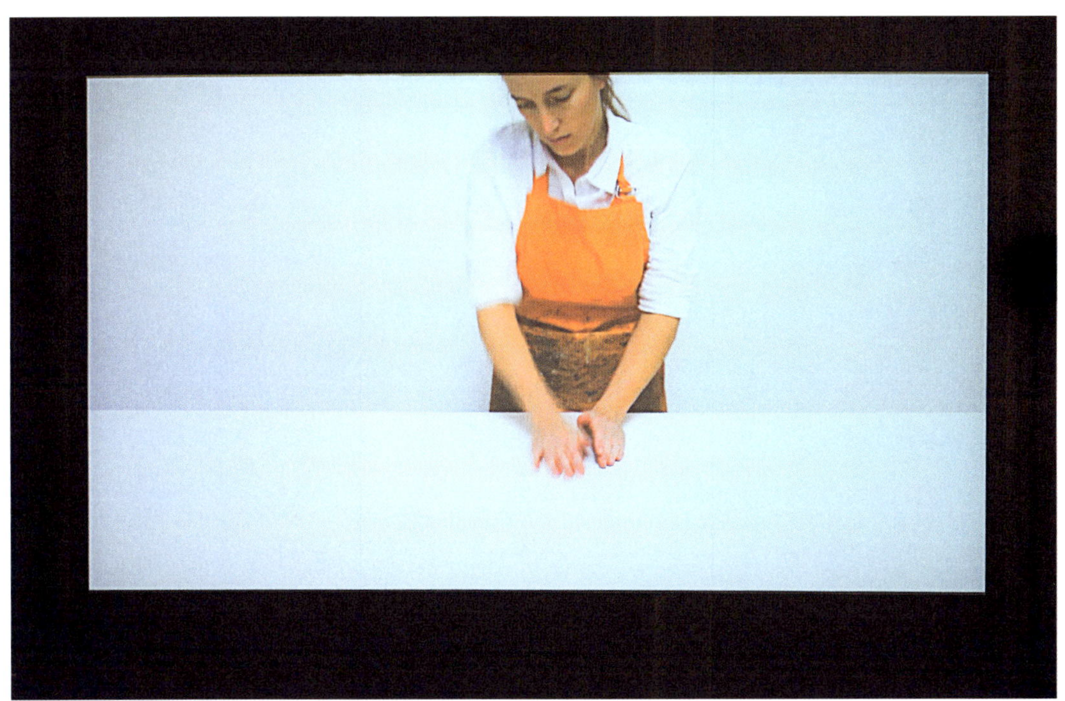

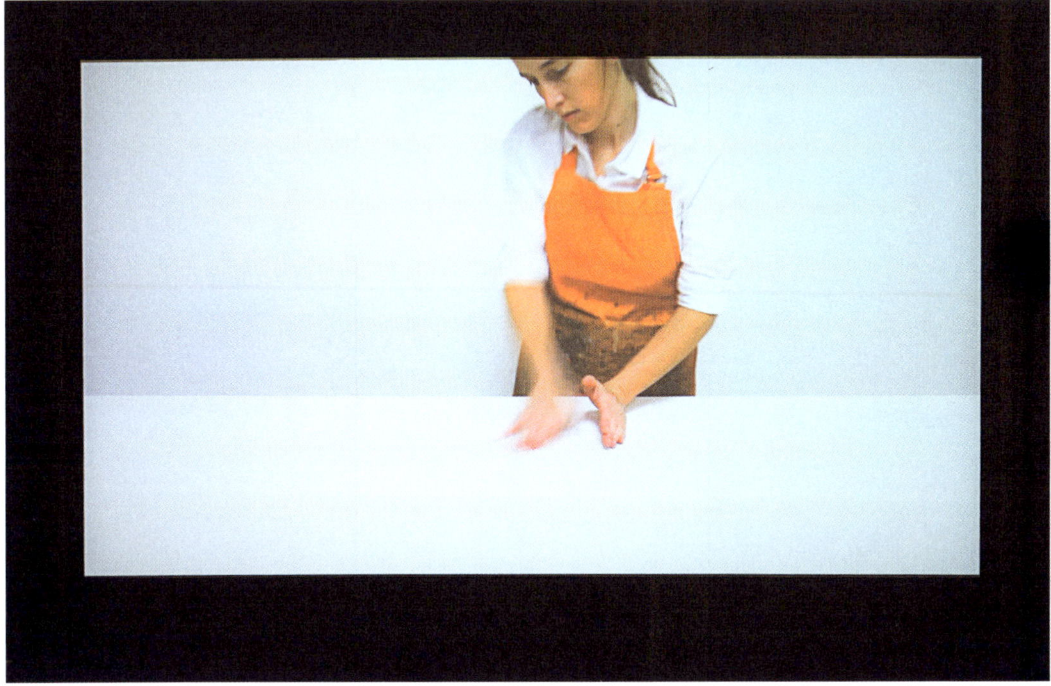

Catalina Bauer, *Panacea*, 2012
Imágenes del video
Video stills

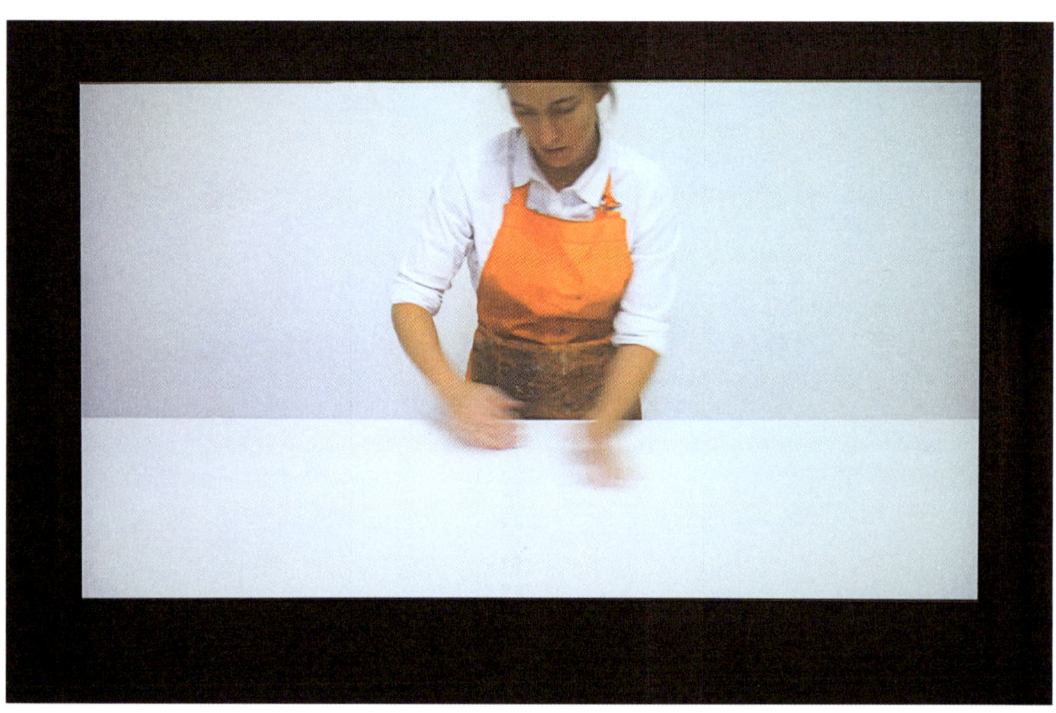

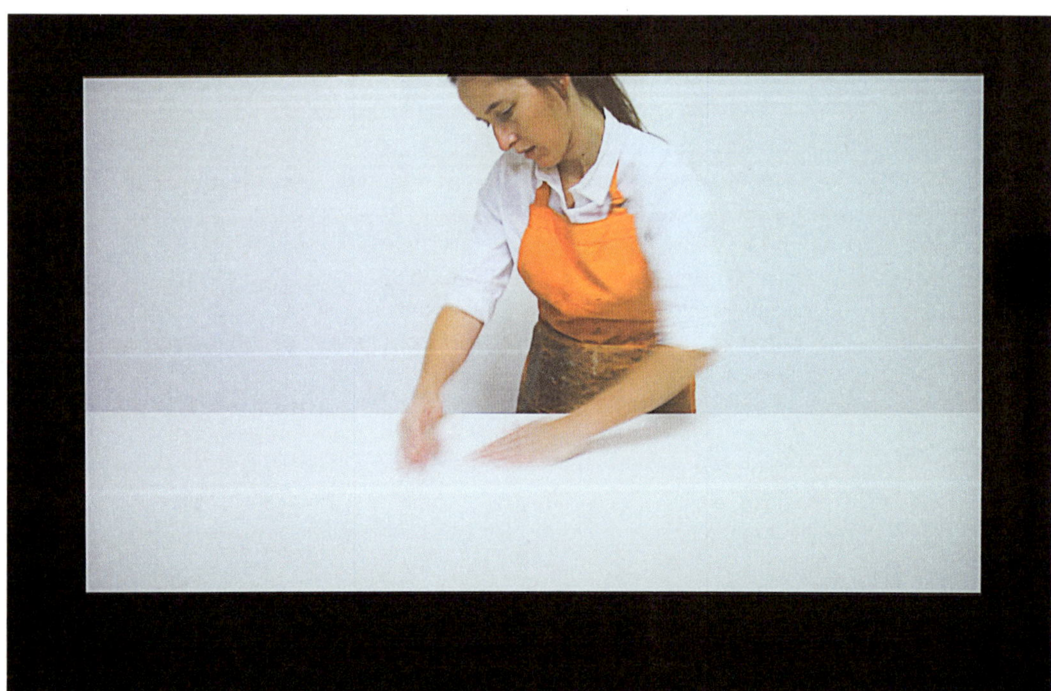

With a Forked Tongue
On the work *Panacea* of Catalina Bauer

CAMILA MARAMBIO

Existe alegría en el movimiento, en descubrir las inagotables posibilidades de las acciones consecutivas que el cuerpo permite en el espacio. Sin embargo, la tendencia mental siempre es comenzar con lo conocido, con la acción informada. Si nos enfrentamos a una pizarra en blanco, no nos debiera sorprender que el movimiento inicial de Catalina sea una forma que representa a su cuerpo femenino universal como una máquina productiva. Sí, nuestras increíbles manos pueden crear cosas; nuestra energía se puede canalizar en trabajo manual. Pero, ¿qué pasa cuando nos movemos sin ton ni son? ¿Qué emerge cuando nos despojamos de la utilidad y nos rendimos ante la exploración del movimiento y la forma sin intentar obtener ganancias materiales ni significado? Como se puede observar en *Panacea,* antes que nada nos rendimos a la composición. Nuestras manos "libres" exploran formas abstractas, signos inexplicables y lo inútil. Posteriormente, llega el descubrimiento placentero de lo táctil, de dejarse llevar sin rumbo por los sentidos. Esto nos lleva a gestos hermosos y dulces, llenos de volumen y una ternura sutil. La vergüenza y timidez nos saca de esa indulgencia y el baile sin ton ni son vuelve a tender hacia los movimientos repetitivos y mecánicos que domestican las manos y las despojan de la experimentación ociosa. Movimientos decididos y enérgicos contrastan con la fluidez dulce y sorprendente de la experimentación. La personificación es una cadena de todas las etapas anteriores y, a medida que cada acto se superpone con el siguiente, podemos ser testigos del cambio de tono del cuerpo. La plasticidad es una maravilla y ponerla en práctica es una cura para las enfermedades de las mentes conservadoras.

Making bread is considered women's work. It is related to the domestic, the basic, the ordinary, a routine, almost to the insignificant. Once, early in 2010, I arrived soaking wet to the door of a police station lost in the pampas of Tierra del Fuego. There, while drying my clothes next to a precarious stove, Corporal Luis offered me to stay for tea. Since I was not in a rush, I happily accepted and thus witnessed one of the most moving performances that I have ever seen. In the first act, he rolled up his sleeves. Then, he proceeded to wipe the melamine cover of the only table that was in the back room of the humble house that served the function of both official venue of the State and home to Luis in his exile. Repeatedly plunging the cup in the big sack of flour that was resting in the corner of the austere room, Luis began building a soft mountain of processed wheat right before our eyes. With his thick right hand rhythmically turning over the wrist joint, he created a well in the center of the volatile white pile. The well was filled with water, oil and a pinch of salt. After this climax, he began the spontaneous, fluid and tender choreography of mixing the dry components with the liquids. It could have been ten minutes? Five? I got lost in the time of his atypical gestures. I became fascinated with his muscular ease, but above all I reveled in being the spectator of this little transfer of roles. I was not alone. Beside me was Manuela, my lover. Both, in our lesbian complicity, enjoyed the dance of Panacea without measure.

A través de los años, Catalina ha trabajado de manera insistente con los lugares comunes de la feminidad. Tejer, lavar y cocinar han sido algunas de sus excursiones en actividades que generalmente se consideran femeninas. En mi opinión, *Panacea* es su declaración más potente. ¿Por qué? Porque a pesar de conjugar tantas referencias, afirma la simplicidad y concisión que caracteriza a su práctica. Mientras la parodia feminista fundamental que es *Semiótica de la cocina,* de Martha Rosler, se filmó en 1975, *Panacea* fue creada en 2012. Ambos videos critican el rol que la mujer juega en la sociedad. El primero de ellos navega por el léxico culinario para hacerlo: comenzando con la palabra Delantal (que en inglés comienza con la letra A), Rosler se pasea por el alfabeto y desafía el significado de utensilios culinarios que se usan día a día. A través de su performance en video, Rosler emancipa a la mujer de su domesticación mediante la transposición de la docilidad y capitulación de la mujer ante su vida mercantilizada por una mujer enojada y frustrada, capaz de levantar las mismas herramientas que supuestamente le entregan "comodidad" para transformarlas en vehículos de violencia. Casi 40 años después, Catalina Bauer elige un formato artístico similar para expresar una lucha que apenas ha evolucionado: la normatividad de la acción corporal repetitiva. La desordenada cocina que aparece en el video de Martha Rosler se ve reemplazada por un cubo blanco, para eliminar el humor inexpresivo solo se puede ver el torso de la mujer en escena, y la estética televisiva da paso al acercamiento cinematográfico. Al enfocarse en partes del cuerpo, Catalina se aleja con elegancia de los movimientos habituales con los que se hace el pan y procede a liberar sus extremidades superiores. Sus brazos ya no son herramientas de productividad masiva y, por ende, se liberan y se convierten en agentes de un nuevo orden, de una especie de linealidad poética. Es como si sus brazos desconectados ya no estuvieran a merced de la imposición social y televisada de la industria. En su lugar, pueden ser simplemente elementos estructurales de la construcción de un nuevo idioma. No se trata necesariamente de un idioma de "libertad", pero al menos de uno de exploración pasajera y desinteresada.

Maybe you have only read the paragraphs in English. How different my voices are. Like two hands with different personalities, each language allows and imprisons certain ways of expression. My Spanish, learned as a mother tongue in foreign lands, was always more daring than my English. Without accents or any type of grammatical understanding, the colonizing language of South America allows me to be abstract. Alma Roa, Fidel

Sepúlveda, Jaime Blume, Cecilia Vicuña and now Catalina Bauer taught me and inspired me to be more honest with experiencies in ways that could be called "Constructivisms from the South". Rosalind Krauss, Hal Foster and Simon Schama, amongst others, were my instructors in structuralism. Furious, I rebelled against them after being their submissive student. Unfortunately, clouded by the anger that I felt against the forceful quotation, I punished myself in my rebellion. I banished myself from writing. I thank the *Panacea* that allows me to dance again between words and empty spaces, which like an elixir makes me determined to weld together my two female tongues.

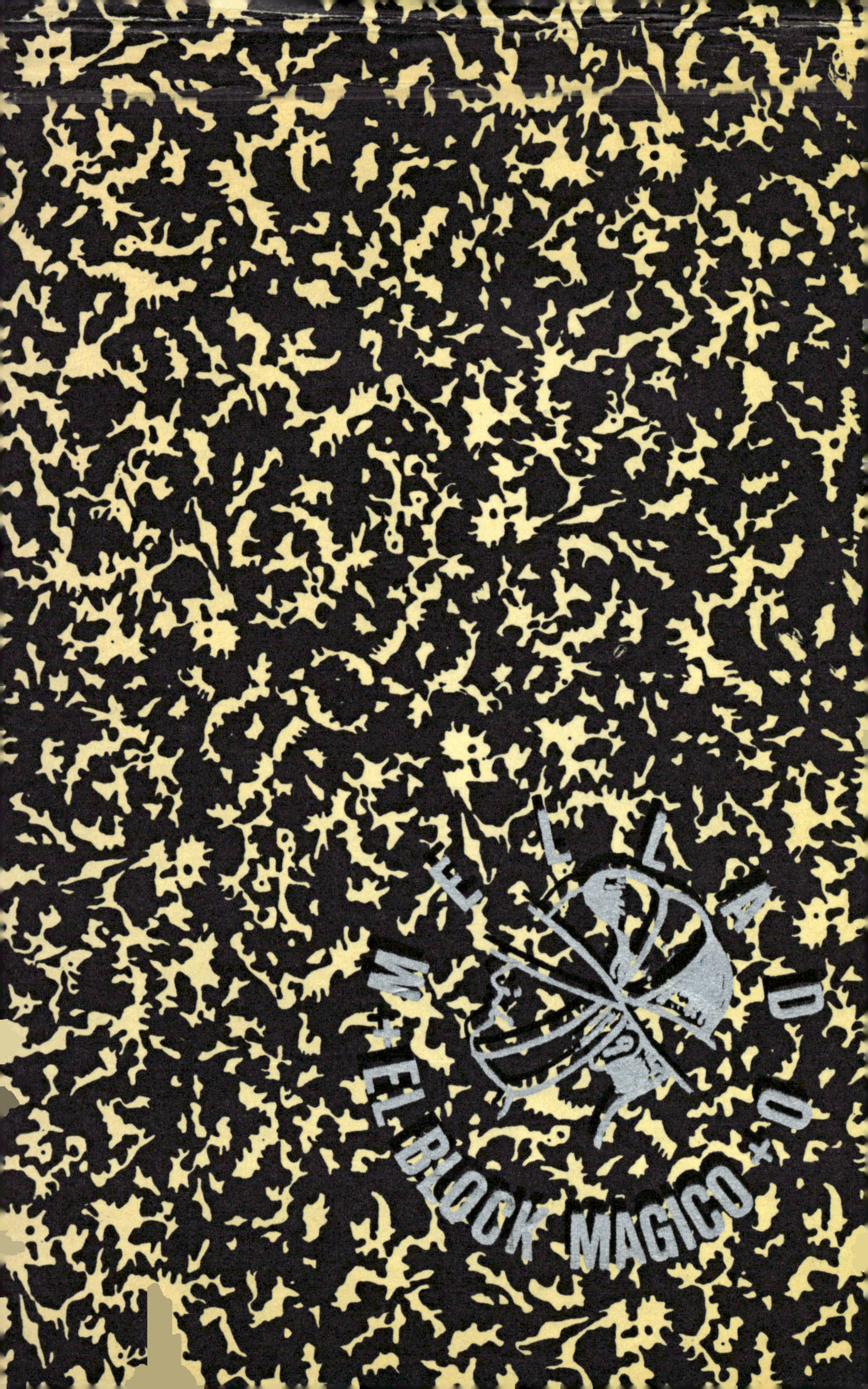
MELLADO
M+EL BLOCK MAGICO+O

<u>Materiales para la construcción de una diagrama vivo para la presentación del Block Mágico</u>

<u>Materials for the construction of a lively diagram for the presentation of the Magic Block</u>

- 3 Papel calco, utilizados por el revés morado pegados con adhesivos amarillo fosforescente/3 carbon papers with the back purple side mounted with fluorescent yellow tape
- 1 clavo de cobre/1 copper nail
- 1 piedra de cobre en bruto/1 stone of brut copper
- 1 Postal del mar de Marstrand, Bränningar encontrada en el departamento en Bergen/1 postcard of the sea in Marstrand, Bränningar, found in a flat in Bergen
- Pelotas de ping pong y elásticos/ping pong balls and elastics
- 1 lupa óptica/1 magnifying glass
- El catálogo "Block Mágico"/the catalog "Magic Block"
- 1 fotocopia a color de yellow/1 color photocopy of page about the color yellow
- 1 fotocopia a color de Protocolo 1/1 color photocopy of Protocol 1
- 1 hoja defectuosa del Block azul/1 faulty page in cyan of the Block
- 1 hoja defectuosa del Block magenta/1 faulty page in magenta of the Block
- 1 maskin tape amarillo/1 yellow masking tape
- 3 piedras apiladas como apacheta/3 stones stacked up as apachetas
- 3 citas de textos de Lihn, Mellado y Montero escritos en rojo/3 quotes of texts written by Lihn, Mellado and Montero
- 6 fotocopias en blanco y negro de la primera página interior del Block Mágico/6 pages in black and white of the first interior page of the Magic Block

placed, as a diagram of associations, upon a table cut like a shard a fragment an interruption extending from a wall in the gallery, to express the Magic Block as a series of layers traces arguments: the unconscious always already a phantom of the future

situado, como un diagrama de asociaciones sobre una mesa cortada como un fragmento que interrumpe extendido desde un muro hacia la sala, para expresar el Block Mágico como una serie de capas que recogen los argumentos: el inconsciente siempre un fantasma del futuro

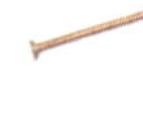

1 clavo
1 nail

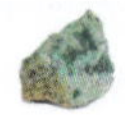

1 piedra de cobre
1 copper stone

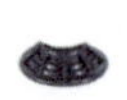

1 pelota de ping pong
1 ping pong ball

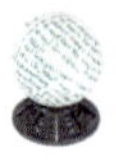

1 pelota de ping pong con escrito
1 ping pong ball writen

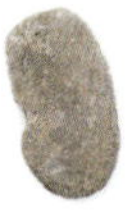

1 piedra
1 stone

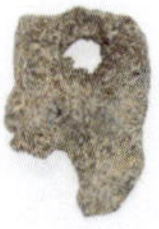

1 fosil
1 fossil

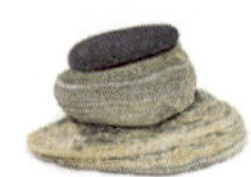

1 apacheta
1 apacheta

La acumulación de las piedras o la organización de ellas convierten a la tie

The magic Block dislocated in materials, topics, frames, used as a reference, as a document

El Block mágico dislocado en materiales, temas, encuadres, usado como referencia, como documento.

gina The accumulation of stones or the organization of them converts the land into a page

El asunto del archivo es irrelevante sino aparece el documento.

Es ir por sobre el archivo o desde el archivo hacia el documento desde la colección a la obra, desde el libro a la palabra.

The issue of the archive is irrelevant when it doesn't appear the document

It is to go over the archive or from it to the document from the collection to the work, from the book to the word

sas de una magia, perfectamente inútiles pero que siempre vuelven a renovar su encanto the things of a magic perfectly useless but that always return to rejuvenate our enchanting

El Block Mágico solo puede ser descrito en relación a los otros objetos quienes dan las referencias de qué trata

The Magic Block could only be described in relation to other objects that give references to what it is about

Cada objeto ofrece un sentido de significado y sensaciones alrededor del Block Mágico

Each object gives a sense of the meaning, feelings and surroundings of the Magic Block

Cada objeto refleja los materiales usados por los artistas

Each object reflects on the materials tackled by the artists

El Block Mágico es un objeto en sí mismo

The Magic Block becomes an object itself

Un fragmento dentro del diagrama de objetos

A fragment in a diagram of objects

Una vida en común

A life in common

El tiempo está ahí

Its time in it

En lugar de ser un documento del pasado, está situado en el presente

Instead of being a document of the past, it's located in the present

Su trasfondo histórico permanence latente

The historical background remains latent

Lo importante es la memoria en el ahora

The importance is the memory of now

La extensión de la memoria está en el espacio, desde el piso al muro, desde la mesa hacia la ventana

The extension of memory is in the space, from floor to wall, from table to window

La memoria es mágica

Memory is magic

Lo has experimentado?

Have you experienced that?

Es muy insignificante?

Is it too insignificant?

Incompleta?

Too incomplete?

Pequeña?

Small?

Al mirar por un telescopio aparece la vista mágica

Seeing through a telescope appears the magic view

Sostener agua y dejar que se disuelva en tus manos es una expresión del Block Mágico

To hold water and let it dissolve in your hands is an expression of the Magic Block

La memoria es delgada como el propio territorio

Memory is thin as the territory itself

Está arriba o debajo de ti?

It's upon or below you?

El Block Mágico es un juego

Magic Block it is a game

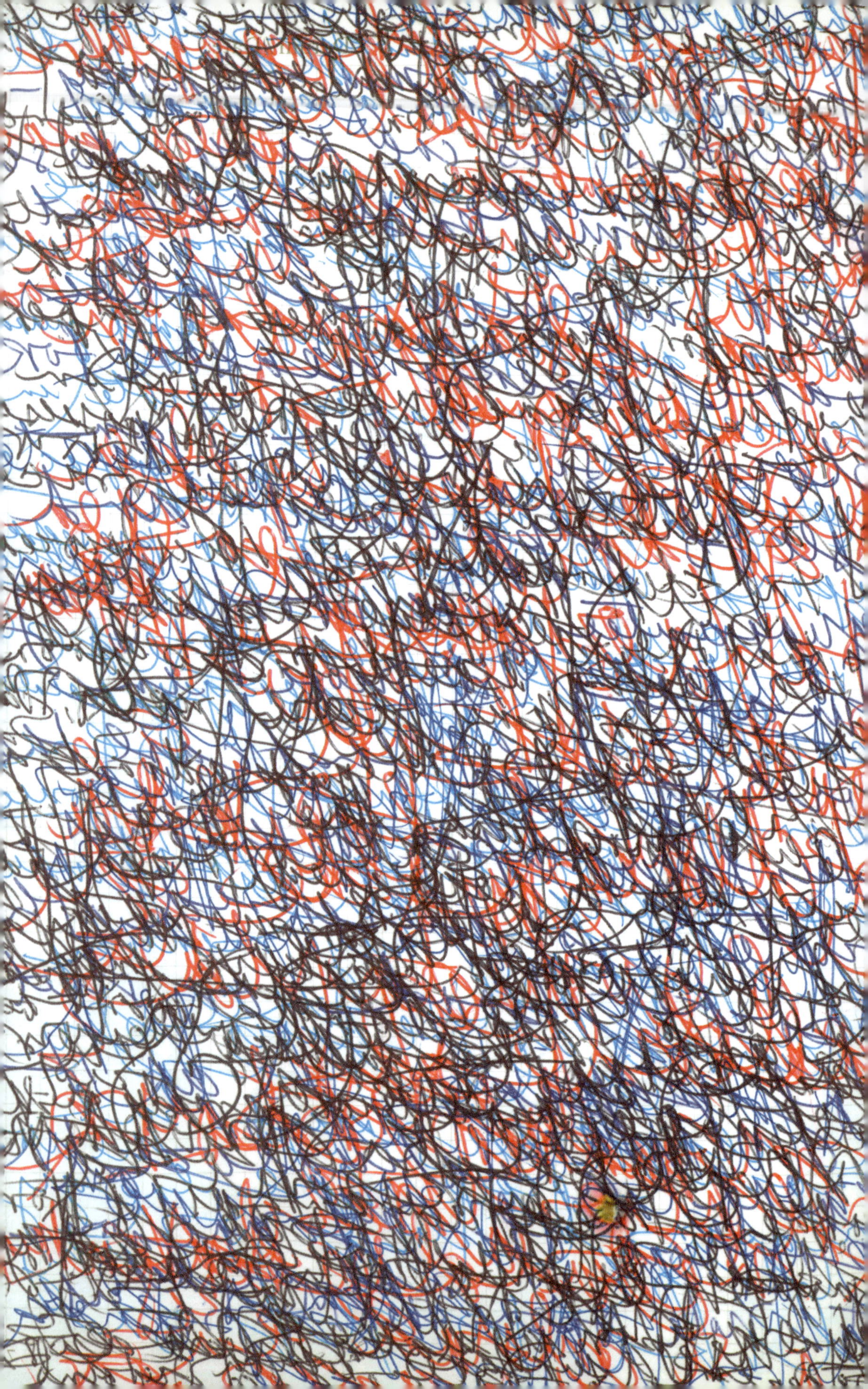

Una novela del período anterior

JUSTO PASTOR MELLADO

En 1985, durante el primer semestre, hice un curso en una carrera de comunicación audiovisual, en una de cuyas clases preparé una exposición sobre el "block mágico", para explicar las tópicas freudianas. Hacía referencia al "block mágico" y al aparato fotográfico como unos modelos de funcionamiento del inconsciente. En verdad, la dificultad era que en una carrera de comunicación audiovisual impartía un módulo que enfatizaba lo que desde entonces denominaba "artes de la huella", por la proximidad que se establecía en esa coyuntura, entre prácticas de arte y "sistemas de rememoración", en un país en que las superficies de recepción de las huellas sociales estaban severamente averiadas.

Este curso coincidió con la producción de la exposición de Gonzalo Díaz, que tendría lugar en Galería Sur durante el mes de junio. Aunque es probable que en junio, la exposición en la que estoy pensando es *Cuatro artistas chilenos en el CAYC de Buenos Aires,* por lo cual, la muestra de Galería Sur haya sido antes; es decir, en mayo. Si esto es así, entonces el mes de abril de 1985 tiene que haber sido uno de los meses más febriles de trabajo entre Gonzalo Díaz, Nury González y quien escribe.

Ya habíamos tenido la experiencia de compartir la concepción y producción de "Chto Delat?" (¿Qué hacer?) a mediados de 1984 en esa misma galería. La de mayo de 1985 sería totalmente diferente, porque yo pasaría a jugar un rol de acompañante técnico y discursivo, destinado a seguir directamente el proceso de producción de una obra que tenía la autoría exclusiva de Gonzalo Díaz.

Fue así como me encontré conduciendo el coche en el que trasladábamos los bastidores desde el taller de Gonzalo Díaz hasta la casa de insumos de la industria serigráfica, donde comprábamos las tintas y mandábamos a hacer el fijado de la emulsión. Pero al mismo tiempo, seguí de cerca la totalidad del proceso de impresión, que estaba a cargo de Nury González y dos ayudantes. Lo hice tomando notas en el momento mismo del proceso impresivo, poniendo atención en los calces y descalces de imágenes que Gonzalo Díaz realizaba a partir de un riguroso procedimiento de selección, recorte y traspaso. Luego, esas notas se fueron convirtiendo en un texto abigarrado y expansivo que fue adquiriendo la forma de un "delirio analítico" y comenzó a sobrepasar lo que se entiende habitualmente por crítica de arte. Es probable que las conexiones de imágenes que Gonzalo Díaz produjo en ese momento, no hubiesen sido las mismas si no hubiésemos establecido un régimen de comentario libre sobre sus articulaciones. Eso nos condujo a pensar en la analogía forzada que existía entre el procedimiento de impresión puesto en función y el uso freudiano del modelo del "block mágico". A tal punto, que la publicación del impreso que preparamos en esa ocasión fue diseñado para ser corcheteado en el borde superior de las páginas, de modo que "evocara" la materialidad objetual del block. El título del ensayo fue, evidentemente, El *'block mágico' de Gonzalo Díaz* y fue impreso en los talleres de la Facultad de Artes de la Universidad de Chile.

Sin embargo, el punto de partida fue el conjunto de impresos de gran formato que Gonzalo Díaz tituló *KM104*. El origen de tal título era una experiencia visual intensa de fugacidad de las imágenes que Gonzalo Díaz había experimentado, a la altura del kilómetro 104 de la ruta de Santiago a Santo Domingo. En todo caso, la fugacidad a la que hacía mención Gonzalo Díaz era lo más cercano a una "epifanía joyceana" y el estallido conectivo a que daba lugar, obligaba a relatar este procedimiento en diversos estratos dando curso a una narración visual compleja. Y eso fue lo que intenté poner en (e)*videncia* mediante la escritura de un texto "interminable".

Lo importante no es que el "block maravilloso" o la "pizarra mágica" sea una buena metáfora de la memoria, sino que hay algo más. La palabra memoria no era frecuentemente empleada en nuestro léxico crítico. Éramos más exhaustivos. A juicio de Freud, el dispositivo –pese a sus imperfecciones– representa algo que es lo más parecido al funcionamiento del aparato psíquico, principalmente porque permitía conciliar de un modo inédito, dos cuestiones; primero, "la capacidad ilimitada de recepción"; segundo, "la conservación de huellas duraderas". Este funcionamiento por analogía del aparato psíquico está compuesto por tres capas: una capa de resina, una capa de papel encerado delgado y translúcido, y una hoja de celuloide. ¿Cómo funciona? Apoyando sobre la hoja de celuloide que protege la delgada capa de papel encerado, esta se va a pegar a la cera gracias a la presión haciendo visible las huellas. Si se despega de la cera el papel encerado, se deja de ver la huella, incluso si quedan los surcos en la resina o en la cera. Ahora, la pareja que forma el sistema preconsciente-consciente corresponde a la pareja formada por la hoja de celuloide-papel encerado. El celuloide está destinado a disminuir las intensidades de las excitaciones externas, mientras que la cera –que juega el rol del inconsciente– conserva la huella duradera de la inscripción, incluso tiempo después de que éstas han sido despegadas.

Hago esta precisión procedimental porque en esa época expuse lo que había descubierto en el uso de modelos externos a las prácticas de arte. El método consistía en ajustarse a la literalidad descriptiva del modelo de referencia inicial. Es algo que había aprendido en relación a los "desplazamientos del grabado"[1]; la necesidad de ajustar la descripción literal de un procedimiento técnico, para asegurar la pertinencia de sus traslados metafóricos, tratando de limitar las mermas que eso implicaba.

Ahora puedo decir que en el debate que nos inventábamos en la coyuntura de 1985, remitirnos con Gonzalo Díaz al empleo del "block mágico" como referencia analítica significaba poner en discusión –desde una plata-

---

1. Nota de los editores: "los desplazamientos del grabado" refiere al cambio de los usos clásicos del grabado a los usos en la gráfica y el arte contemporáneo.

forma de saturación y sobreposición iconográfica– otros dispositivos que apelaban a la serigrafía como expansiones de la mitología de los "desplazamientos del grabado", que se había localizado inicialmente en la Escuela de Arte de la PUC (Eduardo Vilches). Gonzalo Díaz no pertenece a esa filiación. Pero desde su envío a la Bienal de Sidney hace uso de la serigrafía con una pasión diferente, que no considera su ingreso a la filiación de los "desplazamientos", sino que se propone hacer un "uso pictórico" de la serigrafía. Demostrar la pertinencia de dicho uso fue el propósito manifiesto del texto.

Lo que hace Gonzalo Díaz es combatir el monopolio interpretativo que se había instalado a partir de los "desplazamientos del grabado". Gonzalo Díaz iba a excederse en las articulaciones y conexiones en un solo plano, produciendo más de veinte pasadas, en diferentes escalas, dando curso a una narración de "escenas primarias" que ponían en crisis la confianza en las operaciones de "regreso al origen".

Este sistema de producción de piezas fue posible porque Nury González montó el taller más adecuado para ponerlas en juego, mediante un régimen de trabajo que hoy día es imposible de concebir. No solo hacía frío, sino que los gases le produjeron a Nury González una intoxicación que, unida a un resfrío mal cuidado, la hizo portar durante todo ese invierno una tos de las más inquietantes. No tenía consciencia del daño que se causaba. Solo vivía en ese frío abril de 1985 para editar la serie, sobre esas láminas de plástico, y sobre algunos papeles, que era donde realizaba las pruebas, montada –a veces– peligrosamente, sobre los bastidores.

Hubo algunas impresiones sobre papel, entonces, pero sobre todo hubo una, sobre la cual se imprimió una imagen (de una cacatúa) sobre una gran lámina de celuloide, que caía sobre el papel ya impreso con las escenas de la serie. De esas obras ya no hay huellas. Fueron llevadas a Buenos Aires a la exposición del CAYC y los argentinos las devolvieron sin avisar, por encomienda. Las obras llegaron a la aduana de Los Andes, ya que además venían por tierra, y allí quedaron retenidas sin que ninguno de nosotros estuviera enterado. Al cabo de un tiempo supimos que fueron rematadas como material de escenografía.

Pues bien: una cosa es el relato de las condiciones de escritura de un texto, pero otra cosa es hacer el análisis de la operación curatorial de Soledad García y Brandon LaBelle a partir del texto *El Block Mágico de Gonzalo Díaz,* que a su vez remite a una obra específica de este artista (*KM104*). Las referencias se encadenan y dan curso a una secuencia de producciones en formatos y autorías diferenciadas. De este modo, me pregunto cuál puede ser el indicio de productividad que habilita en los curadores la hipótesis para esta exposición, suponiendo que, en la actual coyuntura, el problema de la conservación de huellas duraderas dejó de ser, estrictamente, el problema del arte chileno, y que la capacidad ilimitada de recepción ha sido puesta en duda por la asistencia delegada de la solicitud de fondos. Una obra como *KM104* no podría haber sido concebida en la lógica de la solicitud de fondos, porque estaba diagramada por la pasión de un debate específico, en el curso del cual luchábamos contra la "dictadura del significante serigrá-fico" (Eugenio Dittborn). A treinta años de la escritura del "comentario" de *KM104* solo me es posible declarar que se trata de una "gran novela" escrita durante el "período anterior".

La "novela" señala de donde vienen algunas cosas, en dos capítu-los: "La Defenestración de la Pintura" y "Pictorización de un Procedimiento Mecánico". Luego, una sección especial: "Diario de Trabajo". Y finalmente, los "Apéndices". Los dos capítulos señalan la estrategia de Gonzalo Díaz para resistir a la dictadura del significante serigráfico, mientras la sección de Diarios pone por delante el valor del trabajo autobiográfico como soporte de (la) crítica, en 1985.

**Gonzalo Díaz, El *KM104*, 1985
Edición de seis serigrafías sobre
papel algodón y placa flexible
de acrílico, 200 x 133cms.**

Edition of six silkscreen on cotton
paper and flexible acrylic plate,
200 x 133cms.

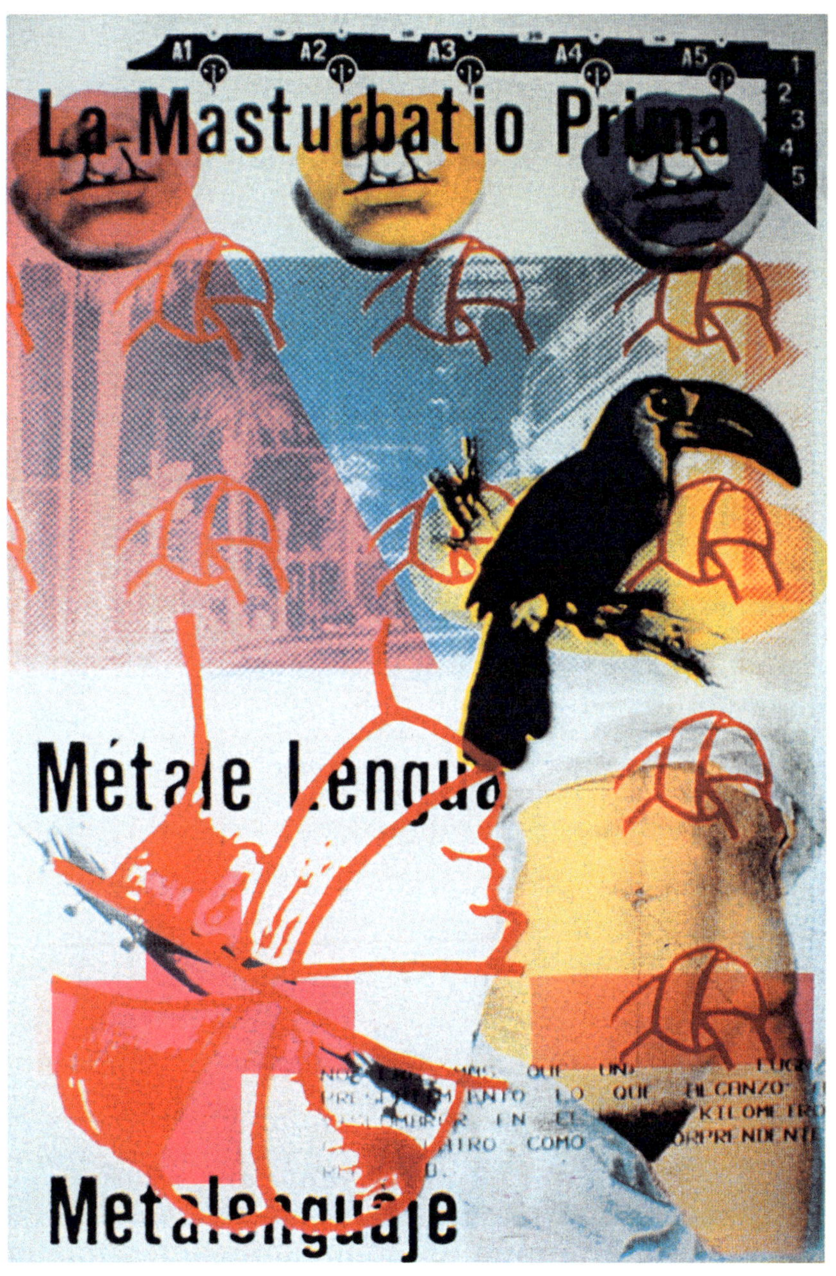

A Novel of an Earlier Time

JUSTO PASTOR MELLADO

In 1985, during the first semester, I taught a course in audiovisual media. For one of the classes, I prepared a presentation about the "magic block" to explain the Freudian topics. I referred to the "magic block" and the photographic apparatus as models of the workings of the unconscious. In reality, the difficulty was that in a career of audiovisual media there was a module that emphasized what was called "footprint arts", due to the proximity established at that juncture between the art and "recall systems" in a country where the receiving surfaces of the social footprints were severely damaged.

This course coincided with the production of the exhibition of Gonzalo Díaz, which was to be held in the Galería Sur during the month of June. The exhibition I'm thinking of is *Four Chilean artists in the CAYC of Buenos Aires;* therefore, it is likely that the exhibition in the Galería Sur had been held earlier, in May. If so, then April of 1985 must have been one of the most feverish months of work between Gonzalo Díaz, Nury González and myself.

We already had the experience of sharing the conception and production of "Chto Delat?" ("What to do?") by mid-1984 in the same gallery. The exhibition of May 1985 would be totally different, because I would play a role of technical and discursive companion, destined to follow the process of producing a work that had the sole authorship of Gonzalo Díaz.

That was how I found myself driving the car in which we moved the racks from the workshop of Gonzalo Díaz to the warehouse of the serigraphy industry, where we bought ink and had the emulsion set in. At the same time, however, I followed closely the entire printing process, which was in the charge of Nury González and two assistants. I took notes during the printing process, paying close attention to the matches and mismatches that Gonzalo Díaz made with the images after a rigorous procedure of selection, cropping and image transfer. Then, these notes became a colorful and expansive text that started acquiring the shape of an "analytical delirium" and began to exceed what is usually understood as art criticism. It is very likely that the connections that Gonzalo Díaz produced with the images at the time would not have been the same if we had not established a system of free comment on his compositions. That led us to think about the forced analogy existing between the printing process and the Freudian use of the model of a "magic block." It came to the point that the printed publication we prepared on that occasion was designed to be stapled in the top of the pages, in order to "evoke" the materiality of the block or notebook. The title of the essay was, obviously, *The Magic Block of Gonzalo Díaz* and was printed in the workshops of the School of Arts of the Universidad de Chile.

However, the starting point were the large prints that Gonzalo Díaz titled *KM104.* The origin of such a title was an intense visual experience of fleeting images that Gonzalo Díaz had experienced at the 104 kilometer along the route from Santiago to Santo Domingo. In any case, the fleetingness referred to by Gonzalo Díaz was the closest thing to a "Joycean epiphany"; furthermore, the connective explosion it caused forced me to narrate this procedure on different levels, giving birth to a complex visual narrative. And that was what I tried to expose by writing an "endless" text.

What is important is not that the "wonderful block" or the "magic board" are good metaphors for memory. There is something more. The word "memory" was not frequently used in our critical vocabulary. We were more comprehensive. According to Freud, the device – despite its imperfections – represents something that is as close to the functioning of the psychic apparatus, mainly because it allowed an unprecedented way to reconcile two subjects: first, "the unlimited reception capacity"; second, "the conservation of lasting traces". This analogical performance of the psychic apparatus is composed of three layers: a resin layer, a layer of thin, translucent wax paper, and a sheet of celluloid. How does it work? By pressing onto the celluloid sheet that protects the thin layer of waxed paper, it will stick to the wax and expose the traces. If the waxed paper is removed from the wax, the trace can be seen even if there are grooves in the resin or wax. Now, the couple formed by the preconscious-conscious system corresponds to the pairing of the celluloid sheet and the waxed paper. The celluloid is meant to reduce the intensity of external stimuli, while the wax – playing the role of the unconscious – retains the lasting imprint of the inscription, even long after it has been removed.

I explain this procedure because at the time I described what I had discovered in the use of external models in the practice of art. The method was to fit the descriptive literacy of the model that was being referenced. It was something I had learned in relation to the "displacements of engraving"[1]; the need to adjust the literal description of a technical process in order to ensure the relevance of its metaphorical transfers, trying to limit the losses that came with it.

I can now say that in the debate we invented at the juncture of 1985, when Gonzalo Díaz and I used the "magic block" as an analytical reference, meant calling into question – from a platform of iconographic over-exposure and saturation – other devices that appealed to serigraphy as expansions of the mythology of the "displacements of engraving", which was initially located in the School of Art of the Universidad Católica (Eduardo Vilches). Gonzalo Díaz does not belong to that affiliation. But since his visit to the Sydney Biennial, he uses serigraphy with a different passion, one which does not consider his access to the affiliation of the "displacements", but that intends to make a "pictorial use" of serigraphy. To demonstrate the relevance of such use was the stated purpose of the text.

---

1. Editors note: The displacement of engraving refers to the shift from classical uses to its use within contemporary art and graphics.

Gonzalo Díaz fights the interpretive monopoly that had settled in since the "displacements of engraving". Gonzalo Díaz would overdo the compositions and connections in one plane, producing more than twenty layers, at different scales, giving birth to a narrative of "primal scenes" that caused a crisis in the confidence of the "return to origin" operations.

This system of production of parts was possible because Nury González set up the most suitable workshop to put the process into motion, creating a work situation that would be impossible to conceive of today. Not only was it cold, but the gases actually poisoned Nury González, which – together with a poorly treated cold – made her carry one of the most disturbing coughs through all that winter. She was unaware of the damage she was causing herself. On that cold April of 1985, she only lived to edit the series, over those plastic sheets and over some papers, where she performed the tests, at times dangerously mounted on the racks.

There were some impressions on paper then, but there was one on which an image (of a cockatoo) was printed on a large sheet of celluloid, which fell on the paper that was already printed with the scenes of the series. There is no trace of these works. They were taken to Buenos Aires, for the CAYC exhibition, and the Argentines returned them without warning, by parcel. The works arrived to the customs office of Los Andes – since they came by land – and they were stranded there without any of us being aware of the fact. After some time, we heard that they had been auctioned as accessories for set design.

Yet, one thing is the account of the conditions for writing a text, but making the analysis of the curatorial operation by Soledad García and Brandon LaBelle from the text *The Magic Block of Gonzalo Díaz,* which in turn refers to one specific work of this artist (*KM104*), is a very different matter. References are chained together and give effect to a sequence of productions in different formats and authorships. Thus, I wonder what could be the sign of productivity that enables the hypothesis for this exhibition developed by the curators, assuming that, at this juncture, the problem of preserving long-lasting traces is no longer strictly a problem of Chilean art, and that the unlimited reception capacity has shifted to a model of requesting funds from local councils. A work like *KM104* could not have been conceived in the logic of fund requests, because it was initiated according to the passion of a specific debate, during which we fought against the "dictatorship of the serigraphic sign" (Eugenio Dittborn). Thirty years after writing the "comment" for *KM104,* I can only state that it is a "great novel" written during the "previous period".

The "novel" points out the origin of some things in two chapters: "The Defenestration of Painting" and "Pictorization of a Mechanic Procedure". Then, a special section: a Journal of Labor. Finally, the Appendices. The two chapters explain the strategy Gonzalo Díaz used to resist the dictatorship of the serigraphic sign, while the Journal section gives priority to the value of the autobiographical work in support of (the) criticism, in 1985.

El erotismo de la selva

CARLA MACCHIAVELLO

Existe una sensibilidad muy particular en el video *El caimán con la risa de fuego* (1979) del artista chileno Juan Downey (1940-1993), la cual emerge de manera tan fugaz como persistente. Este sentimiento permanece latente a través de los más diversos análisis del video, desde la idea de que el artista latinoamericano que vivía en Nueva York y exploraba las posibilidades de comunicación que ofrecía el video decidió "volver a lo primitivo" (Buntinx) cuando viajó al bosque del Amazonas y vivió con los Yanomami entre 1976 y 1977, hasta la noción de que este periplo y el video representan un "clímax" (Montross) del proyecto al que pertenecen, *Video Trans Americas,* que comenzó en 1973 como parte de una utopía de las comunicaciones que buscaba conectar a diferentes pueblos de América en una red horizontal a través de la grabación en video de sus vidas diarias, para posteriormente reproducir esas imágenes en distintos contextos[1]. Aparece en las conexiones y pliegues de tiempo y espacio que proyectaba el viaje con los discursos de la cibernética contemporánea (González, Guagnini) que hicieron del "feedback" (la respuesta a un estímulo que entra en un sistema y lo transforma) un símbolo de las relaciones de transacción. Surge en la crítica etnográfica que se produjo a medida que el artista/antropólogo improvisado estableció relaciones complejas con los hombres y las mujeres que conoció, con quienes conversó y a quienes grabó en la selva (Fusco, Taussig); late en la manera como el video expande el formato documental para criticar su supuesta autoridad objetiva (Smith); impregna la fascinación del artista por las estructuras comunitarias y ecológicas, las construcciones que se consumen a sí mismas; y resuena en el "fracaso" final del video y su creador para emerger como un yo definido o para fundirse con el otro buscado.

La fusión es un tema central del video que apunta a una corriente que ronda e impregna su cuerpo electrónico. Involucra un erotismo del cual Downey se refirió continuamente en sus artículos publicados sobre tecnología y arquitectura, y en sus diarios que permanecen inéditos en su mayor parte (por ejemplo, un dibujo de una apertura elíptica que contiene formas orgánicas, circulares y concéntricas junto a las palabras "ego", "centro", "concha", "vagina", "ojo") y en sus grabados, pinturas y performances. El erotismo, totalmente liberado de la reproducción, involucra un deseo sexual y una actividad orientada hacia el placer sexual, lo cual Downey interpretaba como algo político, una forma de conexión con otras personas y una transformación. El artista lo imaginaba como una confusión entre seres humanos, sus cuerpos, sus pensamientos y el entorno; o si seguimos a Bataille, como una pérdida de uno mismo en el otro y una restauración de la conti-

---

1. Para conocer más referencias, consulte Nuria Enguita y Juan Guardiola, *Juan Downey. With Energy Beyond These Walls* (Valencia: IVAM, Centre del Carme, 1998); Julieta González, ed., *Juan Downey. Una utopía de la comunicación* (México: Museo Tamayo, 2013); Valerie Smith, ed., *Juan Downey: The Invisible Architect* (Cambridge, MA: MIT List Visual Arts Center; Bronx Museum of the Arts, 2011).

nuidad perdida. Si bien este erotismo se puede interpretar de manera mística, virtual y física, en *El caimán con la risa de fuego* se presenta encarnada, materializada, proyectada e incluso nombrada.

Desde el inicio, Downey revela que el motivo que lo llevó a trasladarse con su familia a vivir con los Yanomami fue su propio deseo de que los Yanomami "se lo comieran". Si bien esto se hace literal en la práctica del endocanibalismo (el acto de consumir las cenizas de sus muertos en una sopa de plátano para conservar su recuerdo), Downey expande los significados de ser devorado: ser transformado en otra cosa, vivir dentro de otros reconfigurado, ceder una posición de dominio, dejar ir. La transformación involucra experimentar con las subjetividades y salir de un marco conformado por los medios, por imágenes proyectadas de uno mismo o por otras formas de reclusión social y mental, como pueden ser los constructos del arte y la identidad. Sin embargo, se debe pagar un precio por la búsqueda de la libertad y, como lo sugieren las diversas tomas repetidas, imágenes recicladas y ediciones del video de Downey, la libertad no deja de estar mediada. El encuentro con el otro que comienza como un simulacro de ritual en el corazón del imperio (un video anterior de una performance en la cual el músico Alfonia Tims pintó su torso desnudo en contraposición a un juego de sombras) prosigue con una secuencia en la cual Downey besa de manera "ardiente" su propia imagen-reflejo en un televisor. Casi como una sátira de las interpretaciones narcisistas de la década de 1970 sobre el arte en video como espejo, la escena presenta un encuentro homoerótico entre el artista y un otro-mismo que se queda atrás y que grita desde el monitor: "Quiero salir de aquí, sácame de esta caja". "¡Quiero ser libre!".

A partir de este punto se adoptan varios "yos": antropólogo serio, artista como etnógrafo relajado, paciente y médium, oficinista y chamán, cazador-mago tecnológico y presa inesperada. Varios narradores, puntos de vista y tonos se alternan constantemente a medida que cada miembro de la familia se enfrenta a la cámara y al micrófono para entrelazar hechos, mitos y fragmentos de recuerdos, de manera espontánea y ensayada. A su vez, estas narraciones se ven desmenuzadas por las imágenes que las acompañan. De esta manera, los géneros del documental, confesionario, historia épica, tragedia, comedia y ensayo artístico en el video se subvierten deliberadamente. Ni siquiera las identidades de los Yanomami quedan intactas: un joven sonriente se transforma en un guerrero amenazador mientras Downey usa su cámara como si fuera un rifle y el amor se mezcla con la violencia cuando el joven Yanomami se ofrece a consumir los restos de Downey si este muere víctima de malaria. Reversibilidad, interpenetración, transmutación: la imagen de un hombre que frota vigorosamente un material pastoso contra sus muslos (a medida que Marilys Downey relata cómo los dos primeros hombres Yanomami concibieron una niña después de que uno le hiciera el amor al otro entre los dedos de los pies) luego aparece ante nosotros como una etapa de la producción de un alucinógeno. A su vez, el viaje se visualiza a través de tomas anteriores del río que sintetizadores transforman en una serie de efectos sicodélicos.

Si bien la fluidez de los líquidos parece estar más cerca del erotismo, el fuego también es un elemento que encarna el cambio continuo y el rechazo a las formas fijas. El mito del caimán con la risa de fuego narrado por Downey casi al final del video, es el protagonista de una historia en la cual el fuego es un elemento deseado que lleva a los Yanomami del alimento crudo al alimento cocido (y que incluso crema los restos de las familias). Si bien Downey deshace los prejuicios de la "antropología machista" a través de una sensibilidad propia del *camp*[2], la adquisición del fuego no es precisamente una tarea heroica: las payasadas se suceden una tras otra; por ejemplo, le arrojan feces a la mujer del cocodrilo y luego ella orina en la boca de su marido cuando el fuego se escapa y casi lo quema mientras el cocodrilo se ríe. A pesar de la maldición del cocodrilo, que significa que sufrirán la muerte y pérdidas asociadas con lo corporal, el regocijo persiste entre los Yanomami y regresa, aun en un tono melancólico, en las burlas que Downey hace de sí mismo al pintar su cuerpo y en su mímica en las escenas filmadas en Nueva York.

Si en *El caimán con la risa de fuego* surge una sensibilidad propia del camp cuando la estilización es más notoria, la experiencia extrema que vivieron los narradores se puede sentir cuando la estética se inmiscuye de manera insistente y casi opresiva en los datos que se exponen. El erotismo sobresale en los momentos en que el contenido se vuelve más tenue, más inestable y enigmático. Emerge cuando desaparecen las traducciones que los narradores hacen de lo que ven (paisajes, ritos y pueblos), cuando se evacua el horizonte y se evita lo lineal y los espectadores deben interpretar los colores, señales, movimientos, sonidos y materialidades por sí solos. Es en estos momentos (las secuencias de bailes interrumpidas y reiterativas de los chamanes, el movimiento de los cuerpos de los Yanomami sobre sus hamacas, relajados y atareados), cuando se detienen las narrativas como explicación (científica o personal), que la compenetración de los espectadores en las imágenes se transforman en el centro de atención, que la mirada del artista o el video nos enfrenta como un espejo. Los cuerpos de los hombres y las mujeres Yanomami son un objeto de fascinación para Downey (el torso, los muslos, la cara del joven que rema sobre una canoa recibe una mirada intensa e íntima, fragmentada y que desorienta, que parece reservada para los chamanes y la superficie del río) que tensa una mirada supuestamente desinteresada u objetiva con una extremadamente compenetrada. De esta manera, el *feedback* que el artista buscaba en el Amazonas y que el video produce parece estar menos dirigido hacia los Yanomami que hacia los espectadores, especialmente cuando el artista-médium permite que su cuerpo hable.

---

2. Ver "Notas sobre lo camp" de Susan Sontag en *Contra la Interpretación*, Madrid: Alfaguara, 1996.

Juan Downey, *El caimán con la risa de fuego*/The Laughing Alligator, **1979**
Imágenes del video
Video stills

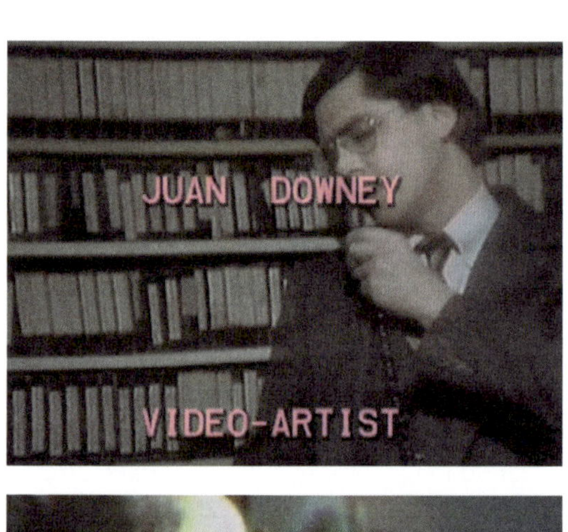

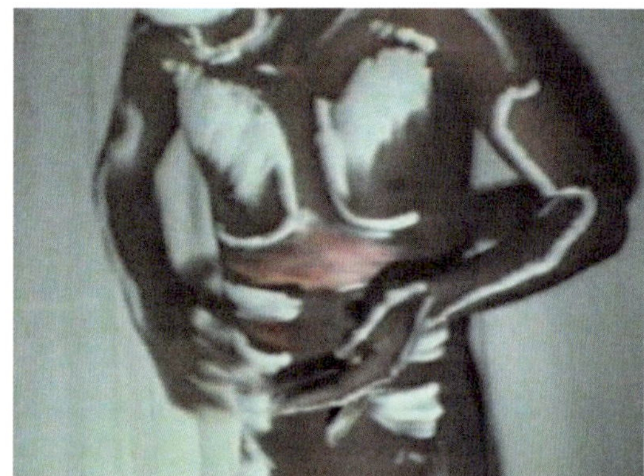

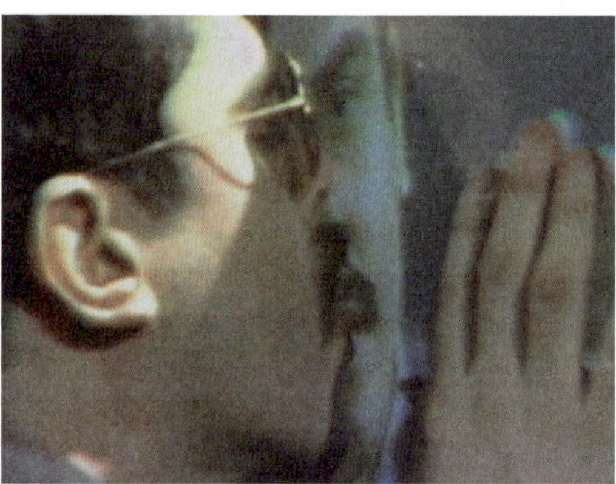

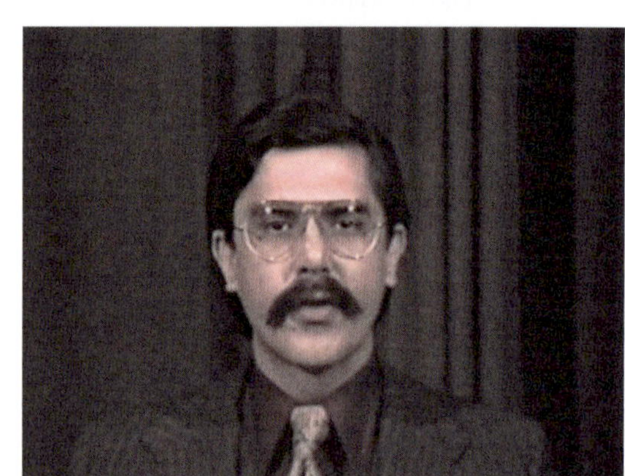

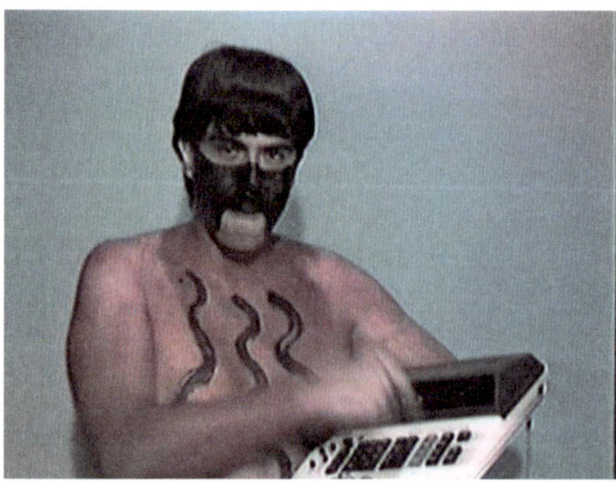

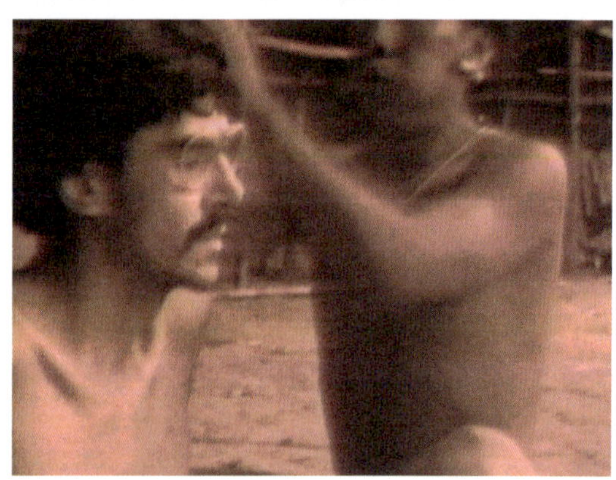

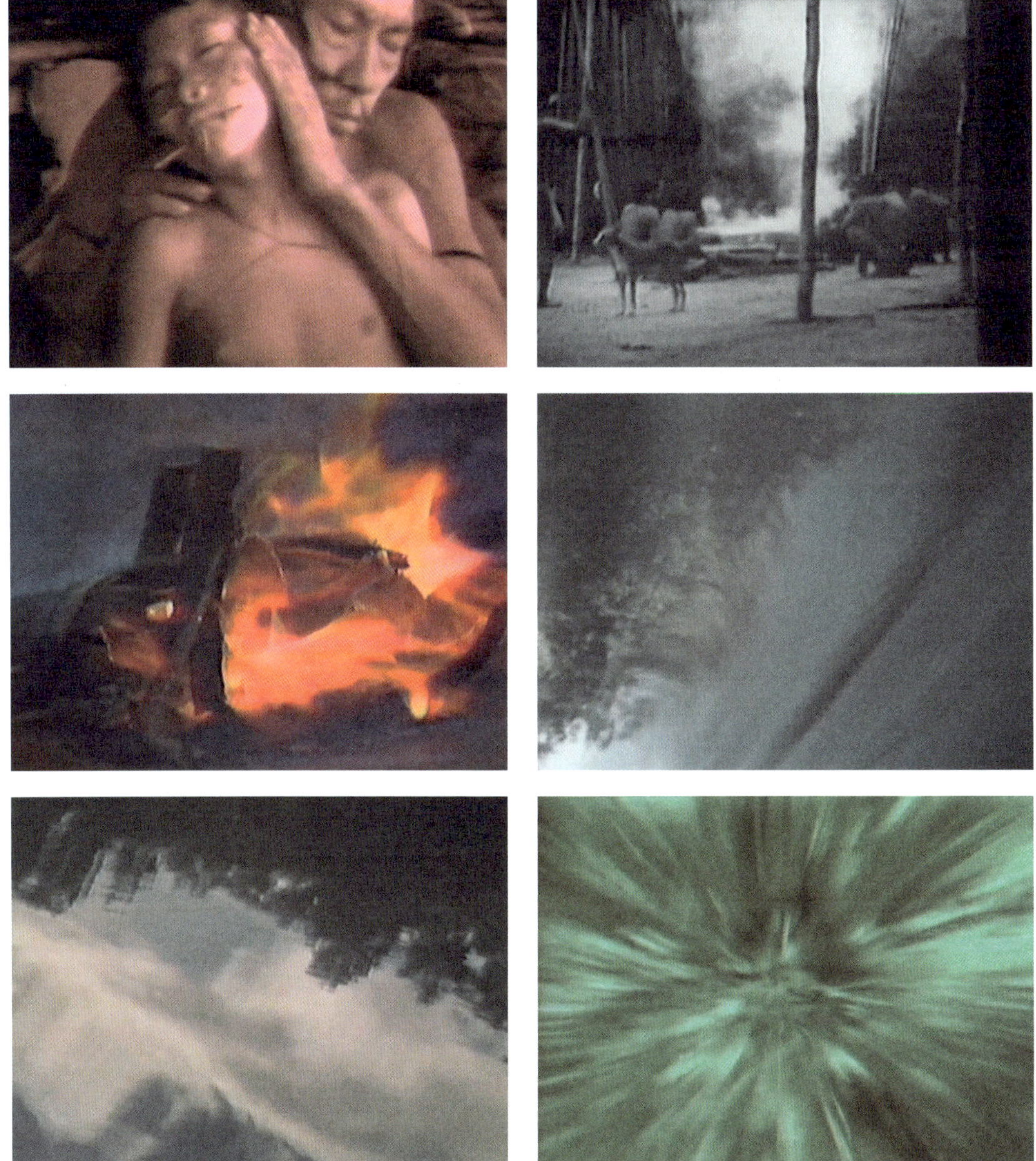

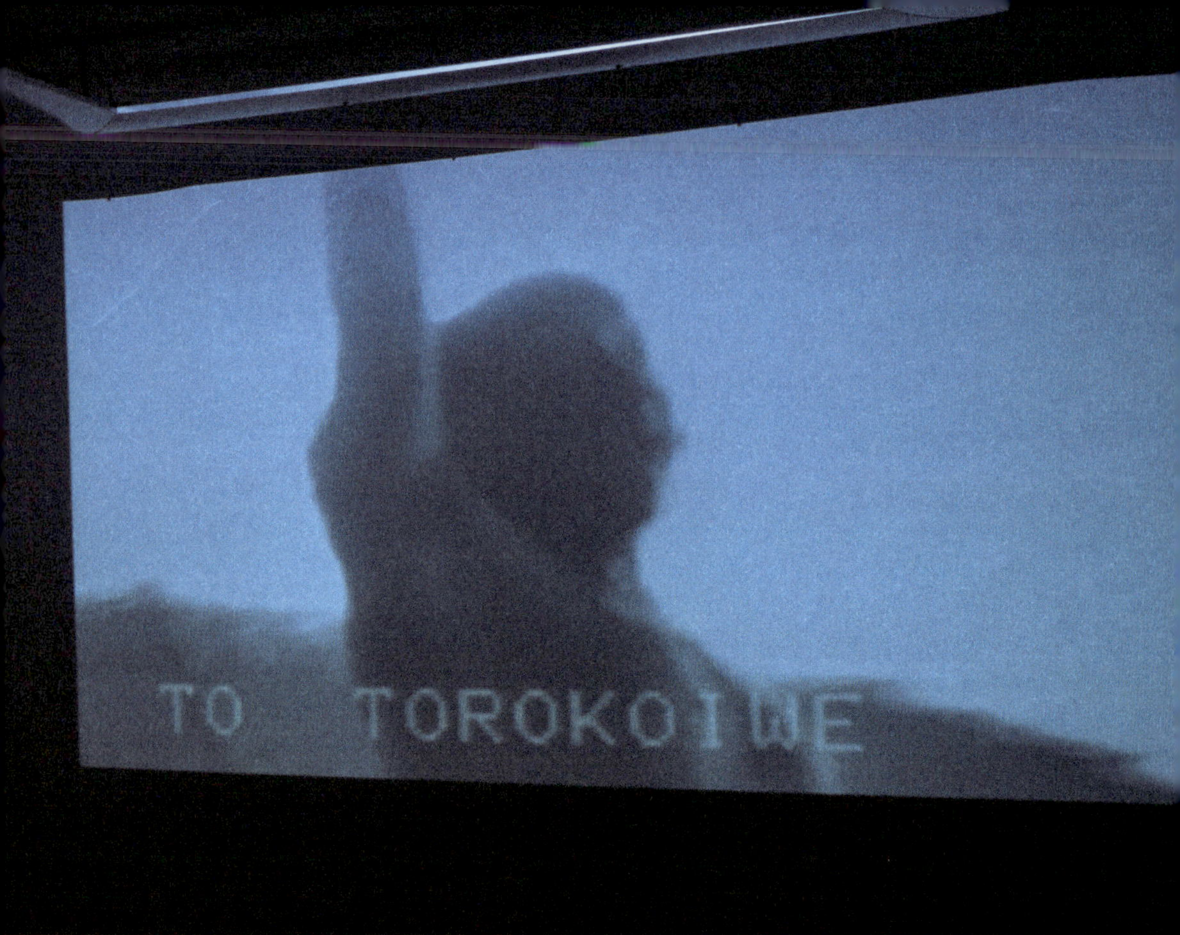

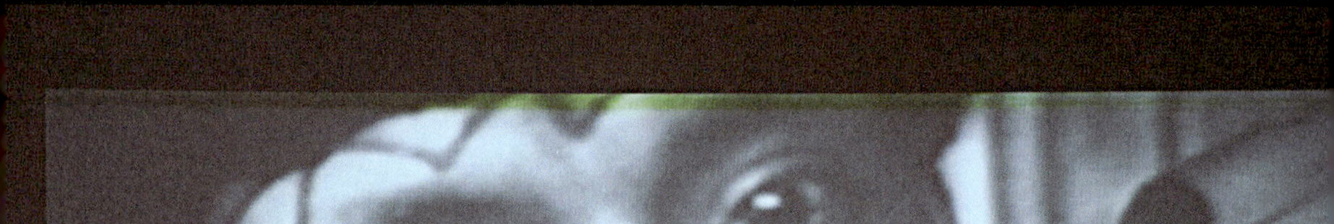

Vistas de la proyección *El Caimán con la risa de fuego,* **Museo de la Solidaridad**
Intallation views of *The Laughing Alligator,* Museo de la Solidaridad

Eroticism of the Jungle

CARLA MACCHIAVELLO

There is a peculiar sensibility in the video *The Laughing Alligator* (1979) by Chilean artist Juan Downey (1940-1993), which emerges in a fugitive yet persistent manner. This latent feeling traverses the video's varied analysis, from the idea that the Latin American artist living in New York who was exploring the possibilities of communication enabled by video "went primitive" (Buntinx) when he decided to travel to the Amazon rainforest and live with the Yanomami between 1976 and 1977, to the notion that this trip and video represent a "climax" (Montross) of the project it is inscribed in, *Video Trans Americas,* started in 1973 as part of a communications utopia that aimed to connect different peoples of the Americas in a horizontal network by video recording their everyday lives and playing back those images in diverse contexts.[1] It appears in the connections between the voyage's projected "infolding" in time and space and contemporary cybernetic discourses (González, Guagnini) that made of feedback – the response to stimuli that enters a system and transforms it – a symbol of transactional relations. It erupts in the ethnographic critique that ensued as the artist-improvised-anthropologist established complex relationships with the men and women he met, conversed with, and recorded in the jungle (Fusco, Taussig); it pulsates in the way the video extends the documentary format by critiquing its supposedly objective authority (Smith); it permeates the artist's fascination for communal structures and ecological, self-consuming buildings; and resonates in the ultimate "failure" of the video and its maker to coalesce into a distinct self or, on the contrary, to merge with the other he sought.

Merger is a central theme in the video, pointing to a current that haunts and permeates its electronic body. It involves an eroticism that Downey continually referred to in his published articles on technology and architecture, in his mostly unpublished diaries (for example, a drawing of an elliptical opening containing concentric organic, circular forms labeled "ego, center, cunt, vagina, eye"), in etchings, paintings, and performances. Unhinged from reproduction, eroticism concerns a sexual desire and activity oriented towards pleasure, which Downey interpreted as political, a form of connection with others and of transformation. It was imagined by the artist as a con-fusion between human beings, their bodies, thoughts, and environment, or following Bataille, as a loss of self in the other and a restoration of lost continuity. Though this eroticism could be interpreted mystically, virtually, and psychically, in *The Laughing Alligator* it is constantly embodied, materialized, projected, and even named.

---

1. For references, see Nuria Enguita and Juan Guardiola, *Juan Downey. With Energy Beyond These Walls* (Valencia: IVAM, Centre del Carme, 1998); Julieta González, ed., *Juan Downey. Una utopía de la comunicación* (México: Museo Tamayo, 2013); Valerie Smith, ed., *Juan Downey: The Invisible Architect* (Cambridge, MA: MIT List Visual Arts Center; Bronx Museum of the Arts, 2011).

From a start, Downey discloses that what motivated him to take his family to live with the Yanomami was his own desire to be "eaten up" by them. Though literalized in the practice of endocannibalism (eating the ashes of their dead in a banana soup to preserve their memory), Downey expands the possible meanings of being devoured: to be transformed into something else, to dwell inside others reconfigured, to give up a position of dominance, to let go. Becoming involves experimenting with subjectivities and stepping out of or away from a box, whether it is the media, projected images of the self, or other forms of social and mental confinement, including constructs like art and identity. But freedom's quest comes at a price and as the multiple re-staging, recycled images, and editing in Downey's video suggest, it is also highly mediated. The encounter with the other that starts as a mock ritual in the empire's heart (a previous performance-video where musician Alfonia Tims crudely painted his nude black torso against a play of shadows) is followed by a sequence in which Downey "ardently" kisses his own image-reflection on a television set. Almost a pun on the narcissistic 1970s interpretations of video art as a mirror, the scene presents a homoerotic encounter between the artist and a self he leaves behind that begins to shout from the monitor: "I want to get out of here, let me out of this box. I want to be free!"

Many selves are adopted from there on: serious anthropologist, relaxed artist-as-ethnographer, patient and medium, office man and shaman, technological magician-hunter and unexpected prey. Narrators, points of view, and tones constantly shift as each family member confronts the camera and microphone to interlace facts, translated myth, and fragmented memories, scripted and loosely told. These narrations are in turn decomposed by the accompanying images, so that the genres of documentary, confessionary, epic story, tragedy, comedy, and artistic video essay are deliberately subverted. Not even the identities of the Yanomami are left untouched: a smiling young man becomes menacing warrior as camera shifts into riffle, and love touches upon violence in the young Yanomami's offer to eat Downey's remains should he die of malaria. Reversibility, interpenetration, transmutation: the image of a man vigorously rubbing a pasty material against his thighs (synchronized to Marilys Downey's recounting how the first two Yanomami men conceived a girl after one made love to the other in between his toes), is later revealed as a stage in a hallucinogen's production, the latter's voyage visualized by earlier takes of the river transformed by synthesizers into psychedelic effects.

Though liquid fluidity seems to be closest to eroticism, fire is also an element that embodies continuous change and a rejection of fixed forms. The laughing alligator of the myth narrated by Downey at nearly the video's end is the main character in a story concerning fire as a desired element taking the Yanomami from raw to cooked food (and even cremated family remains). But just like Downey undoes the prejudices of "macho anthropology" by infusing it with a camp sensibility,[2] the acquisition of fire is no heroic affair: it unfolds as a series of slap-stick comedy events, including feces thrown to the alligator's wife, who then pees in the alligator's mouth when fire escapes and nearly incinerates him as he laughs. Cursed by the alligator to endure death and the losses associated to corporeality, mirth perseveres among the Yanomami and returns, in spite of a melancholic tone, in the self-mockery of Downey's painted body and mimicry of the New York-filmed scenes.

If a camp sensibility surfaces in *The Laughing Alligator* when stylization is most notable, the extreme experience lived by the narrators can be felt when the aesthetic intrudes insistently, almost oppressively, into the data exposed. Eroticism bulges when content is at its most tenuous, unstable, and enigmatic. It rises when the narrators' translation of what we are seeing (landscapes, rites, people) is evacuated, when horizon and linearity are eschewed and viewers are left on their own to interpret signs, colors, movements, sounds, and materialities. It is at these moments (the long yet interrupted, reiterative dance sequences performed by shamans, the swinging bodies of relaxed and laboring Yanomami in hammocks), when narrative as explanation ceases (whether scientific or personal), that the viewers' investments in the images become a center of attention, the gaze of the artist/video suddenly turning upon us like a mirror. The bodies of Yanomami men and women are equally an object of fascination for Downey (the torso, thighs, face of the young man paddling in a canoe receive an intense, intimate gaze, fragmented and disorienting, that seems reserved for shamans and the river's surface), tensing a supposedly disinterested/objective gaze with an extremely engaged one. In this way, the feedback sought by the artist in the Amazon and produced by the video seems directed less towards the Yanomami than viewers, especially when the artist-medium lets the body speak.

---

2. Sontag, Susan. "Notes on Camp", in *Against of Interpretation*, United States: Farrar, Straus & Giroux, 1966.

Algunas notas sobre
Tres formas de secretos
de Voluspa Jarpa

SEBASTIÁN VIDAL VALENZUELA

La obra de Voluspa Jarpa *Tres formas de secretos,* presentada en el Museo de la Solidaridad Salvador Allende, consta de tres piezas escultóricas disímiles, de medianas proporciones que contienen un vasto número de reproducciones de documentos de inteligencia desclasificados por el Gobierno de Estados Unidos. Por más de quince años Jarpa ha trabajado tomando como motivo de reflexión los archivos desclasificados durante el período de dictaduras militares, tanto chilenas como de otros países del Cono Sur. En 1999, la CIA anunció el acceso público en internet a miles de documentos con información clasificada sobre sus actividades en la región. Sin embargo, aquello que a simples luces resultaba ser un hecho en favor de una transparencia histórica respecto al rol que jugó Estados Unidos en estas dictaduras resultó tener un alcance insatisfactorio. Los documentos digitales presentados eran un cúmulo de información mutilada por borraduras y tachaduras, donde principalmente se omitían nombres y datos comprometedores para el gobierno del país del norte. A la luz de los hechos, la desclasificación presentaba un grave contrasentido ya que fue el propio hecho de parcelar la información lo que posibilitó el acto de liberación de los documentos. Esta incongruencia llamó la atención de Voluspa Jarpa, quien visualizó justamente en esas matrices históricas alteradas por borrones y tachaduras un síntoma que dejaba en evidencia el trauma de la dictadura y el silencio cómplice, tanto de la clase política como de la justicia, en la llamada transición a la democracia.

Por medio de la reproducción y puesta en circulación de estos documentos desclasificados, Jarpa construye distintos modelos artísticos que desnudan las fisuras de un relato histórico reciente asentados sobre las bases del encubrimiento oficial. Esta exposición de una desclasificación "a medias" resulta ser también una metáfora de los interminables e incompletos procesos judiciales en casos de derechos humanos. Es así como el gesto político de Jarpa cuestiona la historia oficial reciente, exponiendo una incapacidad de lectura del propio aparato documental que, en parte, le da sustento. Mientras que para la CIA el archivo desclasificado aparece como un gesto de liberación institucional, para la artista resulta ser un intersticio del pasado, un hiato molesto entre lo dicho y lo ausente. El hecho de que los papeles contengan formas abstractas producidas en parte por sus borraduras y tachaduras deforman y a su vez reorganizan su composición visual. Los objetos borroneados se vuelven testigos mutilados de un ejercicio de poder, de un traspaso de información entre operadores y especuladores políticos.

Su liberación activa el dolor de la intervención que tacha el registro oficial, volviendo al documento un mero papel tullido.

A su vez, *Tres formas de secretos* sugiere la interacción de actos de archivo heterogéneos. Una primera escultura pareciera proponernos un archivador que dispone y unifica los documentos tachados, mientras que una segunda nos evoca el descontrol en lo que parece ser un papelero lleno de archivos fiscales desechados. Ambas instancias son custodiadas por una forma vertical de acumulación caótica, un pesado tótem de papel borroneado. Así, las tres unidades escultóricas presentadas en esta ocasión dialogan en una posible triada de sistematización, desecho y supervisión. Esta tríada de formas abstractas vuelve materiales los fantasmas de su propia incontinencia documental, o de los secretos que le dan sustento. Es así como la obra insinúa una visualidad de lo que no quiere ser contado y revelado, proponiéndonos reflexionar sobre el peso del archivo y, simultáneamente, sobre el peso de su censura.

Sin embargo, el acto de intervenir documentos no sólo ha sido utilizado por los gobiernos y las agencias de seguridad. Las tachaduras y borrones también operaron como ejercicios estéticos de artistas y teóricos del arte ligados a las neo-vanguardias en los años más duros de la dictadura. Este es el caso de la dupla que inspira la presente exposición *Block Mágico*[1], del artista Gonzalo Díaz y el crítico de arte Justo Pastor Mellado. Posicionada junto a las esculturas de Jarpa en el Museo de la Solidaridad Salvador Allende se encuentra *El Block Mágico después de Díaz y Mellado*, la instalación creada especialmente por Soledad García y Brandon LaBelle, los curadores de la muestra. La obra hace referencia al *Block Mágico,* un documento autoeditado por Justo Pastor Mellado en 1985. *El Block Mágico,* a su vez, es una reflexión inspirada en la exposición *KM104* de Gonzalo Díaz, la cual consistía en seis serigrafías expuestas en el CAYC de Buenos Aires y Galería Sur de Santiago. La instalación de García y LaBelle propone diferentes objetos cotidianos que aluden a experiencias personales de los curadores basadas tanto en la obra de Díaz/Mellado como en el concepto freudiano de la pizarra mágica. Entre estos objetos destacan impresiones originales de la cabeza vendada que fue el timbre editorial del *Block Mágico,* así como también la portada del *Protocolo 1.* En 1984, un año antes de publicarse el *Block Mágico,* la dupla Díaz/Mellado había realizado también una serie de publicaciones que ellos llamaron los *Acuerdos de mayo.* Los *Acuerdos* fueron ensayos producidos a partir del trabajo visual y teórico de la dupla bajo un formato de autoedición mimeografiada. En esa plataforma, y en particular en la serie *Protocolos,* Díaz y Mellado intercambiaron variadas reflexiones sobre la política, el arte, la historia del arte y la sociedad. Ahora bien, ¿por qué se vuelve relevante el hecho que éstos documentos y, en particular, el *Protocolo 1* estén expuestos en una obra curatorial de archivo en la misma sala que las *Tres formas de secretos* de Voluspa Jarpa?

Un aspecto que destaca en los *Protocolos* es la interacción entre imagen y texto, y uno de los recursos utilizados para esto fueron permanen-

---

1. Mellado, Justo Pastor, *El Block Mágico,* Autoedición, Santiago, Chile, 1985.

tes correcciones manuscritas al texto mecanografiado, así como también el uso de tachaduras y borrones. Si bien el tono paródico de los *Protocolos* como proclama militante (diagramación, papel tamaño fiscal, timbres, logos y número de folio) apuntaba a desjerarquizar a la institución artística y al aparato editorial de la época, el gesto de la tachadura, el borrón o simplemente la intervención manual montaba a la vez una crítica simbólica a los mecanismos de censura y represión del régimen militar. En este sentido, la decisión curatorial de incluir el trabajo de Voluspa Jarpa en la misma sala de una obra que evoca y reflexiona sobre el trabajo editorial de Díaz/Mellado, y especialmente sobre el *Protocolo 1*, establece un vínculo no sólo con el acto de composición visual a partir de la tachadura y el borroneo, sino también con los procesos expositivos de obras que dialogan con el archivo en la historia del arte reciente de Chile. Así, con treinta años de diferencia, estas dos obras comparten el acto de exponer la tachadura. Una como un gesto crítico paródico de los mecanismos de control en dictadura, la otra como denuncia a la censura de una aparente desclasificación de archivos en democracia.

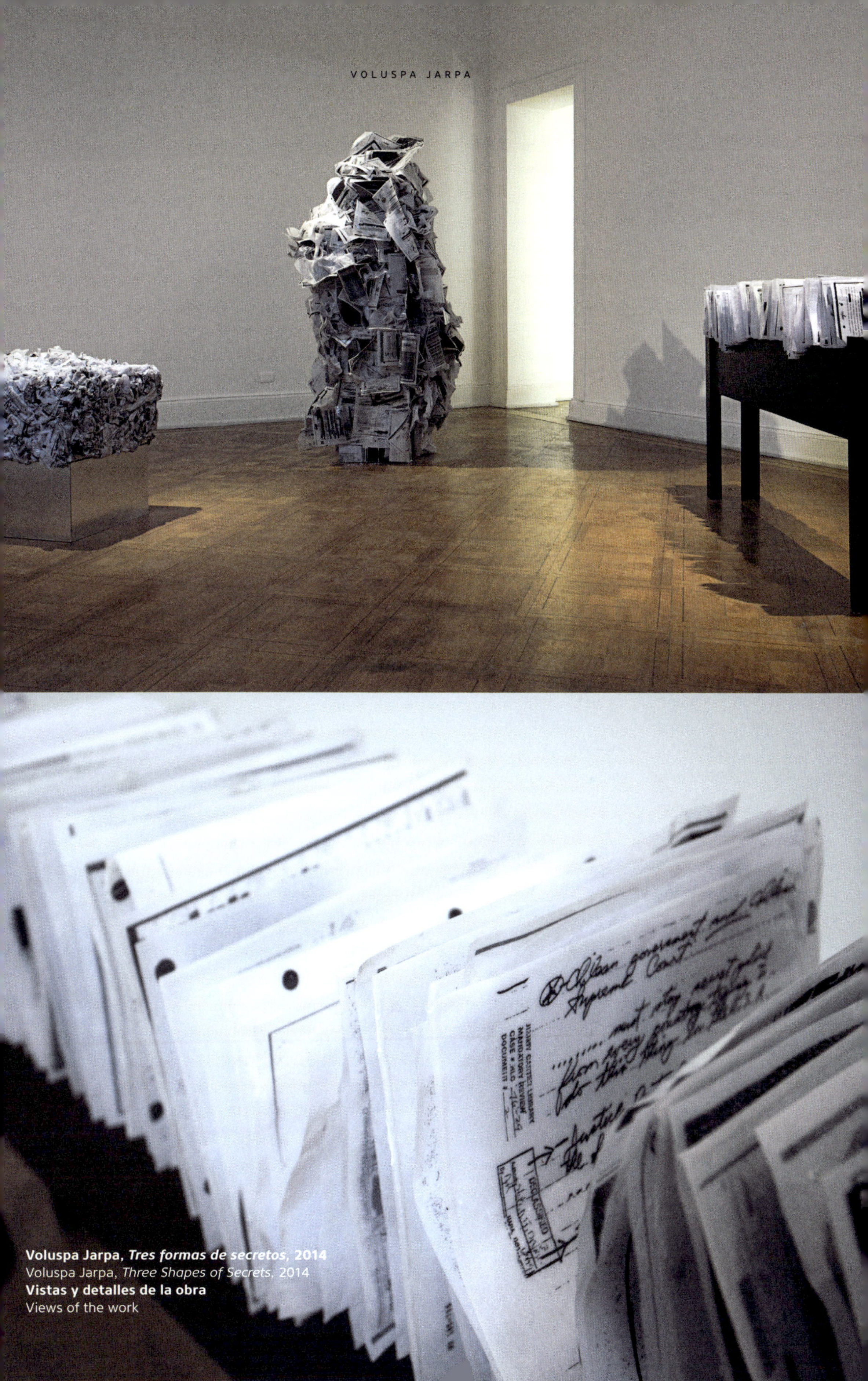

Voluspa Jarpa, *Tres formas de secretos*, 2014
Voluspa Jarpa, *Three Shapes of Secrets*, 2014
Vistas y detalles de la obra
Views of the work

Vistas y detalles de *Tres formas de secretos*, Gallery 3,14

Views and details of *Three Shapes of Secrets*, **Gallery 3,14**

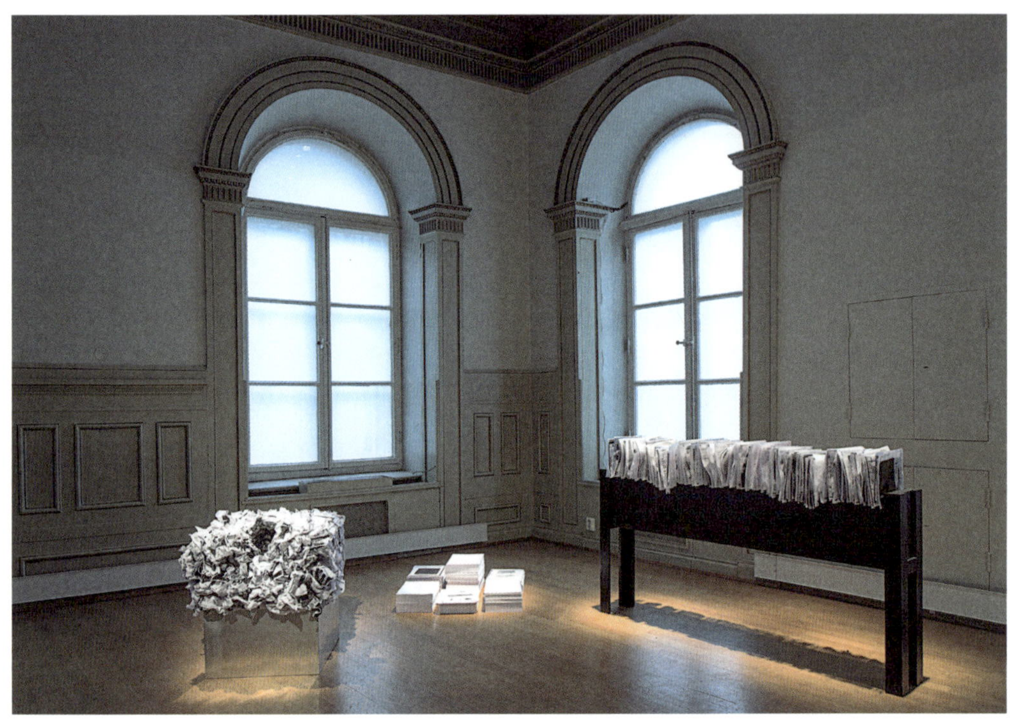

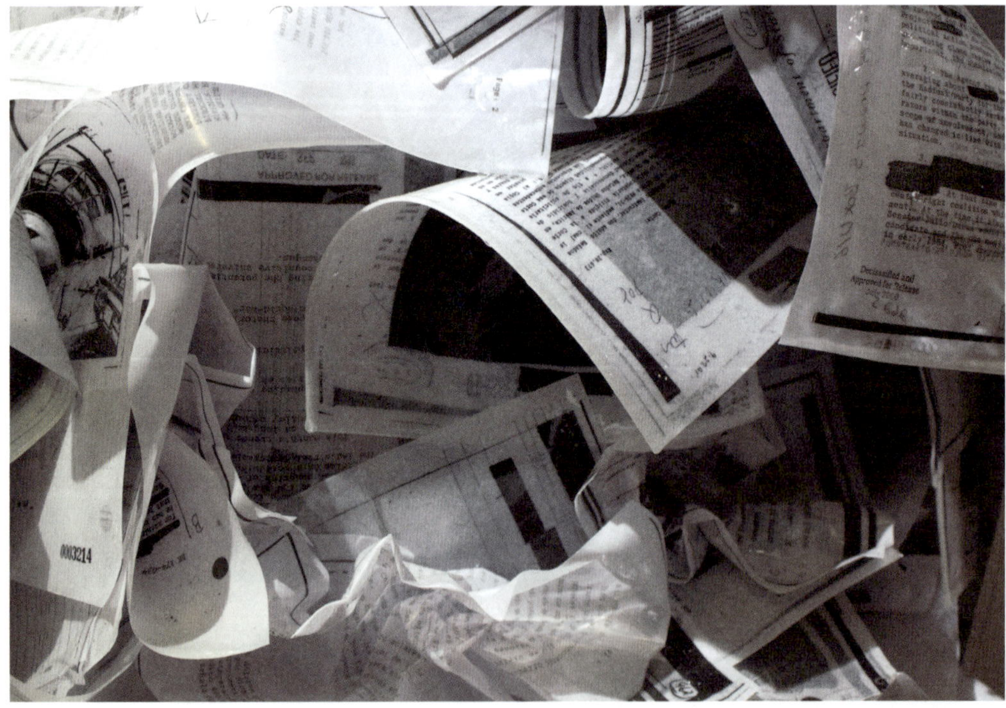

Some notes about
Three Shapes of Secrets
by Voluspa Jarpa

SEBASTIÁN VIDAL VALENZUELA

The piece of Voluspa Jarpa *Three Shapes of Secrets,* being shown at the Museo de la Solidaridad Salvador Allende, consists of three dissimilar sculptures of medium proportions, containing a large number of reproductions of intelligence documents declassified by the US government. Jarpa has worked for over fifteen years with declassified files of military dictatorships as a motif of reflection, both from Chile and other countries of the Southern Cone. In 1999, the CIA announced the public access on the Internet to thousands of classified documents regarding their activities in the region. However, what seemed like something good for the historical transparency regarding the role the United States played in these dictatorships, turned out to be largely unsatisfactory. The digital documents were a wealth of information mutilated by deletions and redactions, the majority of which hid names and information that could compromise the government of the North American country. In light of the facts, the declassification presented a serious contradiction, since the very fact of parceling the information made the act of releasing the documents possible. This inconsistency caught the attention of Voluspa Jarpa, who visualized precisely in those historical originals altered by deletions and redactions a symptom that uncovered the trauma of the dictatorship and the complicit silence, both of the political class and of the courts of justice, in the so-called transition to democracy.

Through the reproduction and circulation of these declassified documents, Jarpa builds various artistic models revealing the cracks of a recent historical account settled on the basis of an official cover-up. This exhibition of a "half-hearted" declassification turns out to also be a metaphor for the endless and incomplete judicial proceedings in human rights cases. This is how the political gesture of Jarpa questions the recent official story, exposing a lack of capacity of the apparatus that, in part, supports it. While for the CIA the declassified file appears as a gesture of institutional release, for the artist turns out to be a gap in the past, an annoying bump between what is said and what is absent. The fact that the papers contain abstract shapes, produced in part by their deletions and redactions, deforms and simultaneously reorganizes their visual composition. The smudged objects become mutilated witnesses of an exercise of power, of a transfer of information between political operators and speculators. Their release triggers the pain of the intervention that crosses out the official record, turning the document into just a crippled piece of paper.

In turn, *Three Shapes of Secrets* suggests the interaction of heterogeneous acts of filing. A first sculpture seems to propose a file that sorts and unifies the redacted documents, while a second evokes the chaos in what appears to be a trash can filled with discarded tax files. Both instances are guarded by a vertical form of chaotic accumulation, a heavy totem of smudged paper. Thus, the three sculptural pieces presented here interact in what perhaps is a triad of systematization, disposal and monitoring. This triad of abstract shapes turns material the ghosts of its own documentary incontinency, or of the secrets which sustain it. This is how the piece suggests an image of what does not want to be told and revealed, proposing us to reflect on the weight of the file and, at the same time, on the weight of its censorship.

However, the act of intervening onto official documents has not only been used by governments and security agencies. Deletions and redactions also operated as aesthetic exercises of artists and art theorists linked to the neo-avant gardes of the hardest years of the dictatorship. This is the case of the duo inspiring this exhibition, *Magic Block*[1], of the artist Gonzalo Díaz and art critic Justo Pastor Mellado. Located next to the sculptures of Jarpa in the Museo de la Solidaridad Salvador Allende, there is *The Magic Block after Díaz and Mellado,* the installation created specially by Soledad García and Brandon LaBelle, curators of the exhibition. The piece refers to *The Magic Block,* a document self-published by Justo Pastor Mellado in 1985. *The Magic Block,* in turn, is a reflection inspired by the exhibition *KM104* of Gonzalo Díaz, which consisted of six serigraphs that were exhibited in the CAYC in Buenos Aires and in the Galería Sur in Santiago. The installation of García and LaBelle offers different everyday objects that refer to personal experiences of the curators based both in the work of Díaz/Mellado and in the Freudian concept of the mystic writing pad. These objects include original prints of the bandaged head that was the editorial stamp of the *Magic Block,* as well as the cover of *Protocol 1.* In 1984, a year before the *Magic Block* was published, the Díaz/Mellado duo had also published a series they called *Agreements of May.* These *Agreements* were essays produced from the visual and theoretical work of the tandem under a mimeographed self-publishing format. On that platform, and in the *Protocols* series in particular, Díaz and Mellado exchanged different reflections on politics, art, the history of art and society. However, why does it become relevant that these documents in general, and *Protocol 1* in particular, are exhibited in a curatorial archive piece in the same hall as *Three Shapes of Secrets* by Voluspa Jarpa?

One aspect that stands out in the *Protocols* is the interaction between image and text, and one of the resources used for this end were handwritten corrections to typed text, as well as the use of deletions and redactions. While the tone of parody of the *Protocols* as militant proclamations (layout, paper size, stamps, logos and folio number) attempted to remove the hierarchy from the artistic institution and the editorial apparatus of the time, the gesture of the deletion, redaction or simple manual intervention,

---

1. Mellado, Justo Pastor, *El Block Mágico,* Self-published, Santiago, Chile, 1985.

enabled a symbolic criticism towards the mechanisms of censorship and repression of the military regime. In this sense, the curatorial decision to include the piece of Voluspa Jarpa in the same hall as a piece that evokes and reflects on the editorial work of Díaz/Mellado, and especially on *Protocol 1,* establishes a connection not only with the act of a visual composition that emerges from the deletion and redaction, but also with the exhibition processes of pieces that interact with the archive in the history of recent art from Chile. Thus, thirty years on, these two pieces share the act of exposing the crossing out. One as a parodic critical gesture of the control mechanisms of the dictatorship, and the other as a complaint to the censorship of an apparent declassification of files in democracy.

Memoria de la voz: la última hablante

SERGIO ROJAS

> "Todo, entre los mortales, tiene el valor
> de lo irrecuperable y de lo azaroso"
> J.L. Borges: *El Inmortal*

Es correcto definir la *lengua* como el "sistema de signos" con el que se comunica una comunidad humana; sin embargo, ninguna definición –tampoco aquella– logra registrar en su enunciado el hecho de que se trata de los signos por virtud de los cuales *se constituye un mundo,* un horizonte de sentido. En efecto, la estatura cultural de una lengua hace de ésta el soporte fundamental de la realidad de una comunidad, y entonces no se identifica simplemente, por ejemplo, con lo que se entiende por "idioma", porque la lengua excede la formalización que se pueda hacer de ella con el propósito instrumental de estudiarla y enseñarla. Parafraseando a Wittgenstein, podría decirse que no se comienza a usar una palabra cuando hemos aprendido su significado, sino al revés: aprendemos el significado de las palabras usándolas. *El sentido de un signo es su uso.* La existencia de una lengua no consiste en poder disponer de los significados de los signos que hacen su cuerpo idiomático, sino en el hecho de que una comunidad humana *encuentra su mundo en ella.* En esto consiste la vida de una lengua. Pero de esto se sigue que, como ocurre con todo ser vivo, las lenguas también mueren.

¿Qué es una "lengua muerta"? Lo que permite sancionar el carácter extinto de una lengua no consiste en que no sea todavía posible utilizarla para hablar, sino en el hecho de que ya no exista nadie que pueda reconocerla como su *lengua materna.* De esta manera una lengua queda *separada de la vida* (aunque persista su uso como lengua clásica o ceremonial, como ocurre por ejemplo con el latín); nadie ingresa por primera vez en el mundo a través de esa lengua, y entonces podría decirse que lo que ha muerto en sentido estricto es el *mundo contenido en esa lengua.* Acaso una lengua comienza a morir cuando ha comenzado a extinguirse concretamente el horizonte de sentido que ella encarnaba. ¿Permanece de alguna manera ese mundo en la "interioridad" de aquellos que lo sobreviven, inmersos ahora en un entorno otro? ¿Está viva una lengua cuando los hablantes maternos ya no la usan? ¿Qué ocurre cuando de una lengua determinada queda *el último hablante?* Es lo que sucede con el yagán.

En la actualidad, cada dos semanas muere el último hablante de una lengua en el planeta. En el extremo sur de Chile, en la localidad de Puerto Williams, vive Cristina Calderón, última hablante del yagán, la lengua más austral del mundo. El artista Rainer Krause, desarrollando el proyecto de arte sonoro titulado *Lengua local 2: txt/contxt,* viajó a la zona para entrevistar a Cristina. El principal objetivo era grabarla hablando en su lengua materna. No fue fácil, pues ella no tenía interés en hablar yagán, pues su hermana falleció en el 2003. Entonces, no existiendo ya ninguna persona con quién hablar en esa lengua, simplemente había dejado de hacerlo. Cristina aceptó contar un cuento en yagán para Krause, un relato en el que la familia, la violencia y la naturaleza en todas sus formas se articulan narrativamente, "el cuento del lobo". ¿Cuántos hablantes deben existir para considerar que una lengua está viva? Por otro lado, ¿está viva una lengua que la "última hablante", si quisiera, sólo podría hablar sola?

En el año 2009 Cristina Calderón fue distinguida por el Gobierno chileno y la UNESCO con la nominación "Tesoro Vivo de la Humanidad". El sentido de este reconocimiento es colaborar desde las instituciones con la transmisión del denominado "patrimonio cultural inmaterial". Pero en el caso de una lengua, ¿se puede realmente transmitir si no es como *lengua materna?* A comienzos de los años 70, ya sólo nueve personas conocían la lengua yagán, los otros miembros de la comunidad sólo recordaban algunos términos. Entre los jóvenes el desconocimiento era absoluto. Cesando el habla de una lengua, ésta comienza a morir... inicia su camino hacia el diccionario como su destino final, catafalco de *significantes sin mundo.* El *libro de récords Guinness* incluye un término yagán, señalado como la expresión terminológica más sintética del mundo. Se trata de la palabra *mamihlapinatapai,* cuyo significado sería: "una mirada entre dos personas, cada una de las cuales espera que la otra comience una acción que ambas desean pero que ninguna se anima a iniciar". Pero, ¿sobrevive el sentido de las palabras al proceso de traducción técnica de sus significados? Una lengua no cabe en un diccionario, entonces considerar que lo esencial de una palabra es su "significado", ¿no es ya haber dispuesto inevitablemente la posibilidad instrumental de su *traducción* iniciando así su agotamiento como lengua materna?

Rainer Krause ha hecho un largo viaje para *escuchar* a Cristina hablar en su lengua. No se trataba en todo ello de entender una lengua, sino de escuchar una voz cuyos singulares sonidos se *articulan* ya casi por última vez en la historia de la humanidad. ¿Cómo llega a ser posible decir las palabras? ¿De dónde nos viene el habla? Más allá del significado del que son portadoras las palabras, la voz es un *sonido humano,* es decir, en la materialidad de ese fenómeno físico-acústico se hace escuchar la excepcionalidad de una existencia vivida que se hunde en la noche de la identidad. Sabemos que no existe un órgano al que se pueda considerar natural y exclusivamente como siendo el emisor de la voz, sino que en la producción de ésta operan el sistema respiratorio, el sistema digestivo, músculos faciales, linguales, etcétera. Entonces, la humanidad que viene con el sonido del habla, es la expresión de una memoria cuya síntesis es absolutamente original e irrepetible. En el sonido del habla, se hace sentir la finitud de la lengua, el arraigo de las significaciones en un mundo que ha devenido en el tiempo, desde sus comienzos hasta su crepúsculo. Por eso es que en la instalación de *Lengua local 2: txt/contxt,* el visitante debe acercar su oído a un pequeño parlante en el muro en donde se escucha la voz de Cristina contado el cuento del lobo en yagán, mientras recibe en su mejilla el aire que, al modo de una brisa, le hace presente que está escuchando un mundo, un paisaje, un territorio humano.

Después de todo, la lengua yace como escritura, como documento, como vestigio… ¿de qué? En una página sobre el muro vemos la transcripción del relato que hace Cristina Calderón de algo que su abuela le habría enseñado. Krause hace que el texto del habla yagán, traducido al español, comience a descomponerse en los caracteres de la "lengua" informática que sirve ahora a su circulación digital. Metáfora visual de que no es posible "auxiliar" a una lengua en el inevitable proceso que exhibe su humana finitud.

La voz humana, aunque mortal, es algo ella misma inenarrable. Entonces no deja de parecernos paradójico el saber que la *extinción definitiva de una lengua* dejará consignados el día, la hora y el lugar en que ello acaeció.

Rainer Krause, *Lengua Local 2:txt/contxt*, 2014
Vista instalación, Museo de la Solidaridad
Installation view, Museo de la Solidaridad

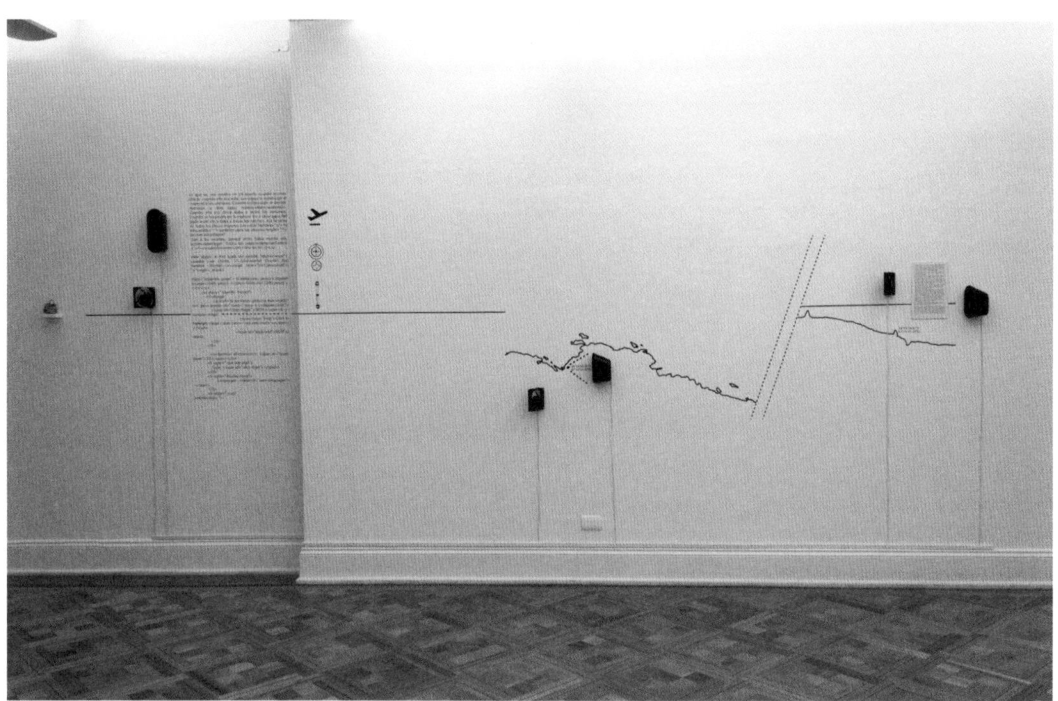

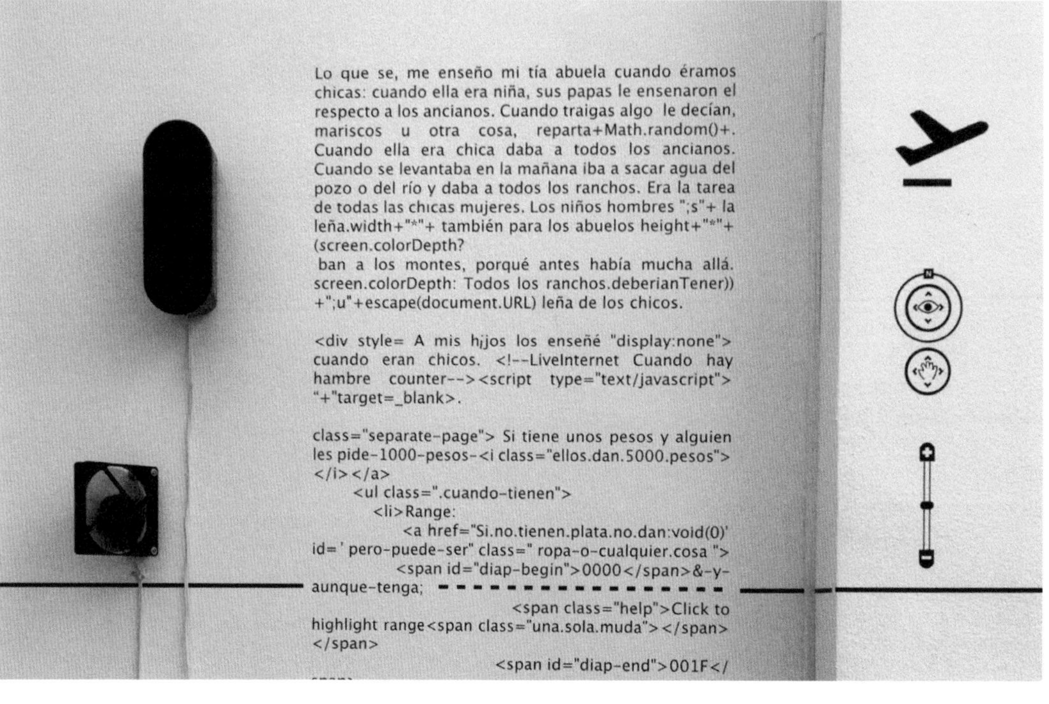

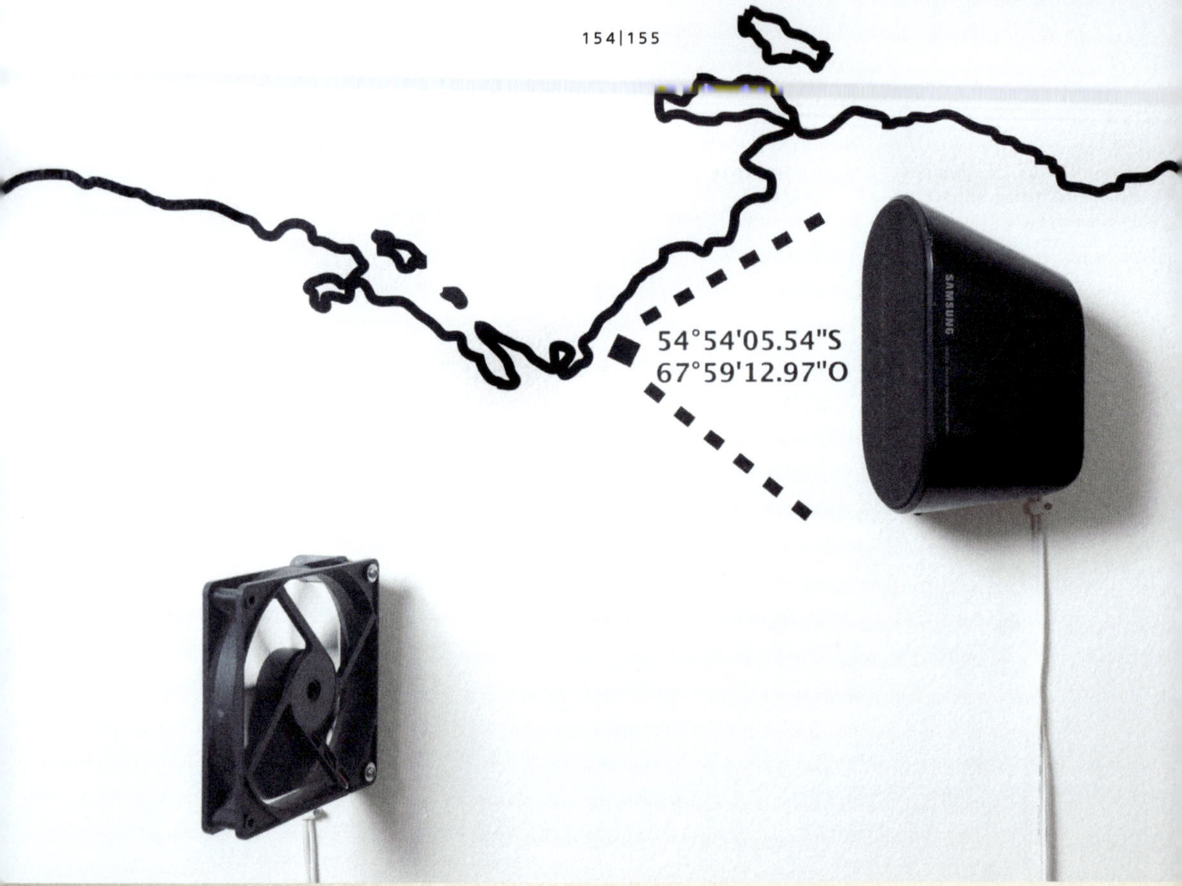

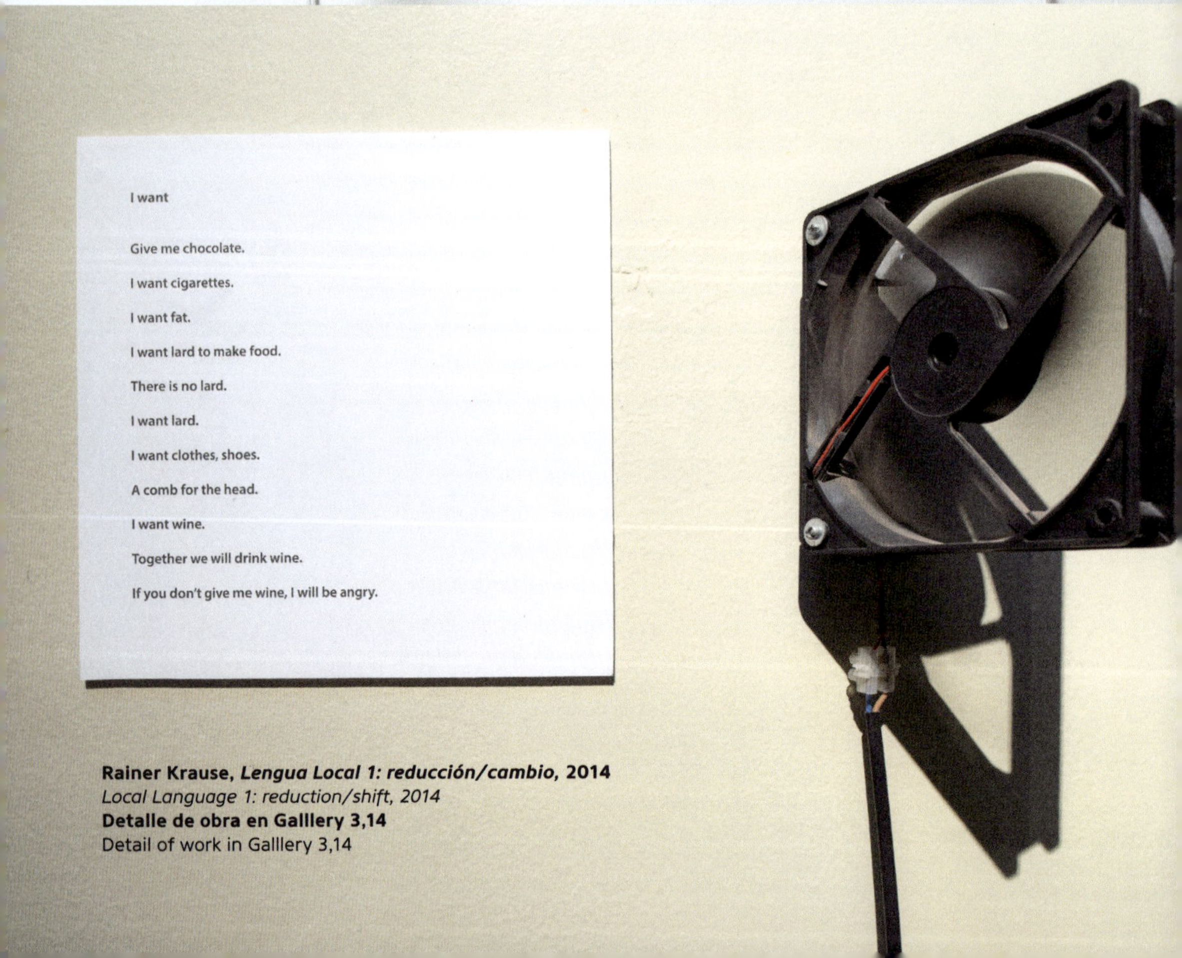

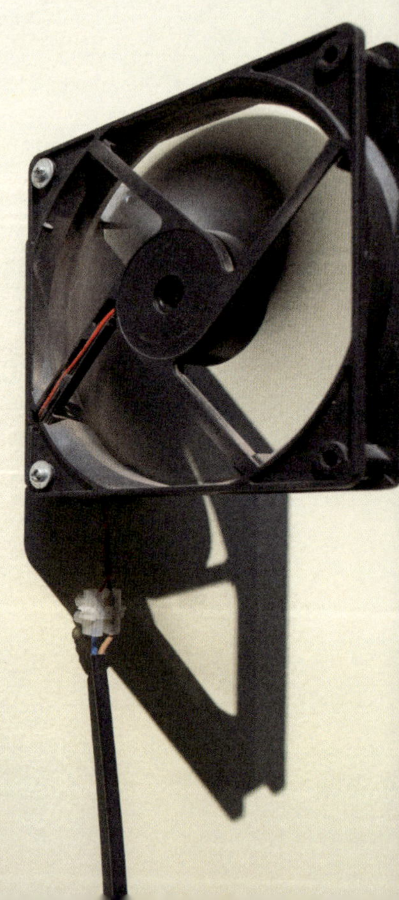

Rainer Krause, *Lengua Local 1: reducción/cambio*, 2014
Local Language 1: reduction/shift, 2014
Detalle de obra en Galllery 3,14
Detail of work in Galllery 3,14

The Memory of the Voice: the last Speaker
SERGIO ROJAS

> "Everything, among mortals,
> has the value of the irretrievable and random"
> J. L. Borges: *The Immortal*

It is correct to define *language* as the "system of signs" with which a human community communicates; however, no definition – including the aforementioned – succeeds in stating that they are the signs by virtue of which *a world is constituted,* a horizon of meaning. In fact, the cultural stature of one language makes it the fundamental support of the reality of a community, and thus is not simply identified, for example, by what is understood as "language", because language exceeds the formalization that can be made about it for the instrumental purpose of studying it and teaching it. To paraphrase Wittgenstein, it could be argued that we do not start using a word when we have learned its meaning, but that we learn the meaning of words by using them. *The meaning of a sign is its use.* The existence of a language does not entail the ability of using the meanings of the signs that make up its idiomatic body, but the fact that a human community *finds its world within it.* Herein is the life of a language. But from this follows that, as with every living creature, languages also die.

What is a "dead language"? What determines the extinction of a language is not that it is no longer possible to talk in it, but the fact that there is no longer anyone who can recognize it as their *mother tongue.* In this way, a language becomes *separated from life* (although its use as a classical or ceremonial language may persist, as in the case of Latin); nobody enters the world through that language, so arguably what is dead is actually *the world contained within that language.* Perhaps a language begins to die when the horizon of meaning that it embodied begins to fade out. Does that world somehow stay in the "interiority" of those who make it survive, now immersed in a different environment? Is a language alive when native speakers no longer use it? What happens when of a particular language there is only *one last speaker?* That is what happens with the Yaghan.

Today, every two weeks the last speaker of a specific language dies. In the southern extreme of Chile, in the town of Puerto Williams, Cristina Calderón is the last speaker of Yaghan, the southernmost language in the world. The artist Rainer Krause, developing the sound art project entitled *Local Language 2: txt/contxt,* traveled to the area to interview Cristina. The main objective was to record her speaking her mother tongue. This was not easy, as she had no interest in speaking Yaghan; her sister had died in 2003 and then, in the absence of anyone with whom to speak this language, she had simply stopped doing it. Cristina agreed to tell a story in Yaghan to Krause, a story in which family, violence and nature in all its forms are articulated in a narrative, "the boy who cried wolf" story. How many speakers there must be to consider a language "alive"? On the other hand, can we consider "alive" a language in which its "last speaker" can only speak to herself, if she wanted to?

In 2009, Cristina Calderón was honored by the Chilean government and UNESCO with the recognition of "Living Treasure of Humanity." The meaning of this recognition is to work from the institutions on the transmission of the so-called "intangible cultural heritage". But in the case of a language, can this really be transmitted if it is not actually as a *native language?* In the early 1970s, only nine people knew the Yaghan language, while the other members of the community barely remembered a few terms. Among the young population, ignorance was absolute. When a language stops being spoken, it begins to die... it starts its way to the dictionary as its final destination, catafalque of *significants without a world.* The *Guinness Book of Records* includes a Yaghan term, identified as the most synthetic terminological expression in the world. It is the word *mamihlapinatapai,* whose meaning would be: "a look shared by two people, each wishing that the other would initiate something that they both desire but which neither wants to begin." But, does the meaning of words survive the process of their technical translations? Since a language does not fit in a dictionary, considering that the essence of a word is its "meaning" could not signify the inevitable instrumental possibility of its *translation,* thus beginning its depletion as a mother tongue?

Rainer Krause made a long journey to *listen* to Cristina speak her language. It was not about understanding a language, but about hearing a voice whose singular sounds *articulate* almost for the last time in the history of mankind. How does it become possible to *say* the words? Whence comes the speech? Beyond the meaning that words carry, voice is a *human sound;* i.e., in the materiality of this physical-acoustic phenomenon we can listen to the exceptional experience that sinks into the night of identity. We know that there is not an organ that can be considered naturally and exclusively as being the emitter of the voice, but that in its production are involved the respiratory system, the digestive system, facial muscles, tongue muscles, etc. Thus, the humanity that comes with the sound of speech is the expression of a memory whose synthesis is absolutely original and unique. In the sound of speech, the finitude of language can be felt, the roots of the meanings in a world that has developed over time, from its beginnings to its twilight. That is why in the installation *Local Language 2: txt/contxt,* visitors must *bring their ear closer* to a small speaker on the wall where the voice of Cristina tells the story of the boy who cried wolf in Yaghan. While they listen to these incomprehensible words, they receive air on their cheek which, like a breeze, makes them aware of the fact that they are listening to a world, a landscape, a human territory.

After all, language rests as a writing, as a document, as a vestige… of what? In a page on the wall we see the transcript of the story in which Cristina Calderón remembers something her grandmother could have taught her. Krause makes the text of the Yaghan speech, translated into Spanish, begin to decompose in the characters of the "computer language" that now serves its digital circulation. A visual metaphor that it is not possible to "help" a language in the inevitable process that displays its human finitude.

The human voice, while mortal, is in itself indescribable. That is why it never ceases to seem paradoxical knowing that the *final extinction of a language* will also leave us with the record of the date, time and place where this happened.

Del cobre a la energía solar

FLORIAN WÜST

En términos generales, la economía de Chile se basa en la exportación de recursos naturales. El cobre representa un cuarto de los ingresos que recibe el Estado. La extracción industrializada de la materia prima desde las entrañas de la tierra no solo invoca la larga historia que tiene el país en cuanto a sus rigurosas condiciones laborales y la distribución inequitativa de la riqueza, sino también el impacto que el ser humano provoca en el paisaje. En la aridez extrema del Desierto de Atacama, todo se preserva. Testimonio de lo anterior, son los pueblos fantasmas que dejaron atrás el auge del salitre o, mucho antes, antiguos geoglifos: enormes dibujos en la tierra creados por pueblos indígenas mediante el uso de rocas y piedras. Muchos creen que los geoglifos fueron creados para venerar a deidades andinas y sacralizar la tierra. Investigaciones recientes han relacionado estas figuras con rutas de migración primitivas que guiaban a los viajantes y sus manadas a través del desierto, tanto en términos de alimentación como de narrativa.

Sin cobre, no hay electricidad. Sin electricidad, no hay vida moderna. La obra de Michelle-Marie Letelier aborda las temáticas de la producción energética y la economía mineral. Su instalación de medios combinados *La predicción de Tarapacá* combina la imagen de uno de los geoglifos antropomórficos más grandes y antiguos del mundo, *El gigante de Tarapacá,* con un circuito eléctrico elaborado a base de cables de cobre. Con cada impulso eléctrico que se descarga periódicamente, una brújula muestra la desviación momentánea del campo magnético de la escultura. *La predicción de Tarapacá* guarda relación con la memoria: es un recordatorio del antiquísimo conflicto humano entre detenerse a admirar la naturaleza y actuar para explotarla. El hecho de que el mecanismo ritualista de la instalación se active a través de paneles fotovoltaicos, trae consigo una "predicción" moderadamente esperanzadora del futuro. Es solo recientemente que Chile comenzó a invertir en energía solar, un recurso (económico) realmente infinito en Atacama.

From Copper to Solar

FLORIAN WÜST

Chile's economy is largely based on the export of natural resources, from copper alone the state draws a quarter of its revenue. The industrialized extraction of raw materials from the Earth not only invokes the country's long history of harsh labor conditions and uneven distribution of wealth, but also the human impact on landscape. In the extreme dryness of the Atacama Desert everything remains preserved, as evidenced by the ghost towns of the saltpeter rush, or much older, by the longevity of ancient geoglyphs: huge ground drawings created by indigenous peoples through the scraping away and piling of rocks and stones. Many believe that the geoglyphs were made to worship Andean deities, and to sacralize the land. Recent scientific research relates the figures to early migration routes, guiding the travelers and their herds across the desert, both in terms of nourishment and story-telling.

Without copper, no electricity. Without electricity, no modern life. Michelle-Marie Letelier's artistic work deals with issues of energy production and mineral economy. Her mixed media installation *The Prediction of Tarapacá* therefore combines the image of one of the world's largest and oldest anthropomorphic geoglyph, *The Giant of Tarapacá,* with an electric circuit made of copper wires. With each electric impulse, discharged periodically, a compass shows the momentary deviation of the sculpture's magnetic field. *The Prediction of Tarapacá* is a work of memory: a reminder of the age-old human conflict between standing in awe of nature and exploiting nature. The fact that the ritualistic mechanism of the installation is activated through photovoltaic panels carries a somewhat hopeful "prediction" of the future. Only recently Chile started to invest in solar energy, a truly infinite (economic) resource in Atacama.

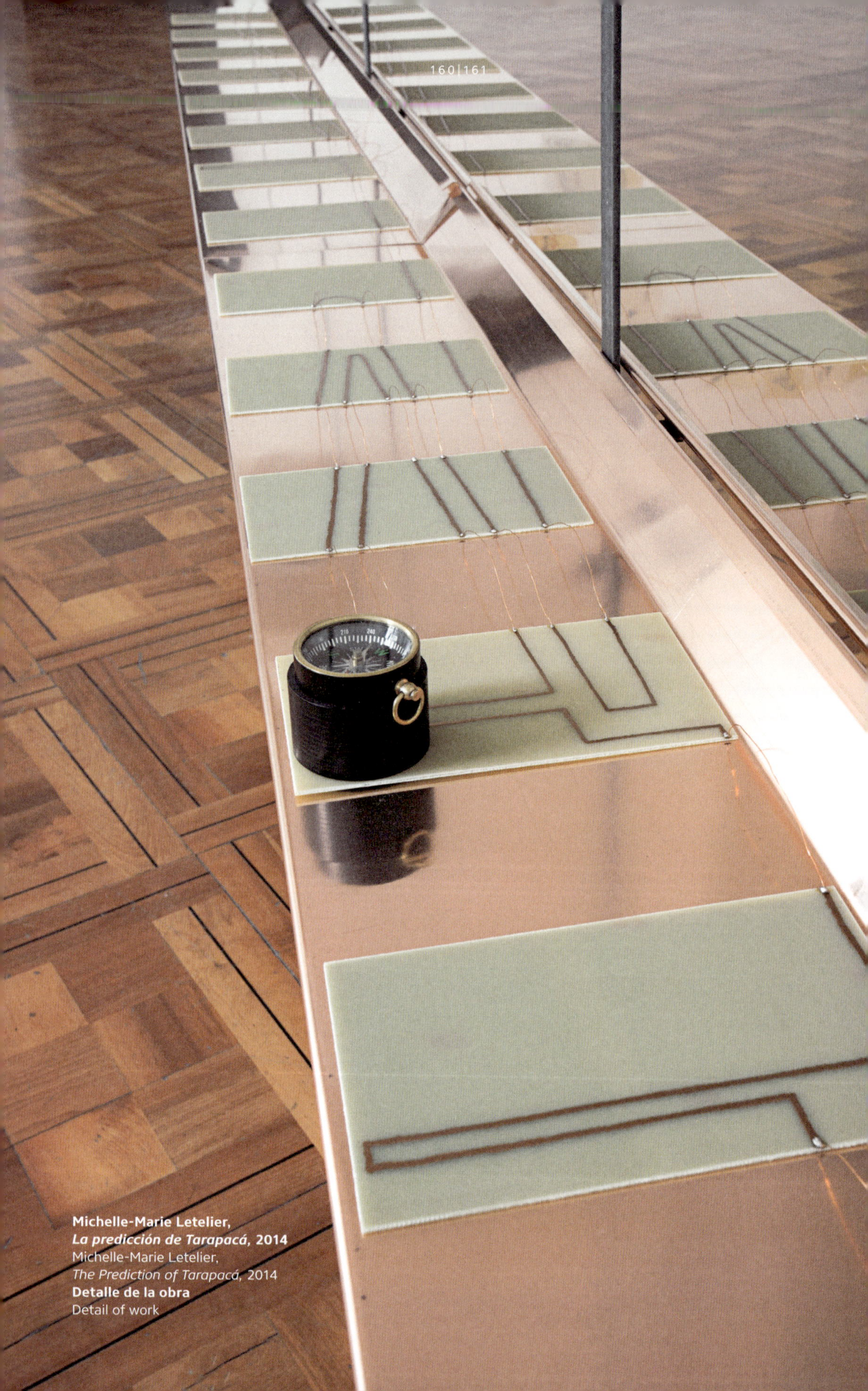

Michelle-Marie Letelier,
La predicción de Tarapacá, **2014**
Michelle-Marie Letelier,
The Prediction of Tarapacá, 2014
Detalle de la obra
Detail of work

Detalle de obra
Detail of work

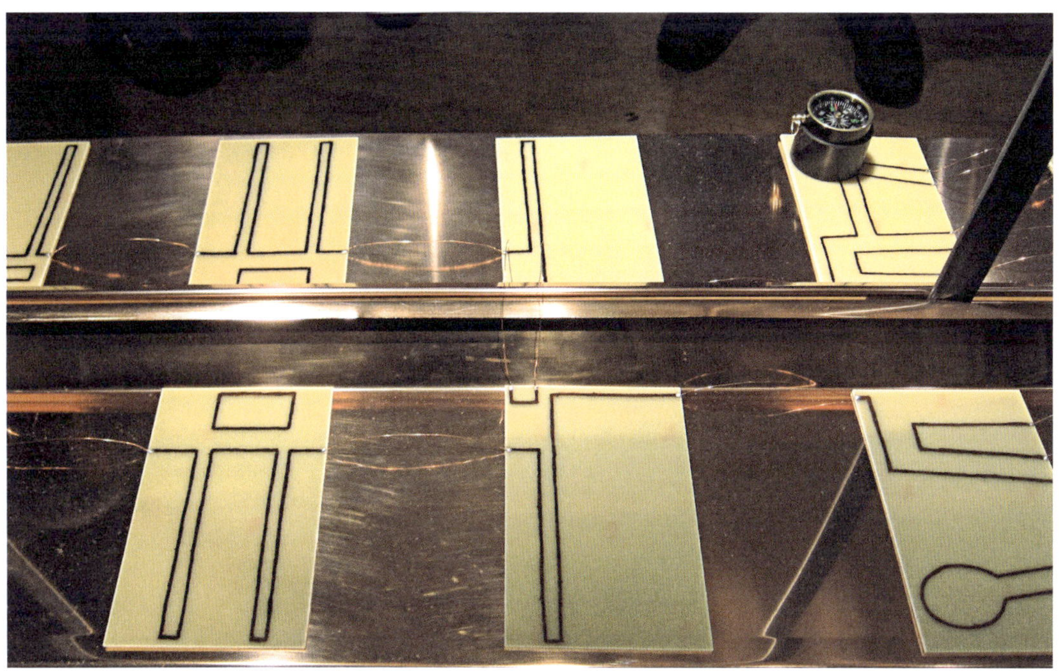

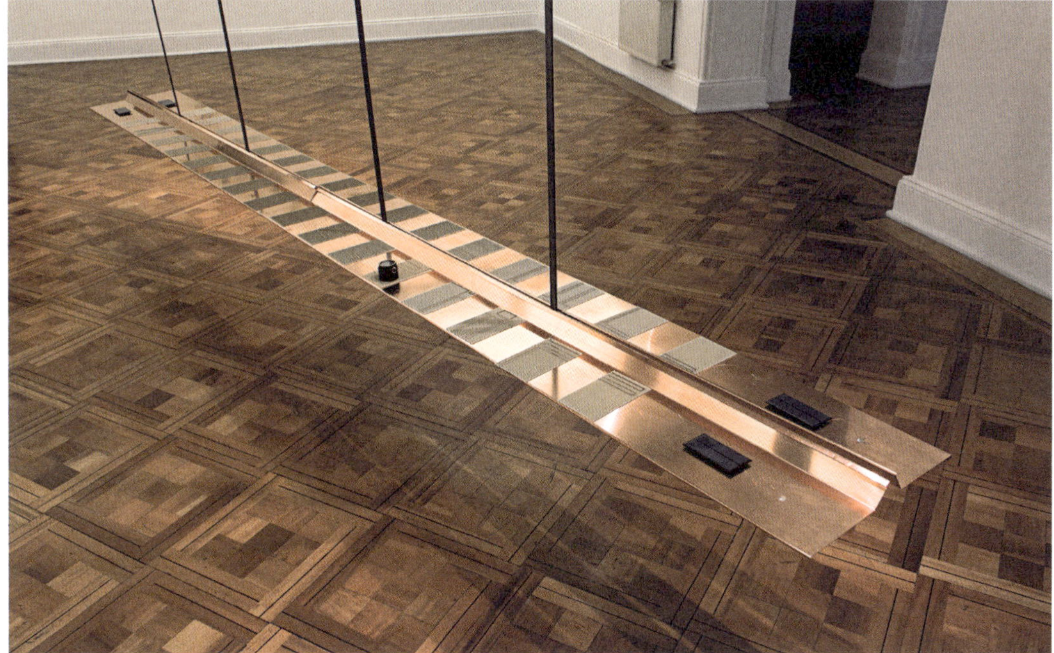

La predicción de Tarapacá

MICHELE GALLETTI

Tarapacá, también conocido como Tunupa, Tuapaca o Viracocha, es la principal deidad del pueblo Aymara. Cruzando el Altiplano, en la zona oeste y central de Sudamérica, puede encontrarse su imagen en templos y estatuas; además, su nombre se encuentra en toponimias como el Salar de Tunupa, en el oeste de Bolivia, o en la región de Tarapacá en el norte de Chile. En la figura central de la Puerta del Sol en Tiwanaku, Tarapacá aparece retratado con una corona de rayos de sol que irradian desde su cabeza, sosteniendo rayos en sus manos y llorando lágrimas de lluvia.

El Gigante de Atacama, ubicado en el norte de Chile, es un gran geoglifo antropomórfico tallado en la pendiente occidental del cerro Unita, un aislado monte del desierto de Atacama. El geoglifo no es solo una representación artística de Tarapacá, sino además refleja el vínculo físico que existe entre los cuerpos celestes y el paisaje de la tierra que se encuentra debajo de ellos. Las antiguas representaciones de Tarapacá, sean estatuas o geoglifos, pretenden abarcar todas las fuerzas elementales imaginables de la naturaleza. El sol, la arena del desierto abrasador, las azules y oscuras aguas del océano Pacífico, los vientos, las frescas aguas del lago Titicaca, las tormentas, la lluvia con su potencial productivo asociado, la sangre y el semen de los animales. Todos los elementos cósmicos se entrelazan a través de interacciones visibles e invisibles y crean una red de energía que fluye, la sustancia del cuerpo de Tarapacá.

La tradición oral informa que para crear a todos los seres vivos, Tarapacá respiró sobre las piedras. El aliento primitivo de la vida fue la primera onda que viajó a través del circuito. Cuando todas las partes están conectadas de manera equilibrada, la energía se propaga a través de la red cósmica y Tarapacá revela su fuerza que todo lo sostiene a través de su omnipresente respiración de vida y existencia, que es la semilla de lo sobrenatural. Con elementos desequilibrados o desconectados, el circuito se abre, rompiendo la fluidez de la energía cósmica que viaja por el universo: el movimiento se detiene y aparece la muerte.

La predicción de Tarapacá de Michelle-Marie Letelier celebra el aliento de la vida y la existencia a través de las fibras entrelazadas del universo, los elementos dinámicos vivos y no vivos que poderosamente sustentan el equilibrio de la naturaleza.

La imagen de Tarapacá está construida con 32 placas de circuito impreso: 16 al lado izquierdo y 16 al lado derecho, conectadas con cables de cobre para formar un circuito eléctrico. La figura obtiene su energía de cuatro paneles solares, dos arriba y dos abajo. Cuando la luz del sol ilumina los paneles solares, una brújula magnética indica el flujo eléctrico que pasa por el cuerpo de cobre de Tarapacá, desviando la orientación de su aguja. Los paneles solares y las placas de circuito impreso se encuentran en una lámina delgada de cobre pulido que cuelga desde el techo.

La obra abarca la energía galáctica del sol (la fuente de poder primitiva), sus ondas múltiples y cambiantes que se propagan a través de la superficie de la Tierra (el cuerpo de cobre de Tarapacá y la aguja magnética) y la energía de los minerales subterráneos que han dado forma a gran parte de la historia antigua y reciente de Chile.

Si bien se suelen percibir como bienes comerciales que se transan en la bolsa de metales de Londres y que se utilizan en la fabricación de símbolos de poder y riqueza, en *La predicción de Tarapacá* los metales se consideran parte de una relación espiritual entre todos los elementos del mundo natural. Su propósito pasa del ámbito material a la esfera de lo mágico y lo sagrado. El rol funcional del cobre se transforma radicalmente y deja de ser solo un material para hogares y redes eléctricas industriales. Como la luz del sol cambia su intensidad, como los movimientos de la aguja de la brújula, la obra irradia ondas electromagnéticas en nuevas direcciones, en nuevas formas de onda. Como la lluvia cae sobre el Gigante de Atacama en el Cerro Unita, el agua se escurre en nuevos patrones. Como en el ancestral geoglifo Aymara, la figura de cobre de Tarapacá sirve como un transductor místico de energía cósmica en chispas de unidad y la sabiduría chamánica para los habitantes del Altiplano y del planeta Tierra.

The Prediction of Tarapacá

MICHELE GALLETTI

Tarapacá, also known as Tunupa, Tuapaca or Viracocha, is the central deity of the Aymara people. Across the Altiplano, in west central South America, his image is found in temples and statues, and his name is found in toponyms like the Salar de Tunupa in western Bolivia or the Tarapacá region in northern Chile. In the central figure of the Gate of the Sun at Tiwanaku, Tarapacá is portrayed with a crown of sunbeams radiating from the head, holding thunderbolts in the hands, and crying tears of rain.

In northern Chile, the Giant of Atacama is a large anthropomorphic geoglyph carved on the western slope of Cerro Unita, an isolated hill in the Atacama desert. The geoglyph is not merely an artistic representation of Tarapacá, but embodies the hardware link between the celestial bodies of the sky and the earth landscape below. The ancient representations of Tarapacá, either statues or geoglyphs, aim at embracing all the imaginable elemental forces of Nature. The sun, the scorching desert sand, the dark blue waters of the Pacific Ocean, the winds, the fresh waters of Lake Titicaca, the storms, the rain with its associated productivity potential, the blood and semen of animals. All cosmic elements are woven together through visible and invisible interactions, creating a network of flowing energy, the substance of Tarapacá's body. Oral tradition reports that Tarapacá created all living things by breathing into stones. The primeval breath of life, the first waveform bursting across the circuit. When all parts are connected in balance, energy propagates across the cosmic network, and Tarapacá reveals his sustaining force through the ubiquitous breath of life and existence, the seeds of the Supernatural. With imbalanced or disconnected elements, the circuit opens up, breaking the flow of cosmic energy across the universe: motion stops and death sets in.

Michelle-Marie Letelier's *The Prediction of Tarapacá* celebrates the breath of life and existence through the interwoven fibers of the universe, the living and non-living dynamic elements that powerfully sustain the balance of Nature.

The image of Tarapacá is constructed with thirty-two printed circuit boards: sixteen on the left and sixteen on the right side, connected with copper wires to form an electric circuit. Four solar panels energize the figure, two from above and two from below. When sunlight illuminates the solar panels, a magnetic compass reveals the electrical flow across Tarapacá's copper body, as the associated magnetic field deviates the compass needle. The solar panels and the printed circuit boards lie on a thin sheet of polished copper suspended from the ceiling.

The artwork encompasses the galactic energy of the Sun (the primeval power source), its manifold and changing ripples propagating across the Earth's surface (Tarapacá's copper body and the magnetic needle) and the energy of underground ores that have shaped much of Chile's ancient and recent history.

Generally perceived as commodity goods traded at the London Metal Exchange and used in the manufacturing of symbols of power and wealth, in *The Prediction of Tarapacá* metals are instead placed in a spiritual relation with all other elements of the natural world, and their purpose is shifted from the material realm, to the sphere of the magic and the sacred. Not simply serving as the substance matter of household and industrial electric grids, the functional role of copper is radically transformed. As the sunlight changes its intensity, as the compass needle flickers, the artwork radiates electromagnetic waves in new directions, in new waveforms. As the rain falls on the Giant of Atacama on the Cerro Unita, water runs off in new patterns. Like in the ancestral Aymara geoglyph, Tarapacá's copper figure serves as a mystic transducer of cosmic energy into sparks of oneness and shamanic wisdom for the inhabitants of the Altiplano and of planet Earth.

Cabos sueltos

CLAUDIA MISSANA

Crecí en un país del que se dice que "tiene mala memoria". La memoria es un fenómeno extraño e inestable: se deforman sucesos fundamentales, se recuerdan cosas que no se vivieron, no llegan las ideas cuando más se necesitan, se recuerdan los rostros y no su nombres, o se conectan imágenes y palabras que no tienen ninguna relación. Tal vez inventé que cuando niña tuve una pizarra mágica. Tal vez sólo deseé tener una.

Al mirar una pizarra mágica borrada en un ángulo, al sesgo, probablemente se verían los rastros de rayones y trazos, una acumulación de líneas. Con suerte se podría reconocer el perfil de los últimos dibujos trazados sobre su superficie. La pizarra usada puede servir de metáfora de las superposiciones de huellas, de posibles eventos gráficos, signos o imágenes. Sin embargo, es imposible saber qué trazos están arriba de otros. No se puede recuperar la historia de su formación. Es muy difícil construir una línea temporal de sucesos, descifrando las capas que podrían dar cuenta del momento en que fueron hechas. En el mundo digital eso se podría llamar *eje Z,* es decir, la posición espacial en la profundidad, el apilamiento, que forma las imágenes. En algunos programas esas capas se forman automáticamente a medida que se está trabajando (dibujando, por ejemplo), pero al mirar la imagen terminada es imposible descifrar la posición de cada elemento en ese mundo multicapas, si no se tiene el programa en que fueron realizadas. Y cuando se trata de nuestra memoria, no tenemos acceso al *software.* En este sentido, nuestra memoria es una caja negra, y a pesar de todos los avances de la ciencia cognitiva, básicamente sigue siendo un misterio.

Tendemos a pensar en ella como un depósito (de experiencias, ideas, emociones o conocimientos, lo que sea que se pueda poner en él), sobre el cual hacemos un trabajo permanente de recuperación y acceso. Este es el modelo de la memoria ROM, la memoria de lectura de nuestras máquinas digitales, donde acumulamos como archivos nuestro trabajo cotidiano. Este es nuestro pequeño paraíso, donde somos la autoridad absoluta de lo que se archiva o no. Somos dueños autocráticos de nuestro disco duro. Y, por supuesto, las cosas pueden salir mal. Es más frágil de lo que parece. Nuestro cerebro o nuestro archivo digital podrían sufrir daños irreparables si hubiera una sobrecarga eléctrica, nos atacaran virus o sufriéramos un evento traumático.

Otro modelo se parece más a la memoria RAM: más volátil, activa y dependiente de la conciencia, de estar despierto (prendida, en el caso de las máquinas digitales). Esta es una memoria creativa, de trabajo de relaciones y enlaces, más cercana a la concepción de la psicología analítica, propuesta por Freud hace más de un siglo. Bajo este modelo, la memoria ya no opera como archivo, sino como elaboración, donde, más que recuperando, estamos imaginando. Las ideas e imágenes se retejen, se reconectan en el ahora.

Actualmente los neurocientíficos están trabajando en el *connectome*, "compilando" la red neuronal del cerebro humano, el mapa completo de todas sus conexiones; pero todavía no se encuentra el lugar físico de la memoria (el almacén). Una de las hipótesis que se barajan es que la memoria depende de la cantidad de contactos entre neuronas, de los lugares donde se tocan y se entrecruzan (en realidad no se tocan, se comunican), donde cada una está compactada y en contacto con muchas otras al mismo tiempo. Un verdadero laberinto electroquímico.

Freud habló de los círculos mnémicos, al proponer una teoría de la memoria como agrupación de impresiones o huellas mnémicas, donde lo que accede a la conciencia son fragmentos, enlazados por relaciones y asociaciones. La actividad del pensamiento es el dominio de conceptos y palabras, mientras al interior de la psiquis dominan las imágenes (o contenidos que "se comportan como imágenes", especialmente visuales, es decir, que se asemejan más a percepciones que a representaciones). Convertimos la yuxtaposición de esas imágenes en secuencias y relaciones. La mente despierta las "pone en línea".

Entonces, al igual que pensaba Freud, la clave pareciera seguir en el área de las conexiones, relaciones y asociaciones, las áreas de contacto. En este sentido la memoria en un espacio de cabos sueltos, entre lo fijado, lo cifrado, las huellas y los olvidos.

Y si perdemos la memoria, lo que se pierde no es sólo la memoria biográfica. No es que sólo no se recuerde el propio nombre. Se olvida la memoria social y política, el hablar y el andar. No somos sin memoria.

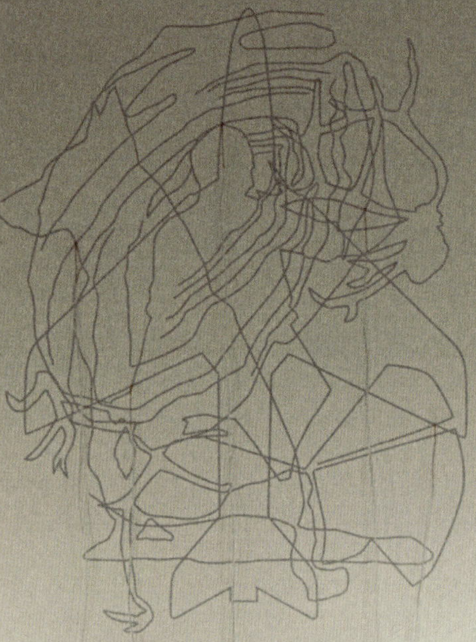

Claudia Missana, *La Sirena (humo y sombra),* 2014
Claudia Missana, *La Sirena (Smoke and Shadow),* 2014
Vista de la instalación en Museo de la Solidaridad
Installation view in Museo de la Solidaridad

**Vista de la instalación
en Gallery 3,14**

Installation view in
Gallery 3,14

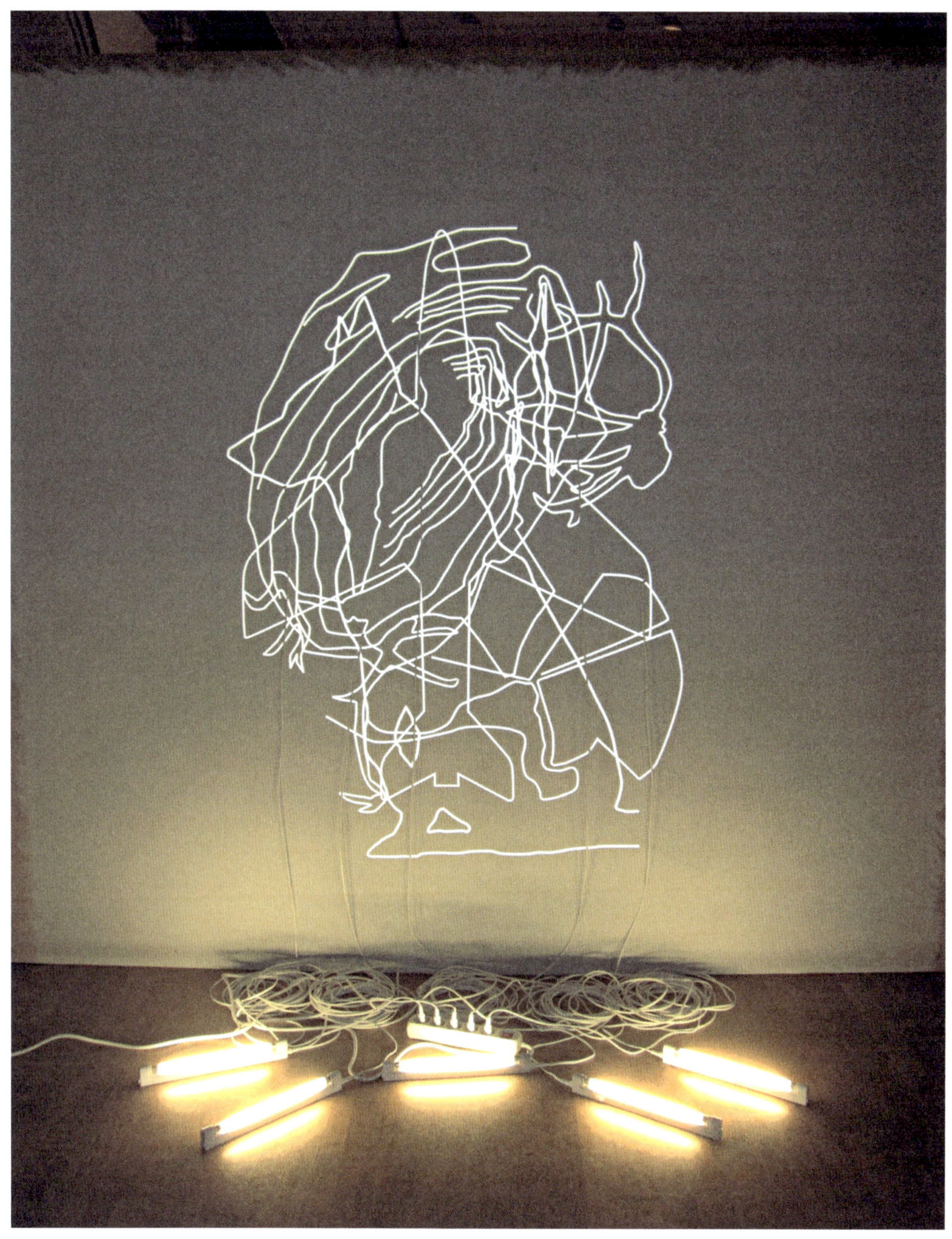

Loose Ends

CLAUDIA MISSANA

I grew up in a country that is said to "have a bad memory." Memory is a strange and unstable phenomenon. Key events are deformed, things that were not experienced are remembered, ideas do not arrive when they are needed, faces are remembered but not their names, or images and words that are completely unrelated are connected. Maybe I made up that as a child I had a magic whiteboard. Maybe I just wanted to have one.

Looking at a magic whiteboard that had been erased, from a certain angle, traces of scratches and strokes would probably be revealed, an accumulation of lines. If we are lucky, we could recognize the outline of the last drawings that were traced on its surface. The used whiteboard can be a metaphor for the overlaying of footprints, possible graphic events, signs or images. However, it is impossible to know which lines are over the others. We are unable to retrieve the history of its formation. It is very difficult constructing a timeline of events, deciphering the layers that might account for the time they were made. In the digital world, that could be called the *Z axis;* that is, the spatial position in the depth, the stacking, which form images. In some software, these layers are created automatically as you are working (drawing, for example), but when you look at the finished image it is impossible to decipher the position of each element in this multilayered world, unless you own the software in which they were made. And when it comes to our memory, we have no access to the software. In this sense, our memory is a black box, and despite all the advances in cognitive science, it essentially remains a mystery.

We tend to think of it as a deposit (of experiences, ideas, emotions or knowledge, whatever you can put in it) with which we perform a continuous work of retrieval and access. This is the model of the ROM, the read-only memory of our digital machines, where our daily work is saved as files. This is our little haven, where we are the absolute authority of what is or is not archived. We are autocratic masters of our hard drive. And, of course, things can go wrong. It is more fragile than it looks. Our brain or our digital archive may be irreparably damaged if there was a power surge, a virus attack or we suffer a traumatic event.

Another model is more similar to the RAM memory: more volatile, active and dependent on consciousness, on being awake (or on, in the case of digital machines). This is a creative memory, of work in relationships and links, closer to the concept of analytical psychology as proposed by Freud over a century ago. Under this model, memory is no longer file-based, but a production, where, more than recovering, we are imagining. Ideas and images are re-woven, reconnected to the now.

Neuroscientists are currently working on the *connectome,* "compiling" the neural network of the human brain, the complete map of all its connections; however, we still cannot find the location of the physical memory (the warehouse). One hypothesis being considered is that memory depends on the number of contacts between neurons and the places where they meet and intersect (they do not actually touch, they communicate), where each is compacted and in contact with many others simultaneously. A true electrochemical maze.

Freud spoke of the mnemonic circles, proposing a theory of memory as a grouping of mnemonic prints or traces, by which what accesses the consciousness are fragments that are linked by relationships and associations. The activity of thought is the mastery of concepts and words, while inside the psyche the images dominate (or content "behaving like images," visual in particular, i.e., resembling perceptions more than representations). We transform the juxtaposition of those images in sequences and relationships. The awakened mind "puts them online".

Then, just like Freud thought, the key seems to remain in the area of the connections, relationships and associations, the contact areas. In this sense, the memory is a space of loose ends, between the fixed, the encrypted, the footprints and the forgotten.

And if we lose our memory, what is lost is not just the biographical memory. It is not just that you do not remember your own name. Social and political memory is also forgotten, same as talking and walking. We are not without memory.

Geografía desde un Block Mágico

VALENTINA MONTERO

Hace un par de años Enrique Ramírez me contaba que le interesaba que su trabajo corriera riesgos; explorar los procesos, más que buscar resultados, atender al concepto de viaje desde su dimensión poética y política. Su itinerario artístico ha sido fiel a sus intenciones. Su trabajo ha bordeado el resbaladizo filo que hay entre la ficción y la realidad que envuelven a los discursos de la historia de nuestros pueblos; los imaginarios de la memoria, personal y colectiva, y las huellas materiales que el tiempo va dejando como sedimento concreto en el paisaje de la ciudad y en aquellos lugares construidos por el lenguaje, antes que por nuestra propia mirada.

En la exposición *Block Mágico* montada en Bergen, Noruega, Enrique mostraba *Brisas,* un film realizado en 2008 que muestra a un personaje anónimo que cruza La Moneda. Nuestro Palacio de Gobierno recién reabrió el acceso peatonal en 2000, después de permanecer casi 30 años cerrado. Su apertura solo permitió cruzarlo en un sentido: de sur a norte –desde la Plaza de la Constitución a la Plaza de la Ciudadanía–. Ir en sentido contrario y detenerse está prohibido, cuestión que parece ordenar, simbólicamente, la imposibilidad de volver la vista atrás. Para la exposición de Santiago, Ramírez vuelve su mirada al pasado, desobedeciendo ese mandato. Las piezas que ha presentado en *Block Mágico* realizan justamente el gesto de detención y observación de lo que la historia quiere olvidar.

Enrique Ramírez preparó su instalación para Santiago en diferido. Correos electrónicos con señas, dimensiones, materiales para montar la exposición constituían las instrucciones precisas para generar la pieza que se exhibe en una sala del Museo de la Solidaridad, y que por primera vez se presentaba en Chile, pero que el propio artista aún no había visto. Estas instrucciones dictadas desde Francia se nos presentan como conjuro mágico, un abracadabra deletreado desde la lejanía, que intenta exorcizar a una sociedad cuyas verdades han sido amordazadas. Ahí donde la verdad fracasa, es donde emerge el mito; ahí donde el mito duele, es desde donde nacen los fantasmas que se harán colectivos y comunes, pero también íntimos y personales.

Pero el trabajo de Enrique Ramírez también se puede comprender como una impugnación a la mirada disyuntiva que la tradición occidental ha impuesto: la diferencia y distancia entre las palabras y las cosas; entre el discurso y la materia. En esta exposición, la materia, los elementos, las cosas, también cobran una presencia, no sólo como metáforas, sino también como actantes, como protagonistas más en el juego de verdades, ficciones y trampas que los hechos ofrecen a nuestra experiencia.

La exposición se compone de los restos de velas de barcos; tres monitores que nos muestran desde distintos ángulos una cámara que registra su propia caída al mar; una serie de documentos periodísticos que describen el crimen político que significó la desaparición de una mujer en las costas del norte de Chile durante la dictadura militar; y las hojas sueltas de un pasaporte con el timbre falso de una cartografía, sobre los que se proyectan dos textos que funcionan como instrucciones para emprender cualquier viaje, ya sea de ida o de regreso.

Como es evidente, es el mar lo que reúne a todos estos elementos. El mar, sin quererlo, es ya metonimia del viaje, del misterio, de la muerte y sus modulaciones para la historia de Chile. Nuestro mar es frontera inexpugnable, agua salina que dibuja, como una sombra, el margen de la delgadez de nuestro perfil territorial. Como reza uno de los versos del himno nacional chileno, nuestro mar tranquilo nos baña; nos promete futuro esplendor, pero también significa la catástrofe inminente, el naufragio, el *tsunami* en potencia y, además, el recuerdo de que ha sido escenario de la desaparición de personas.

Enmarcadas en la pared, Ramírez expone una vela hecha de restos de velas de 15 a 20 metros provenientes de veleros que su padre –fabricante de velas– colecciona. Juntos, cosieron a máquina los pedazos de tela, recuperando en ese hacer un acercamiento al oficio artesanal que antes reunía a los trabajadores y artistas. Al mismo tiempo que Enrique juntaba fragmentos de historias a las que concurrían sus propios recuerdos y los de su padre, reflotaban otra vez los rumores que intentan dar respuesta al reclamo de ¿Dónde están?

Cada vela nos muestra su propia historia; como si no quisieran esconder el paso del tiempo; y por el contrario, tras la mancha, o la rasgadura; tras el desgaste hecho por el sol, el viento y el agua, estuvieran murmurando en un lenguaje secreto su propia epopeya o letanía. A la distancia parecen viejos mapas. No sabemos descifrar esa cartografía desteñida que sus marcas dibujan, pero intuimos que en ellas hay algo más que el accidente. Se sospecha que los quinientos cuerpos que fueron arrojados al mar entre 1974 y 1980 en una operación conocida como "los vuelos de la muerte" no sólo fueron arrojados desde aviones militares sino también desde una embarcación.

Ramírez dispone en la sala del Museo las evidencias de lo que podríamos llamar la "arqueología de una ficción". Su trabajo se podría relacionar con el de Aby Warbug, aquel excéntrico historiador y coleccionista alemán que rozó la locura al concebir con su *Atlas Mnemosyne* un espacio como forma visual para el pensamiento y conocimiento que dejaba entrar obras de arte, estampas, postales, dibujos, evitando caer en la argumentación racionalista o ilustrativa sobre una temática en particular. Pero en la instalación de Enrique no sólo hay una intención de emular esa figura turbia entre artista, coleccionista o curador al reunir materiales cotidianos de hechos pasados como obras de arte como lo harían el *Museo de arte ficticio* (1968) de

Marcel Broodthaers o las ideas expuestas sobre *El museo imaginario* (1947) de André Malraux. En *La Geografía,* la ambigüedad es el hilo que hilvana distintas narrativas que aluden al viaje, a la desaparición, a la memoria y a la construcción de nuestra historia como pueblo en diálogo con el presente. Su particular sintaxis administra el sentido; nos concede la ilusión de una hipótesis del pasado que se actualiza en cada momento en que alguien recuerda, o en que alguien rasguña la muralla de olvido que se ha querido levantar en torno a la desaparición de personas en las costas chilenas.

Como ya es sabido, la detención y posterior desaparecimiento de personas formaba parte de la gramática del terror que conjugaba el Estado durante la dictadura militar. El ocultamiento de los ejecutados estaba pensado de antemano con una doble función: eliminar el cuerpo del delito y diseminar el miedo como dispositivo de coerción. Sin embargo, los desaparecidos reclaman el espacio de la visibilidad: se hacen imagen y hasta adquieren materialidad en la pancarta, en la fotografía pixelada de la fotocopia prendida en la ropa de las mujeres, en el altar familiar, en los murales que los recuerdan. Pero no hay mortaja, ni tumba, ni lápida; no hay inscripción, no hay lugar físico en donde honrar el recuerdo. Las voces de sus familiares entonan el mismo canto de Antígona: dar sepultura a los muertos para restituir así, el derecho a su historia material. La virtualidad de las palabras, de la imagen como representación, no basta. En el documental de Patricio Guzmán *Nostalgia de la luz* (2010) vemos a mujeres que llevan años hipotecando su vida en la búsqueda de un pedacito de cuerpo de sus seres queridos. Hasta la astilla de un hueso les basta para poder dar sepultura y despedir al ser querido, recomponer el relato y espantar al fantasma de una historia personal inconclusa. Pero, ¿cómo encontrar un cuerpo que desapareció en el inmenso mar? La esperanza de una búsqueda también naufraga.

Desde esa imposibilidad Ramírez construye, a su vez, una visión de lo imposible: el registro en primera persona de la caída, la trayectoria final de una vida concentrada en una última y vertiginosa mirada. Se especula que las prisioneras y prisioneros estaban dormidos, sedados antes de ser lanzados al mar –suposición que se reafirmó cuando en 1976 es encontrada en una playa, Marta Ugarte, sin signos de impacto de bala en su cuerpo–. Preferimos pensar que fue así. El miedo, la desesperación, la resignación o su sueño profundo son sólo especulaciones que no descansarán en ningún relato posible. En *La Geografía,* la mirada del espectador es impugnada por la invitación a convocar el acontecimiento de la desaparición cuyo relato quedó suspendido, fracturado. No se tratará sólo del ejercicio de restitución teatral de una escena clausurada. Ramírez intentará reconstituir la escena del crimen donde nuestros propios ojos, mediados por la máquina como prótesis de subjetividad, darán mirada a ese cuerpo no identificado que cayó en las aguas; que desapareció de la tierra, pero que sigue flotando especular en la memoria de un país que no quiere abrir los ojos bajo el agua y que construye con suposiciones, con verdades a medias, con fantasmas, la geografía de su historia.

Enrique Ramírez, *Brisas*, 2008
Enrique Ramírez, *Breezes*, 2008
Imágenes del video
Video stills

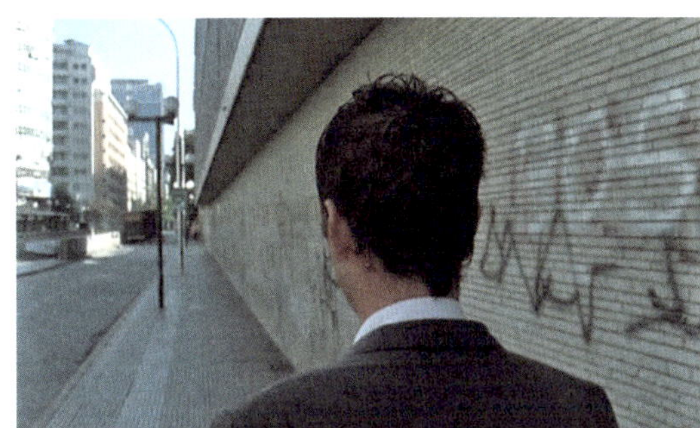

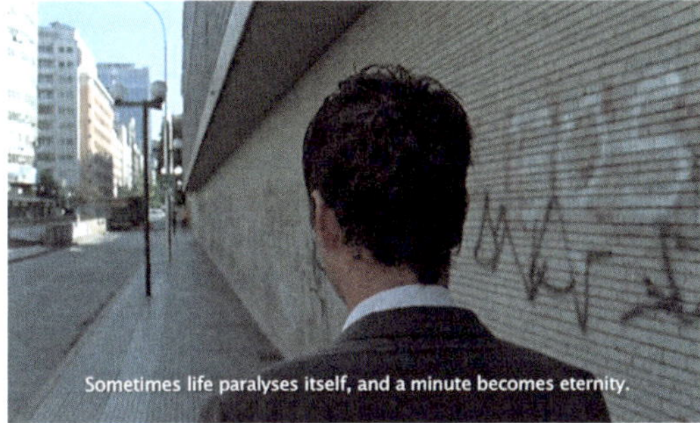

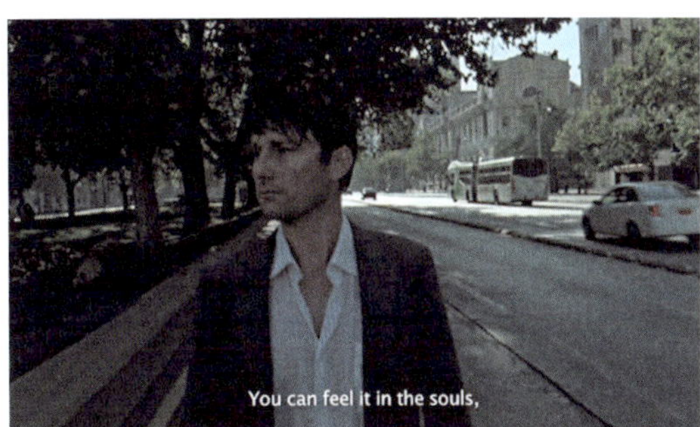

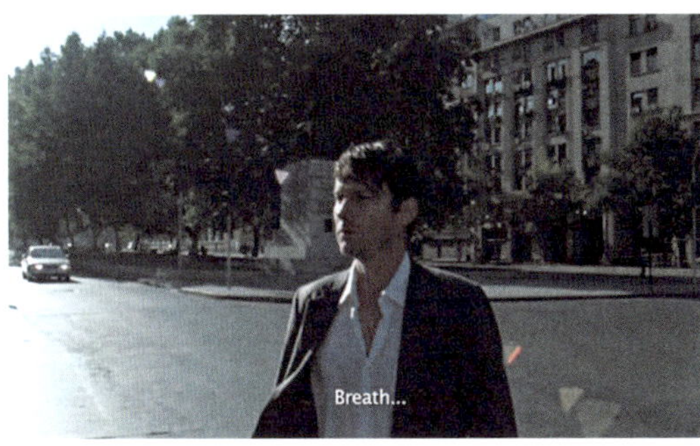

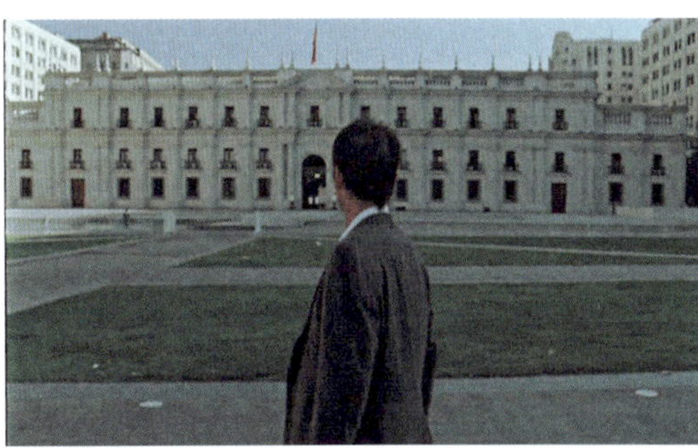

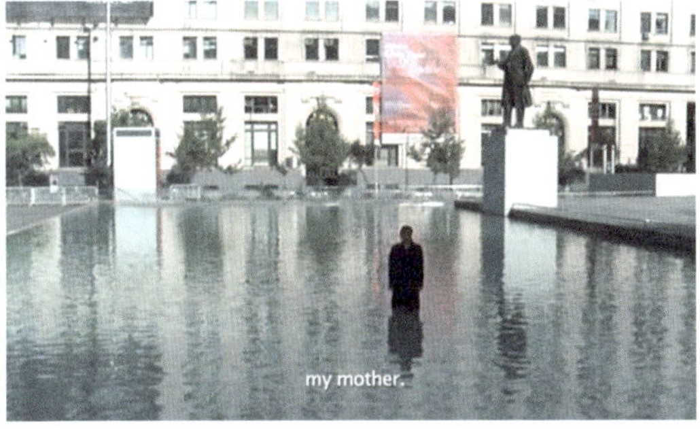

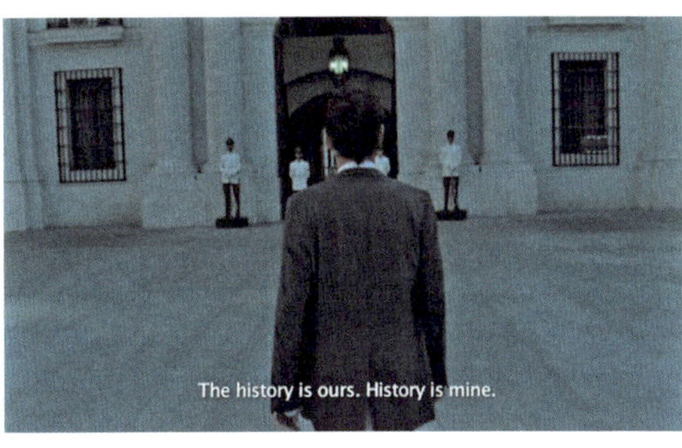

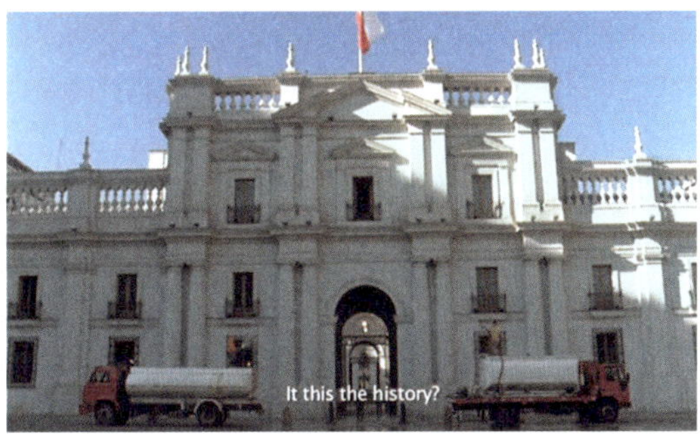

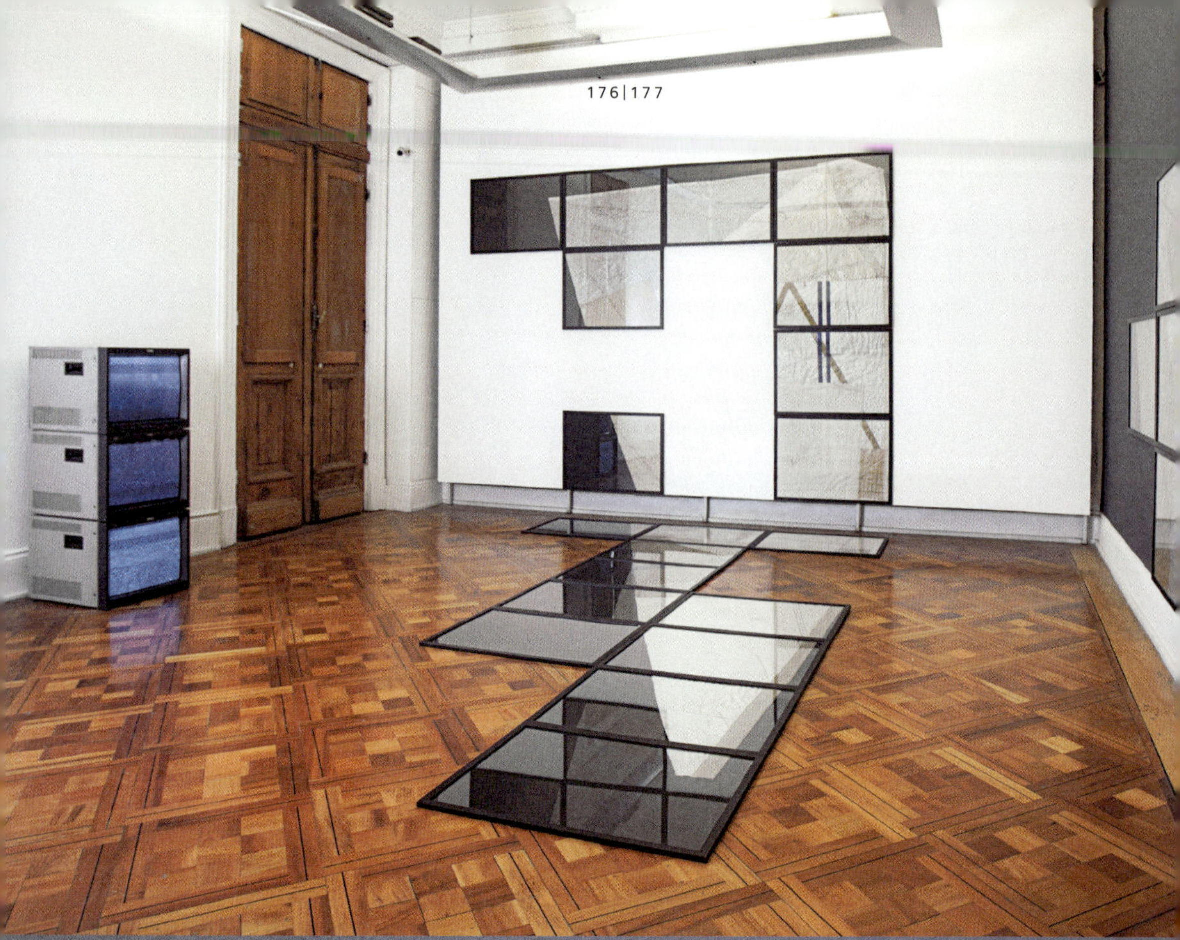

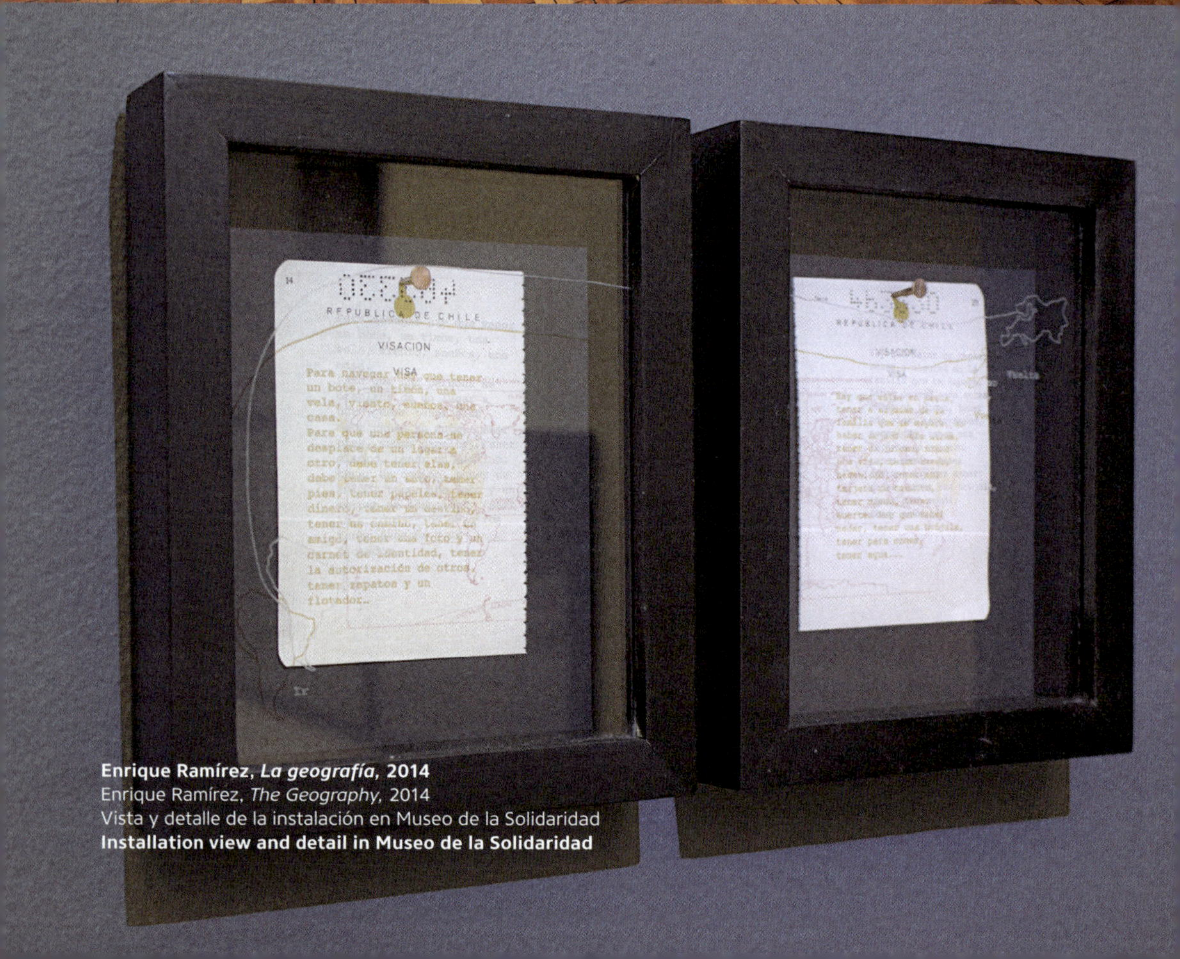

Enrique Ramírez, *La geografía,* **2014**
Enrique Ramírez, *The Geography,* 2014
Vista y detalle de la instalación en Museo de la Solidaridad
Installation view and detail in Museo de la Solidaridad

Geography from a Magic Block

VALENTINA MONTERO

A couple of years ago, Enrique Ramírez told me that he was interested in risk-taking in his work; exploring the processes, rather than seeking results, addressing the concept of journey from its poetic and political dimensions. His artistic itinerary has been faithful to these intentions. His work has skirted the slippery edge between fiction and reality surrounding the perspectives of the history of Chilean people; imaginaries of memory, both personal and collective, and the material traces that time leaves behind as concrete sediment in the landscape of the city and in places constructed by language, rather than by our own eyes.

In Bergen, Norway, the exhibition *Magic Block* featured Enrique's *Breezes,* a film made in 2008 showing an anonymous person walking to the government palace in central Santiago, La Moneda. The palace of government only reopened its pedestrian access in 2000, after being closed for nearly 30 years. Access to the palace is only allowed from one direction: from South to North, from the Constitution Square to the Citizenship Square. Going the other way and stopping is forbidden, something that seems to indicate, symbolically, the inability to look back. For the exhibition in Santiago, Ramírez looks back to the past, disobeying the mandate. The work he presented in *Magic Block* performs exactly that: the act of stopping and observing what the story wants to forget.

For the exhibition held in Santiago, Enrique Ramírez prepared his installation from far away. E-mails with signs, dimensions, materials with which to install the exhibition, were the precise instructions to create the work that is on display in one room at the Museum of Solidarity, and that was presented in Chile for the first time. A work that the artist himself had not yet seen. These instructions issued from France stand before us as a magical incantation, an abracadabra cast from afar, trying to exorcise a society whose truths have been gagged. Where truth fails is where the myth emerges; where the myth hurts is where the ghosts that will become collective and common, but also intimate and personal, are born.

Yet the work of Ramírez can also be understood as a challenge to the dilemma that the Western tradition has imposed: the difference and distance between words and things, between discourse and matter. In this exhibition, matter, the elements, and things also become a presence, not only as a metaphor, but also as actors, main characters in the game of truths, fictions and traps that facts offer to our experience.

The exhibition consists of the remains of boat sails; three monitors showing from different angles a camera that records its own fall into the sea; a series of newspaper documents describing a political crime: the disappearance of a woman in the coast of northern Chile during the military dictatorship; and loose sheets of a passport with a false stamp, over which there are two texts that work as instructions for any trip, whether outbound or return.

Evidently, the sea is what brings all these elements together. Unwittingly, the sea is already metonymy of journey, of mystery, of death and its modulation for the history of Chile. Our sea is an impregnable border, saline water that traces, like a shadow, the margin of the thinness of our territorial profile. As one of the verses of the Chilean national anthem says, our sea quietly bathes us; it promises us a future glory, but it also signifies the imminent disaster, the sinking, a potential tsunami and the memory of what has been the scene of the disappearance of people.

Framed on the wall, Ramírez exposes a sail made of 15-20 meters of leftover fabric obtained from sailboats his father (a sail manufacturer) collected. Together, they machine-stitched these pieces of fabric, recovering an approach to the occupation that used to unite craft workers and artists. While Enrique stitched together fragments of stories that concurred with his own memories and those of his father, murmurs came back trying to answer the call: where are they?

Each sail shows us its own story and history, as if they did not want to hide the passage of time; on the contrary, it was as if behind the stain or tear, behind the wear and tear caused by sun, wind and water, they were muttering in a secret language their own epic or litany. From a distance, they look like old maps. We do not know how to decipher the faded cartography drawn by their stains, but we sense that in them there is more than the accident. It is suspected that the five hundred bodies that were thrown into the sea between 1974 and 1980, in an operation known as "death flights," were not only thrown from military planes, but also from boats.

Ramírez provides in the hall of the Museum the evidence of what we might call the "archeology of a fiction." His work could be related to Aby Warburg's, the eccentric German historian and collector who bordered madness when conceiving, with his *Mnemosyne Atlas,* a space as a visual shape for thought and knowledge that allowed artworks, stamps, postcards and drawings, avoiding the rationalist or illustrative argument on a particular topic. However, in Enrique's installation there is not only an intention to emulate that murky figure of the artist/collector/curator by collecting everyday materials of the past as works of art, like in the *Museum of Fictional Art* (1968) by Marcel Broodthaers, or the ideas put forward about *The Imaginary Museum* (1947) by André Malraux. In *The Geography,* ambiguity is the thread that weaves several narratives that allude to a journey, the disappearance, the memory and the construction of our history as a people in dialogue with the present. His own particular syntax manages meaning; gives us the illusion of a hypothesis of the past that is updated every time anyone remembers, or when someone scratches the wall of obscurity that many have wanted to build around the disappearance of people in the Chilean sea.

As it is well known, the detention and subsequent disappearance of people was part of the grammar of terror that the State conjugated during the military dictatorship. The concealment of those executed was thought out in advance with a dual function: eliminating the *corpus delicti* and spreading fear as a tool of coercion. However, those who disappeared claim the space of visibility: they become image and even acquire materiality in the banner, in the pixelated picture of the photocopy pinned to the clothes of women, in the family altar, in the murals that remember them. But there is no shroud, no grave, no tombstone; no inscription, no physical place in which to honor the memory. The voices of their relatives sing the same song of Antigone: to bury the dead in order to restore their right to a material history. The virtuality of words, of the image as a representation, are not enough. In Patricio Guzmán's documentary *Nostalgia for the Light* (2010), we see women who have spent years mortgaging their lives in search of a piece of the body of loved ones. Even the chip of a bone is enough to bury them and say goodbye to them, to recompose the story and scare the ghost of an unfinished personal story. However, how can you find a body that disappeared into the vast sea? The hope of a search also shipwrecks.

From this impossibility, Ramírez builds a vision of the impossible: the first-person account of the fall, the final trajectory of a life concentrated in one last, breathtaking look. It is speculated that the prisoners were asleep, sedated before being thrown overboard, a suspicion that was strengthened when in 1976 Marta Ugarte was found on a beach without a single bullet shot in her body. We prefer to think that it was so. Fear, despair, resignation or their deep sleep are only speculations that will not put any possible story to rest. In *The Geography,* the audience's view is challenged by the invitation to convene the event of despair whose account was left suspended, fractured. It will not be just about the exercise of theatrical restitution of a scene that was closed. Ramírez will try to reconstruct the crime scene where our own eyes, mediated by the machine as a prosthesis of subjectivity, will give sight to that unidentified body that fell into the water; that disappeared from the earth but that is still floating in the memory of a country that does not want to open their eyes underwater and that builds with assumptions, with half-truths and with ghosts, the geography of its history.

El rumor del oleaje[1]

MARA POLGOVSKY EZCURRA

I

La obra de Raúl Zurita ha explorado de manera amplia, casi compulsiva, el diálogo entre poesía y procesos de inscripción. Su escritura no es aquella del *flâneur* anónimo y desposeído. Es una escritura que marca y hiere, cincela, clava, graba e inscribe ante la mirada de los otros. Su palabra es hacedora (¿performativa?) y es por esto que sus imágenes poéticas se desdoblan en grafismos y composiciones reticulares. Sus poemas-ideograma, versos-geoglifo, palabras-mancha y cantos-mausoleo buscan inscribirse en lo más inerte de la naturaleza. Así permanecer: como historia-memoria de su palabra. Para sus versos tallados en arena, el silbido del viento es entonces aquel de una amenaza.

Si esta amenaza que todo erosiona se hace presente en la obra del poeta, es porque su avance carga los ecos del pasado. Ecos donde, desde sus múltiples yos, Zurita sitúa la ética del verso:

> Es en el sonido donde radica la ética de la poesía, ahí perviven las voces de nuestros muertos. Poesía y memoria coinciden, antes que en las imágenes, en los ecos de sus cantos.

Parafraseo las palabras de mi encuentro con Zurita, en Londres. Así las recuerdo, aunque sólo logro evocar fragmentos, apenas algunas resonancias. Ecos que atravesaron mi entender de su poesía, y de la poesía, de la ética como una herencia afectiva, previa a "la letra" y condicionando así, desde una resonancia casi inaudible, sus condiciones de posibilidad; de la ética como una estética del recuerdo. Al comienzo del video *La memoria* (1981) de Eugenio Téllez me sentí interpelada por estos mismos ecos. El rumor del oleaje precede a la imagen, después las olas comienzan a caer desde lo alto de la pantalla, dividiéndola en el territorio árido de la arena, en la parte inferior, y por encima de ésta el fluir de las aguas salinas, bajando y subiendo como si buscasen resistir su propia caída. El mar figura como un cuerpo en persistente metamorfosis, incansable en sus movimientos de expansión y contracción. A su paso va absorbiendo las marcas y cicatrices del lienzo de arena. Así conviven, en la visualidad de esta obra, la linearidad del tiempo que todo erosiona y la ciclicidad de un regreso que no puede detenerse.

---

1. Recuerdo poco de la novela de Yukio Mishima titulada como este texto. Recuerdo que se desarrolla en un ambiente húmedo y salubre, igual que el video de Téllez. Mis palabras son así un homenaje a Mishima, desde el olvido de una novela que me hizo sentir e imaginar el Japón rural en la adolescencia. Novela que, repito, he olvidado, pero si abro en cualquiera de sus páginas, logro evocar al instante, siguiendo el vaivén de las olas.

I I

Las olas, como los recuerdos, regresan, pero jamás son las mismas ni pueden restituir los signos que han arrebatado al paisaje. Comparten con los primeros la infinitud en el cambio y en la infinitud en la permanencia. Mar y memoria son espacios de flujos y borradura, desgaste constante, temporalidades efímeras, ciclos, retornos, territorios más fácilmente ordenados por las azarosas geometrías de las constelaciones, métrica de navegantes, que por una geometría lineal. Téllez literaliza esta afinidad, al fundir las imágenes de ese mar agitado que borra el título de su obra, plasmado en la arena, con las entrevistas de dos escritores chilenos: Raúl Zurita, primero, Jorge Edwards, después. Discuten el tema de la memoria, esta vez entre los rumores que se escuchan dentro de sus hogares.

Zurita fuma. A su derecha hay 30 encefalogramas de personas anónimas, provenientes del hospital psiquiátrico de Santiago; a su izquierda yace la *Divina comedia.* Enfocada en la cicatriz que parte la mejilla del poeta, herida años antes por él mismo con un fierro ardiente y convertida después en portada de su primer poemario *(Purgatorio,* 1979), la cámara constela en una figura triangular la textura de la cicatriz, las gráficas de los documentos médicos y "el lamento de la vida asceta", como llama Zurita al texto dantesco. El trasfondo literario es la manera en que *Purgatorio* entreteje estas escrituras. El poema final, "La vida nueva", se compone por medio de la transcripción de algunos versos de Dante (como "del amor que mueve el sol y las otras estrellas"), y otros de Zurita (como "mi mejilla es el cielo estrellado"), sobre el cuerpo errático y anguloso de un encefalograma. "Domingo en la mañana", uno más de los poemas de *Purgatorio,* que Zurita recita al término de su entrevista con Téllez, evoca la herida autoinflingida, llamado de un ángel a la marcación: "pasó que estaba en un baño cuando vi algo como un ángel 'Cómo estás, perro' le oí decirme".

Es posiblemente ahí, en ese baño, donde la herida, el grito de dolor, el grito sordo, sus ecos, se fueron ligando a la palabra poética. Ahí o en el recuerdo de las vibraciones de un cuerpo vulnerable. Pero del recuerdo en sí mismo, dice Zurita en el video, nada puede contarnos, pues "la memoria más bien le corresponde a los otros", el recuerdo "siempre se diluye", "nunca le pertenece a lo que pueda entenderse por uno mismo", "si bien el pasado es absolutamente inamovible". E incluso las cicatrices, los encefalogramas –"huellas de lo más concreto de la percepción", marcas físicas del pasado– permanecen radicalmente ilegibles ante la mirada.

I I I

Así como para los libros de arena el rumor del oleaje es una amenaza, para las vivencias, la amenaza es el tiempo; también para los recuerdos. Y en las montañas grabadas, así como en los geoglifos del desierto, es el viento quien pasa para borrarlo todo. Pero el viento no sólo ha de erosionar las palabras que hizo grabar Zurita en el desierto de Atacama ("Ni pena ni miedo") ni únicamente ha de robarse las marcas de su piel. En su apuesta por el olvido, dice Zurita, el viento carga los ecos de los despojos.

I V

Los cerros quedan. Jorge Edwards sitúa el espacio de su memoria alrededor del cerro de Santa Lucía, *Huelén* o cerro del dolor, en mapudungun. Fue ahí donde se erigió Santiago y es ahí donde comienza y termina la nación a la que, en 1978, regresó Edwards desde el exilio. Su nacionalismo está así circunscrito por el cerro de su memoria, territorio donde espacio y tiempo son maleables, montaña de imágenes que han resistido el olvido. En el video, Edwards habla en primer plano mientras mira al cerro, que no aparece. Conocemos al Santa Lucía por medio de anécdotas que se van entretejiendo, como la visita de infancia, con su madre, a una monja de claustro que habitaba un convento ahí situado. Si bien nunca pudo ver su rostro y el convento después fue demolido, Edwards evocaba en la niñez el rostro de esa mujer enclavada en el cerro desde las palabras de su madre, ligándolo a imaginarios donde lograban confundirse el encierro, el auto-castigo y el erotismo. Pero ese cerro es también lugar de una escena bohemia, que Edwards ha llevado a su escritura en la novela *El museo de cera* (1981), donde el personaje central acude a una casona localizada en el cerro para pedir a un artista que esculpa en cera la imagen de su mujer en el acto de adulterio. Simulacro de lo real, la escultura explora las fronteras entre obsesión y recuerdo, trauma y deseo. Al reconstruir estas historias con su palabra, Edwards entiende la memoria como una necesidad literaria, pero a la vez la describe como una sucesión de erratas poco más que personales; experiencias en condición de refugio, fugas de pasado, historias en el exilio de un presente tan múltiple como elusivo. Hay un recuerdo y una pregunta que sin embargo lo persiguen, ¿por qué regresó a Chile, después de haber tenido que salir del país, como muchos otros, a consecuencia del golpe de Estado? Y la respuesta no deja de ser la misma: no estaba más que en busca que de un entramado de anécdotas, casi siempre imaginadas, en el cerro Santa Lucía. Su nación es un espacio íntimo y memorioso, apenas distinto de quien la recuerda. Es una geografía abrigada por historias-recuerdos personales. El mar que cierra sus palabras es una masa de volúmenes y texturas múltiples. Sus sombras se proyectan todo el tiempo hacia todos lados. Su forma es aquella que adopta ante quien escucha su oleaje.

V

De mi encuentro con Zurita en Londres también recuerdo que hablamos de Dios. Cuando le pregunté sobre su creencia me dijo que tenía certeza de la existencia de esa palabra y su sonido. "Sin esas cuatro letras", susurró curvándose hacia mi oído, "el lenguaje se desestructuraría todo" (o dijo, quizás, "se desmoronaría", "desbarataría", "caería en pedazos", me traiciona el recuerdo). La palabra es aquí para el poeta estrictamente ecos e inscripciones. Posiblemente no haya mejor manera de pensar la poesía que imaginar un mundo conformado únicamente por estos dos elementos. En esta tierra, posiblemente tan árida y salubre como el mar, el encuentro entre historia y memoria nos permitiría dejar lo sagrado en el silencio.

Eugenio Téllez, *La memoria,* 1981
Eugenio Téllez, *The Memory*, 1981
Imágenes del video *La Memoria*
Video stills *The Memory*

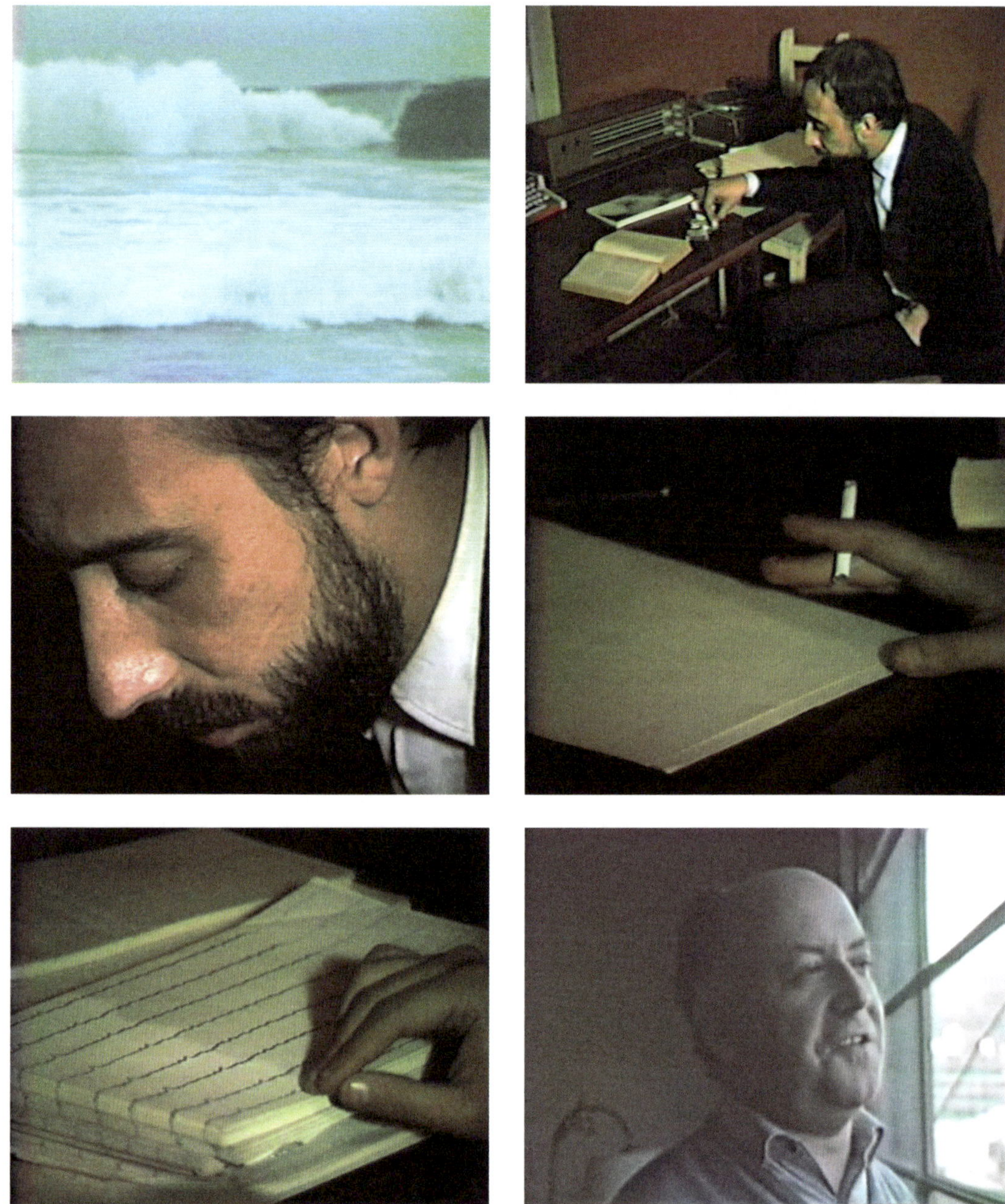

EUGENIO TÉLLEZ

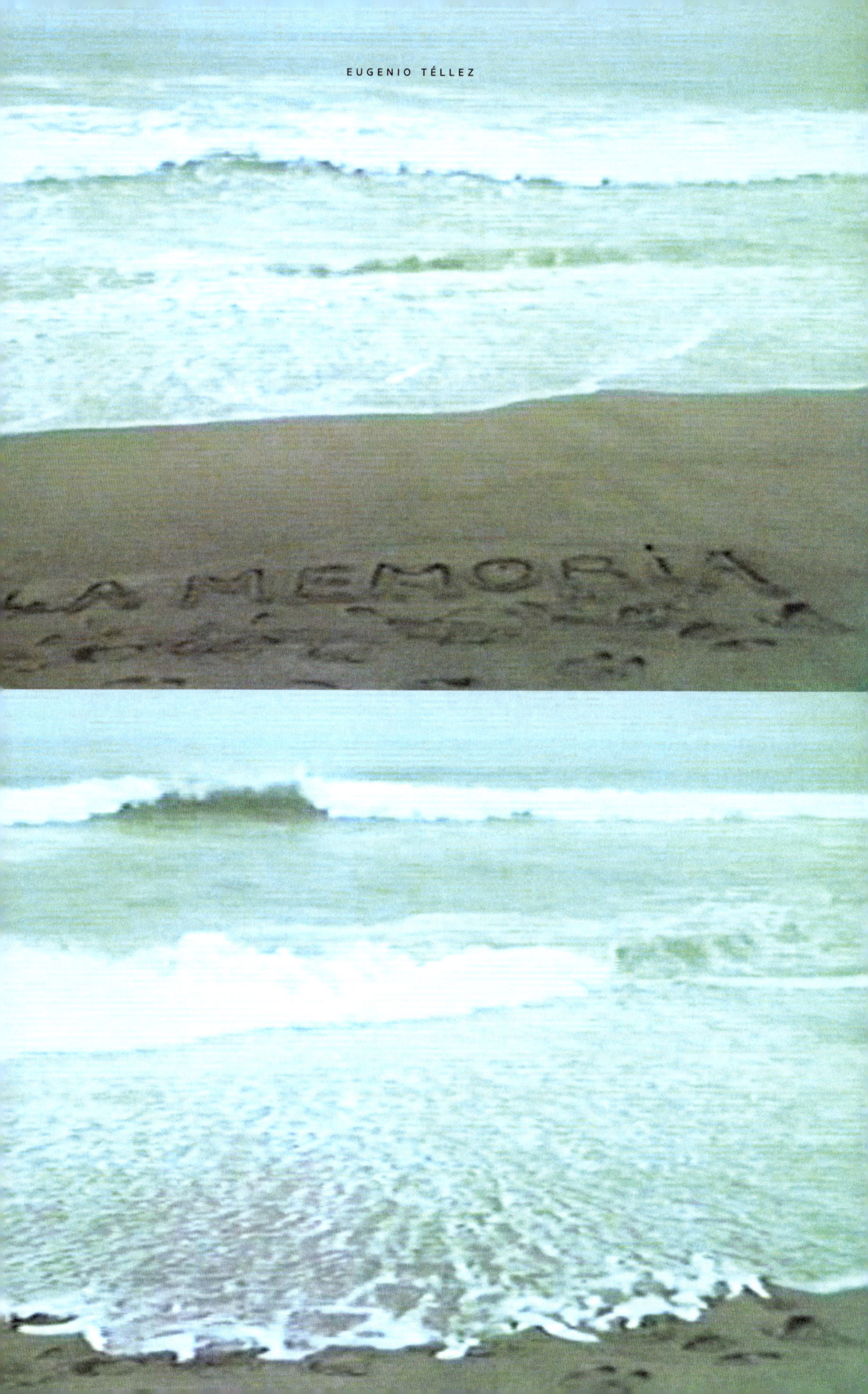

LA MEMORIA

The Murmur of the Waves[1]

MARA POLGOVSKY EZCURRA

I

Raúl Zurita's work has explored in a very broad, almost compulsive way, the dialogue between poetry and processes of inscription. His writing is not that of an anonymous and dispossessed *flâneur*. It is a writing that affects and hurts, chisels, nails, engraves and inscribes in front of others. His words make (or perform?) and that is why his poetic images are split into graphisms and reticular compositions. His poems-ideograms, verses-geo-glyphs, words-stains and songs-mausoleums, seek to inscribe themselves into the most inert of all nature. And thus, stay: as history-memory of his word. For his verses carved in the sand, the wind whistling is the sound of a threat.

If this threat of erosion becomes present in the work of the poet, it is because the echoes of the past advance alongside it. These echoes are where, from his multiple selves, Zurita places the ethics of the verse:

> It is in the sound where the ethics of poetry lie, where the voices of our dead survive. Poetry and memory match, rather than in the images, in the echoes of their songs.

I paraphrase the words of an encounter with Zurita in London. That is how I remember them, although I only manage to evoke fragments, just a few resonances. Echoes of that crossed my understanding of his poetry and poetry itself, of ethics as an emotional heritage, prior to "the letter" and thus determining, from an almost inaudible resonance, its possibilities; of ethics as an aesthetic of memory. At the start of video *The Memory* (1981) by Eugenio Téllez, I felt challenged by these same echoes. The sound of the waves precedes the image; afterwards, the waves start to fall from the top of the screen, dividing it into the arid territory of the sand at the bottom, and above it the flow of saline water, going up and down as if resisting their own downfall. The sea appears as a body in a continuous metamorphosis, tireless in its movements of expansion and contraction. On its way, it absorbs the marks and scars of the canvas of sand. That is how we witness the co-existence, in the visual aspect of this work, of the linearity of a time that erodes everything and the cyclicity of a return that cannot be stopped.

---

1. I do not remember much about the novel by Yukio Mishima whose title is the same as this text. I do remember it unfolds in a humid and brackish environment, similar to Téllez's video. My words are thus homage to Mishima, from the tenuous memories of a novel that made me feel and imagine rural Japan during my teenage years.

I I

Waves, just like memories, return, but they are never the same and cannot restore the signs that have modified the landscape. Waves and memories share the mark of infinity in both change and permanence. Sea and memory are spaces of flows and erasure, constant erosion, ephemeral temporalities, cycles, returns, territories more easily sorted by the random geometry of constellations, the metric of sailors, than by a linear geometry. Téllez literalizes this affinity by fusing the images of the rough sea that erases the title of his work, imprinted in the sand, with the interviews of two Chilean writers: first Raúl Zurita and then Jorge Edwards. They discuss the topic of memory, this time surrounded by the murmurs that can be heard inside their own homes.

Zurita smokes. To his right there are 30 encephalograms from anonymous people, obtained from the psychiatric hospital of Santiago. To his left, there is the *Divine Comedy.* Focused on the scar that parts the poet's cheek – a wound caused by himself with a burning iron in years past and that would later become the cover to his first book of poems *(Purgatory,* 1979) – the camera creates a triangular constellation composed by the texture of the scar, the charts of the medical records and "the lament of the ascetic way", as Zurita calls Dante's text. The scene has a literary background, for *Purgatory* interweaves these three forms of writings. The final poem, "The New Life" is composed by the transcription of some verses by Dante (such as "of the love that moves the sun and the other stars") and others by Zurita (such as "my cheek is the starry sky") over the erratic, angular body of an encephalogram. "Sunday Morning", one of the poems in *Purgatory,* which Zurita recites at the end of his interview with Téllez, evokes the self-inflicted wound, resulting from the call of an angel: "I was in a bathroom when I saw something like an angel. 'How are you dog?', I heard him say."

It was probably there, in that bathroom, where the wound, the cry of pain, the muffled cry and their echoes, began to connect to the poetic word. There or in the memory of the vibrations of a vulnerable body. But about the memory itself, Zurita says in the video, there is nothing he can tell us, because "the memory corresponds mostly to other people", memory "always becomes diluted", it "never belongs to what may be understood as oneself", "even if the past is absolutely unshakable."

I I I

While for books of sand the murmur of the waves is a threat, for experiences, the threat is time. In the carved mountains and the desert geoglyphs, it is the wind that passes by to erase everything. The wind will erode the words that in 1993 Zurita carved in the Atacama Desert ("Neither shame nor fear"); the wind will also erode the marks on his skin. Yet despite this bid for erasure, says Zurita, the wind will always carry the echoes of the remains.

IV

Hills remain. Jorge Edwards places the space of his memory around Cerro Santa Lucía or Huelén, "hill of pain" in Mapudungun. It was there that the city of Santiago began to be built and it is there where the nation to which in 1978 Edwards returned from exile, begins and ends. His nationalism is thus circumscribed by the hill of his memory, a territory where space and time are malleable, a mountain of images that have withstood forgetting. In the video, Edwards speaks in the foreground while looking at the hill, which cannot be seen. We learn to know the Santa Lucía through Edward's intertwined stories and recollections, like that of him as a child, going to visit with his mother a cloistered nun who lived in a convent located in the hill. While he never saw the nun's face and the convent was later demolished, Edwards remembers how he used to evoke the face of that woman enclosed in the hill, linking it to imaginaries where cloister, self-punishment, and eroticism merged seamlessly. But that hill is also the setting for a bohemian scene that Edwards included in the novel *The Wax Museum* (1981). In the text the main character goes to a house situated on the hill to ask an artist to create a wax sculpture of his wife in the act of adultery. Simulating reality, the sculpture explores the borders between obsession and memory, trauma and desire. By reconstructing these stories in Téllez's video, Edwards construes memory as a literary necessity, while also describing it as a series of little more than personal errata; experiences needing shelter, leaks from the past, exile stories of a present as multiple as it is evasive. One question and one memory seem however to endlessly haunt him: why did he return to Chile, after having to leave the country, like many others, as a consequence of the *coup?* And the answer lies in his idea of the nation-hill turned memory, turned fiction: I was just looking for a network of anecdotes, often imagined, in the Cerro Santa Lucía, he seems to claim. Edwards' nation is an intimate space populated by memories, hardly different from the person who recalls it. It is a geography sheltered by personal stories-memories. The sea that closes his words is a mass of multiple volumes and textures. Its shadows are projected all the time in all directions. Its shape is the one that it takes in front of the person who listens to the waves.

V

From my encounter with Zurita in London I also remember that we talked about God. When I asked him about his belief, he said he had the certainty of the existence of that word and its sound. "Without those three letters," he whispered, bending down towards my ear, "language would become chaotic" (maybe he said "would crumble down," "would fall apart", "would fall into pieces", my memory fails me). For the poet the word is strictly echoes and inscriptions. There might not be a better way of thinking about poetry than imagining a world comprised solely of these two elements. In this land, possibly as dry and saline as the sea, the encounter between history and memory would allow us to leave the sacred in silence.

El reordenamiento de las memorias

PAZ GUEVARA

Sandra Vásquez de la Horra, artista recopiladora y transformadora de iconografías y dichos populares, crea a través de procesos de hibridación y asociación dibujos donde emblemáticas figuras, escenas, y alegorías emergen al modo de una mitología contemporánea y alfabeto personal. Con línea firme y fluida, Vásquez de la Horra traza con grafito sobre papel un imaginario basado en el cruce cultural, temporal e ideológico, reordenando las memorias como matriz conceptual y contingente de su obra.

Variados formatos y tipos de papel, incluyendo pliegos de cuadernos para contabilidad de la República Democrática Alemana (DDR) que la artista fue encontrando tras la caída del muro en Berlín, constituyen el soporte de la obra, y primera superficie de un proceso de inscripción material que se desenvuelve al modo de un palimpsesto. Las huellas del papel original constituyen la capa inicial, donde luego la artista traza la línea del grafito y posteriormente otorga un baño de cera, conformando los estratos materiales, históricos e imaginarios del espacio iconográfico final.

La Santa Muerte, calavera vestida y personificación de la muerte, es una de las figuras recurrentes en sus dibujos, presente en diversas escenas como estampa del imaginario profano y popular. A lo largo de su trabajo, la artista ha conformado un repertorio de diversos motivos, un panteón profano y ecléctico, donde arquetipos arcaicos (la muerte, el nacimiento), así como personajes clásicos (Orfeo, Baco, San Sebastián), rurales (el Espíritu de las Flores o la amenaza de la mosca Tze Tze), urbanos (en dibujos como *Fantasmas en la Carretera* y *El Corcovado*) y políticos locales *(Malas juntas)* emergen desde el negro grafito como irrefrenables (e imborrables) íconos, convocados desde tiempos disímiles para articular un *tableu* contemporáneo, que se ensambla visualmente en el montaje conjunto de la serie de dibujos. La Santa Muerte, imagen sincrética del culto indígena de los muertos y la figura católica del jinete del apocalipsis, opera como la llave para entrar y salir de ambos mundos, y emblema de la dinámica de hibridación puesta en marcha desde el choque colonizador. En el contexto contingente de la postdictadura en Chile, su imagen tenebrosa e híbrida, despliega una alegoría de la historia como espacio de luto y disputa, como un devenir más enigmático que resuelto, y medio para la diseminación, metamorfosis y reordenamiento de las memorias.

La obra de Vásquez de la Horra expresa el movimiento iconográfico, la inestabilidad y devenir de los signos, más que la representación de algún tema o significado fijo. Esta transferencia y traducción de códigos culturales también se despliega en la mezcla de técnicas de representación, donde la artista entrelaza los procedimientos de la perspectiva clásica renacentista, por un lado, y el método de representación de plano bidimensional, aprendidos de la iconografía Azteca, por otro, combinando y contaminando las posibilidades de percepción.

Heredera de la poesía visual de Juan Luis Martínez y con una especialización en estudios de tipografía, Vásquez de la Horra ha explorado las posibilidades tipográficas al incorporar textos en numerosos dibujos. A través de este medio, también ingresan las expresiones populares y coloquiales, tales como *La muerte me tiene ganas, La mala pata, Volver al origen, De nuevo en el mismo hoyo o The curiosity killed the cat.* Irónicas, imprevistas y reflexivas, también tributarias de la anti-poesía, y especialmente de los *Artefactos* de Nicanor Parra, la configuración de textos e imágenes en los dibujos de Vásquez de la Horra forma unidades breves donde irrumpe la "voz" colectiva popular; fragmentos simultáneamente familiares y extraños, que logran incitar una percepción desconcertante, e incluso 'siniestra' *(das Unheimlich* en términos de Freud), impactando en el inconsciente del receptor, removiendo lo oculto, reprimido y olvidado; liberando el sustrato de la memoria primordial y arcaica, así como el miedo y el luto más reciente.

Los dibujos sobre el papel también se tornan en papiro y piel. Tras la ejecución del grafito, Vásquez de la Horra sumerge cada dibujo en un baño de cera de abejas caliente, otorgando a su obra una materialidad animal adicional. Aplicada como una operación extendida del grabado, como Justo Pastor Mellado ha reconocido *(Valparaíso en Arco,* 2013), la capa de cera fija y prensa las líneas del dibujo con profundidad. De este modo, el papel se torna traslúcido y precario, como un papiro o una piel, y los oscuros personajes de grafito se graban tanto como antiguos símbolos irreverentes como *cool* y contemporáneos tatuajes sobre el papiro-piel. La cera si bien templa y homogeneiza a los distintos pliegos, mantiene tonos ocres de diferencia, lo que otorga ritmo tonal a la instalación final sobre la pared.

Cuando los frágiles dibujos encerados se montan sin marco, directo sobre el muro siguiendo una forma espacial no lineal, plasman un movimiento y despliegan fragmentos de múltiples historias iconográficas. Un montaje disruptivo de cualquier orden o narración determinada, un "desmembramiento alegórico" (Walter Benjamin) donde los dibujos-fragmentos nos conducen mas a extraviarnos por las dislocaciones, hibridaciones y fracciones de recomposición de las memorias, que a obtener un panorama definitivo o total.

El dibujo como constante performance reafirma el acto y proceso permanente, inconcluso y fragmentario de la rememorización. Por primera vez, la artista presenta en Chile la documentación audiovisual de su performance *Hemisferios* (2002), en la que extendió el método de la enseñanza de dibujo a dos manos a una performance catártica y política, realizada en su taller de Colonia (Alemania) ante un pequeño público. Con los ojos vendados, Vásquez de la Horra se confronta a un cuaderno en blanco, escribiendo simultáneamente a dos manos: una dirigiéndose hacia la derecha y la otra hacia la izquierda. Como alegoría de la justicia y médium de las voces, luchas y traumas de la historia, la artista inscribe pliego a pliego nombres, eventos y consignas de protestas del periodo de la dictadura, tras el golpe militar al Gobierno de Salvador Allende: "Es Allende 1973", "Golpe Militar, "la Moneda arde", "Dictadura", "Desaparecidos", "Carlos Prats víctima de conspiración", "El Pueblo unido jamás será vencido", "Allende Allende el Pueblo te defiende", "Momios y comunachos", "Nemesio Antúnez y José Balmes unidos en la lucha", "No pasaran los venceremos mi amor, no pasaran", entre otros. Vásquez de la Horra re-actúa en su propio cuerpo el escenario polarizado, conmemorando, reordenando y purgando los desequilibrios y divisiones de la historia.

Sandra Vásquez de la Horra, *Hemisferios*, 2002
Sandra Vásquez de la Horra, *Hemispheres*, 2002
Imágenes del video
Video stills

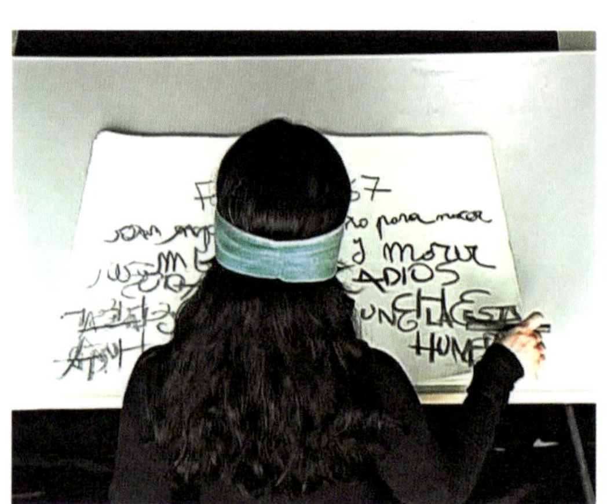
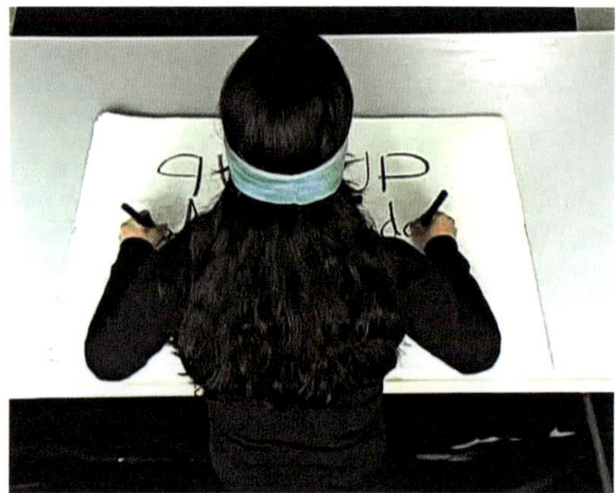
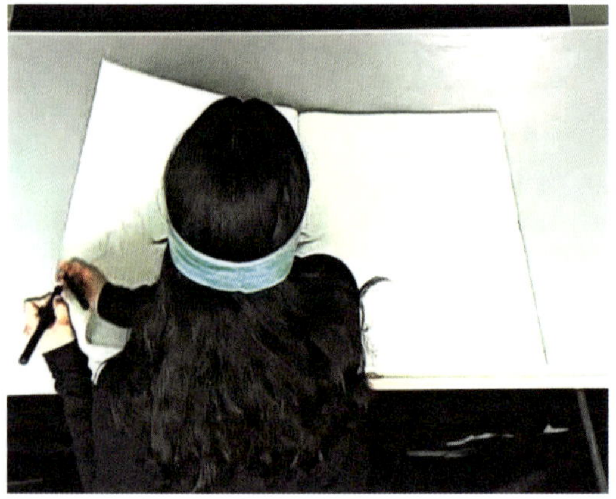
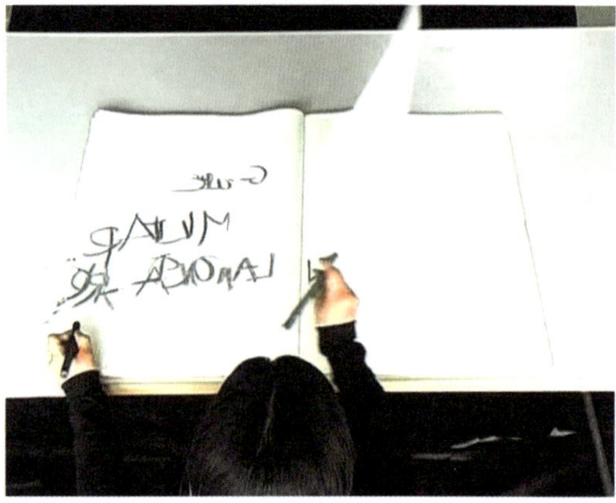
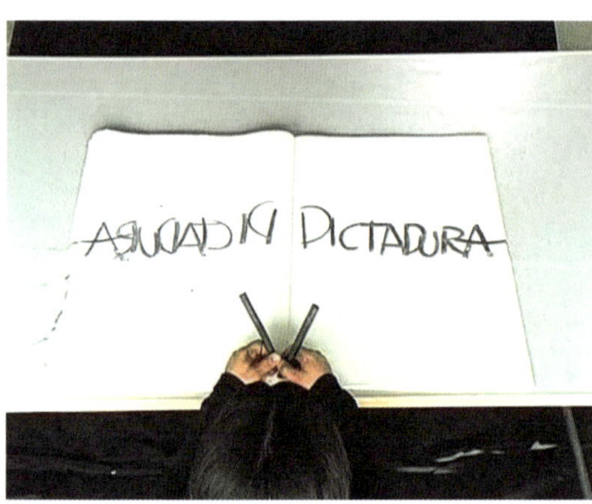
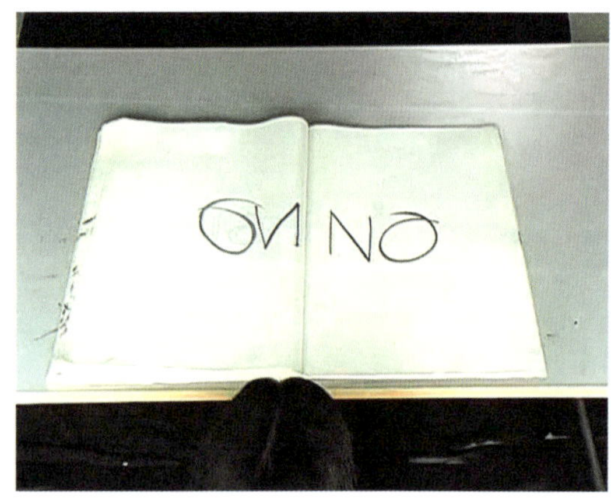

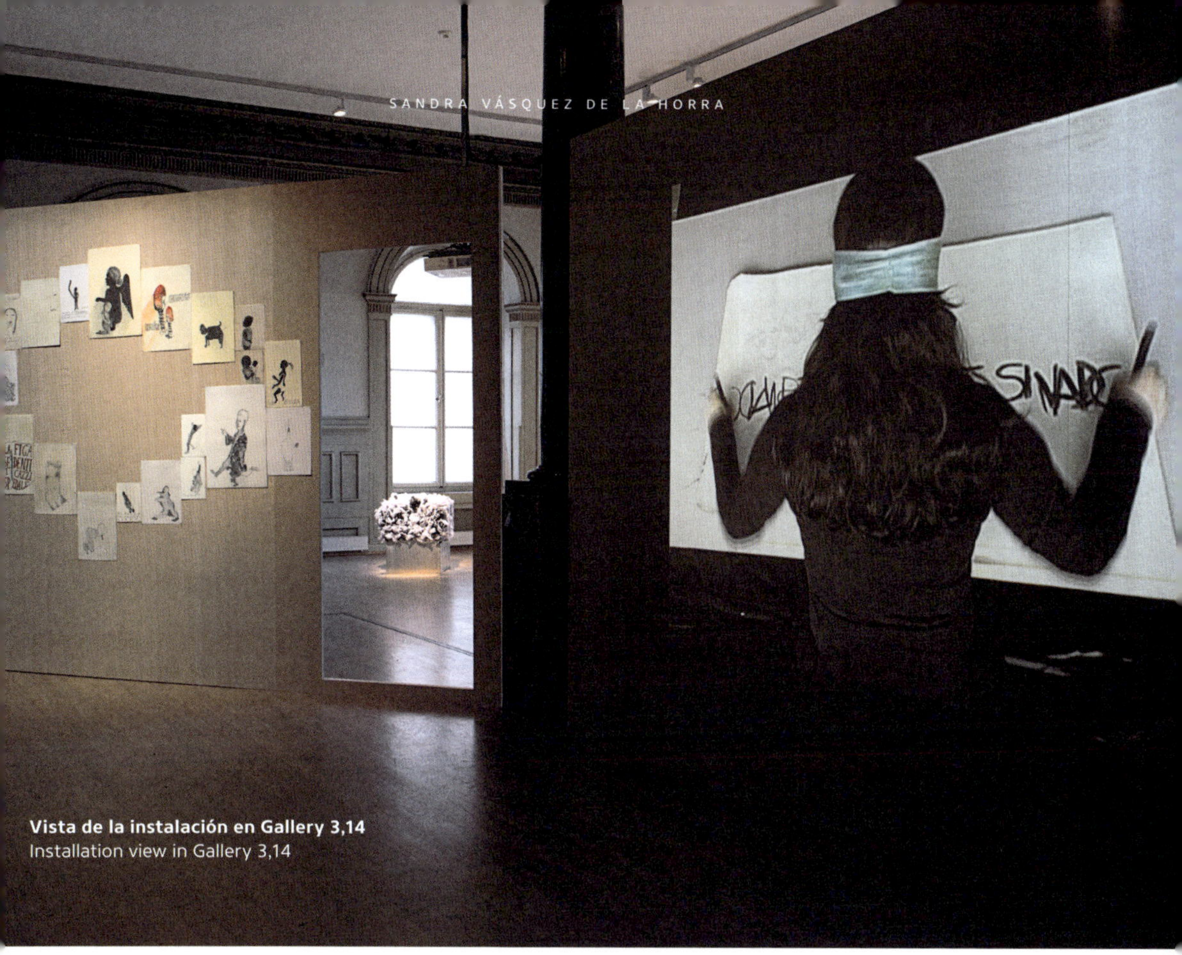

Vista de la instalación en Gallery 3,14
Installation view in Gallery 3,14

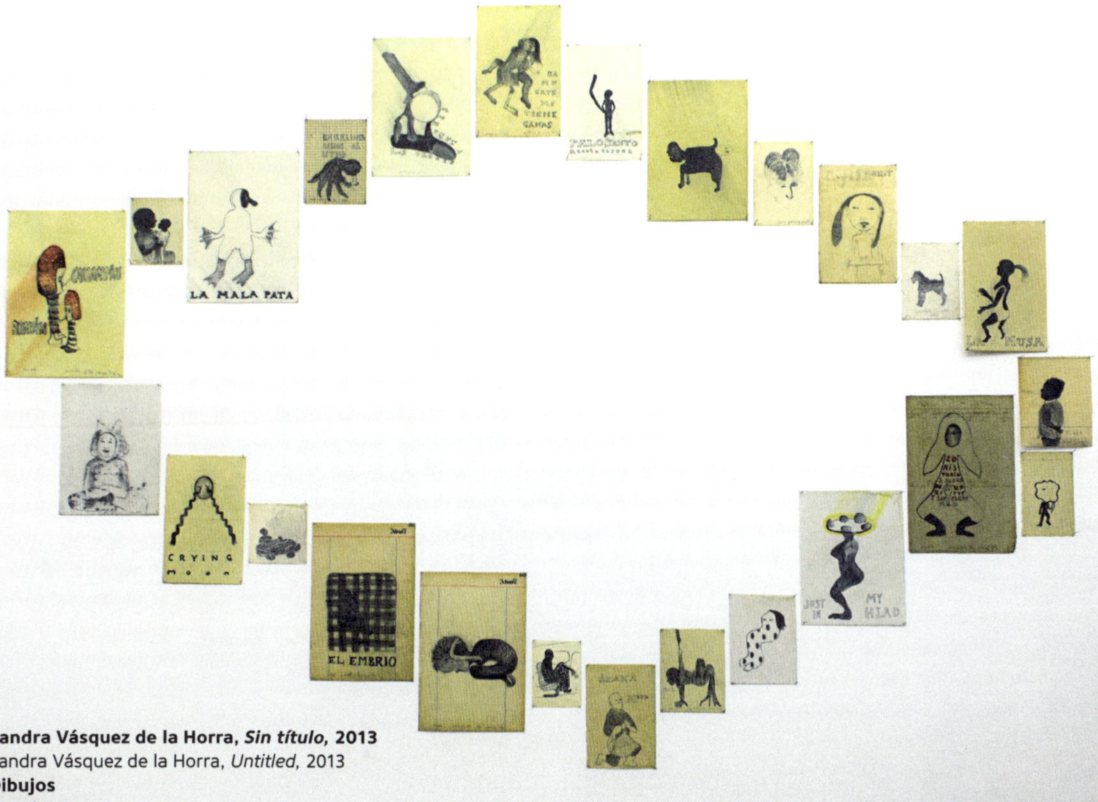

Sandra Vásquez de la Horra, *Sin título,* **2013**
Sandra Vásquez de la Horra, *Untitled,* 2013
Dibujos
Drawings

Rearranging Memories

PAZ GUEVARA

Sandra Vásquez de la Horra, an artist that compiles and transforms iconographies and popular sayings, through processes of hybridization and association, creates drawings where iconic figures, scenes, and allegories emerge like a contemporary mythology and personal alphabet. With a firm and fluid line, Vásquez de la Horra traces with graphite on paper an imaginary based on the intersection of ideological, temporal and cultural matters, rearranging memories as a conceptual and contingent matrix for her work.

Several formats and paper types, including accounting books of the German Democratic Republic (DDR) that the artist started finding after the wall came down in Berlin, constitute the backbone of her work and the first surface of a process of material inscription that unfolds in the manner of a palimpsest. Traces of the original paper form the initial layer, where the artist then draws using graphite and subsequently applies a wax bath, creating historical and imaginary strata that form a final iconographic space.

La Santa Muerte, a dressed up skull and personification of death, is one of the recurring figures in her drawings, present in various scenes as the badge of the profane and popular imaginaries. Throughout her work, the artist has built a repertoire of different motifs, a profane and eclectic pantheon where archaic archetypes (death, birth), classic characters (Orpheus, Bacchus, San Sebastián), rural characters (the Spirit of Flowers or the Tze Tze fly), urban characters (in drawings like *Ghosts in the Road* and *El Corcovado)* and local politicians *(Bad Company)* emerge from the black graphite as uncontrollable (and indelible) icons, convened from dissimilar times to articulate a contemporary *tableau. La Santa Muerte,* syncretic image of the indigenous cult of the dead and the Catholic figure of the horseman of the apocalypse, operates as the key to enter and exit both worlds, and as the emblem of the dynamic of hybridization that began with the colonizing crash. In the contingent context of post-dictatorship Chile, its dark and hybrid image displays an allegory of history as a place of mourning and dispute, as a future that is more mysterious than resolved, a means of dissemination, metamorphosis and the rearrangement of memories.

Vásquez de la Horra's work expresses the iconographic movement, the instability and the evolution of signs, rather than the representation of any fixed meaning or theme. This transfer and translation of cultural codes is also displayed in the mixed representation techniques, where the artist interlaces the procedures of classical perspective in the Renaissance on one hand, and the method of representing a two-dimensional plane, learned from the Aztec iconography, on the other, combining and polluting the possibilities of perception.

Heiress of the visual poetry of Juan Luis Martínez, and specialized in the study of typography, Vásquez de la Horra has explored the typographical possibilities by adding texts in several drawings. Through this medium, popular and colloquial expressions find their way, like *Death wants me, The bad foot, Back to the origin, Again in the same hole* or *Curiosity killed the cat.* Ironic, unexpected and thoughtful, while also paying tribute to anti-poetry and to the *Artifacts* of Nicanor Parra in particular, the setup of texts and images in the drawings of Vásquez de la Horra creates brief units where the popular collective "voice" emerges; simultaneously familiar and strange fragments, which are able to incite a disconcerting and even "sinister" perception *(das Unheimlich,* following Freud), influencing the receiver's unconscious, discovering what is hidden, suppressed and forgotten; releasing the substrate of the archaic and primary memory, as well as the fear and the more recent mourning in the country of Chile.

The drawings on paper also become papyrus and leather. After the execution in graphite, Vásquez submerges each drawing in a bath of hot beeswax, giving her work an additional animal materiality. Applied as an extended operation of engraving, as Justo Pastor Mellado has recognized *(Valparaíso en Arco,* 2013), the wax layer deeply sets and presses the lines of the drawing. Thus, the paper becomes translucent and precarious, as papyrus or leather, and the dark characters of graphite are engraved both as ancient and irreverent symbols and as cool contemporary tattoos on the papyrus/skin. Although the wax tempers and homogenizes the papers, it allows for ocher tones of difference, which provides tonal rhythm to her final installation of drawings mounted across a single wall.

When the fragile waxed drawings are mounted unframed, directly on the wall and following a nonlinear spatial form, they reflect a movement and deploy fragments of multiple iconographic stories. A disruptive installation of any particular narrative or order, an "allegorical dismemberment" (Walter Benjamin) where drawings-fragments lead us more astray by dislocations, hybridizations and fractions of recomposition of the memories than home to a defined or complete picture.

The drawing as a continuous performance reaffirms the act and process that is permanent, incomplete and fragmentary: reliving. For the first time, the artist presents in Chile the audiovisual documentation of her performance *Hemispheres* (2002), by which she extended the method of teaching drawing with both hands to a cathartic and political performance, made in her workshop in Cologne (Germany) before a small audience. Blindfolded, Vásquez de la Horra confronts a blank notebook, simultaneously writing with both hands, one going left to right and the other right to left. As an allegory of justice and voices, struggles and traumas of history, the artist inscribes page after page names, events and protest slogans of the period of the dictatorship, after the military coup to the government of Salvador

Allende: *"Es Allende 1973"*, *"Golpe Militar"*, *"La Moneda arde"*, *"Dictadura"*, *"Desaparecidos"*, *"Carlos Prats víctima de conspiración"*, *"El Pueblo unido jamás será vencido"*, *"Allende Allende el Pueblo te defiende"*, *"Momios y comunachos"*, *"Nemesio Antúnez y José Balmes unidos en la lucha"*, *"No pasarán los venceremos mi amor, no pasarán"*, amongst others. Vásquez de la Horra re-enacts in her own body the polarized scenario, commemorating, rearranging and purging the imbalances and divisions of history.

3pm, 15 de Octubre, 2014. Santiago, Chile. montenegrofisher (Luna Montenegro y

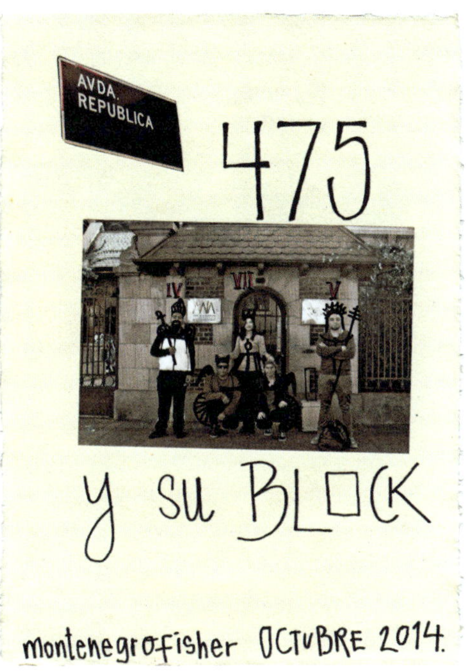

El Emperador, El Carro, El Sumo Sacerdote. Peatones, 10 de Octubre 2014. *The Emperor, The Chariot and The Hierophant.*

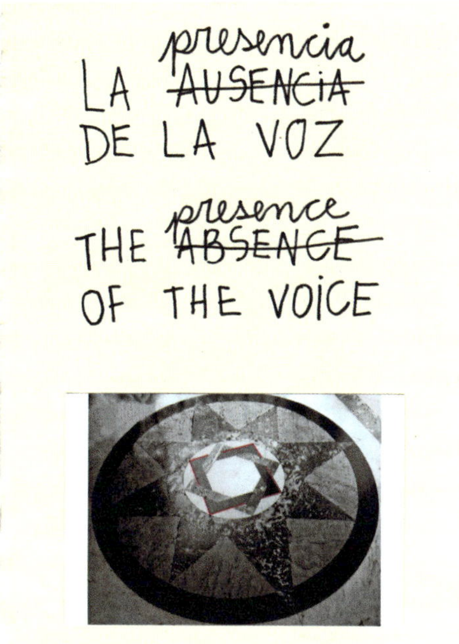

Desplegando las esquinas del espacio y del tiempo.
Unfolding the corners of space and time.

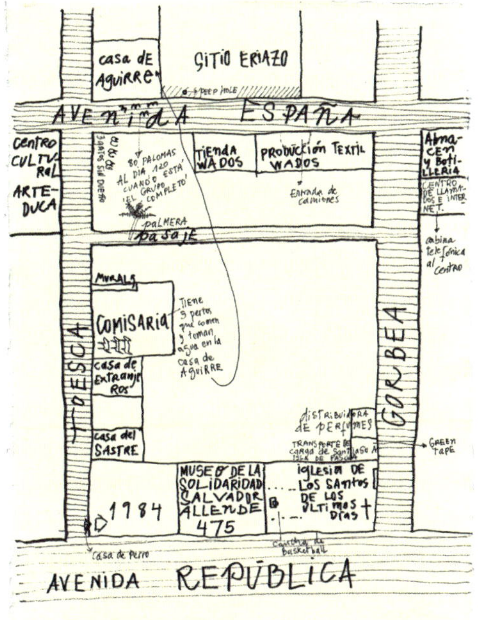

Aristocracia, Embajada,Universidad,Policía de Investigaciones, tortura. El Museo. *Aristocracy, Embassy, University, Police, Information, torture. The Museum.*

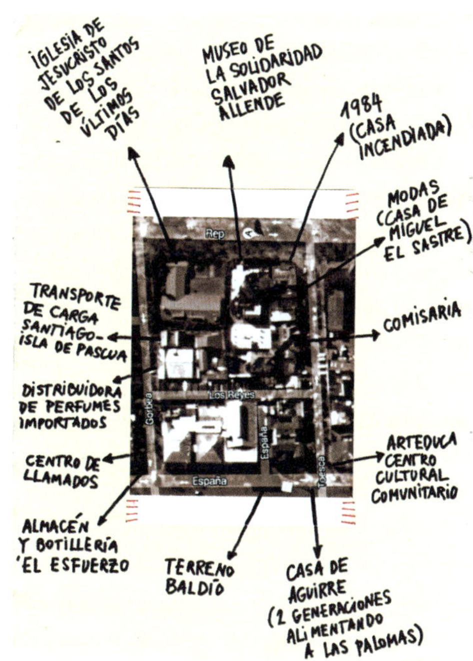

Reconocimiento de Zona en el Renacimiento.
Reconaissance of the Area in the renaissance.

local block of Museo de la Solidaridad Salvador Allende.

Salvador Allende. El grupo hizo un recorrido por más de 20 sitios vecinos,

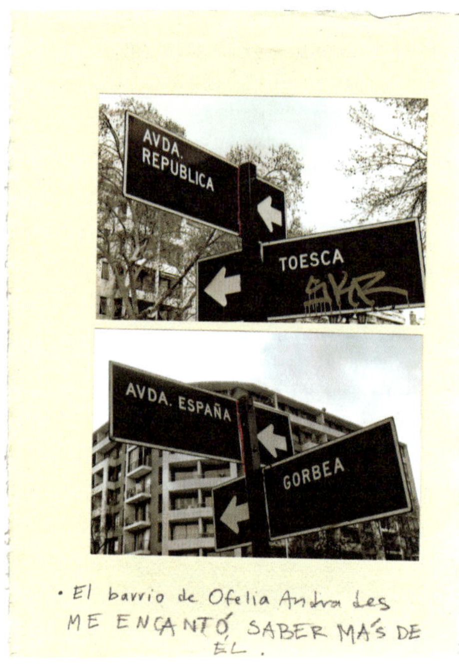

Un día en las carreras.
A day at the races.

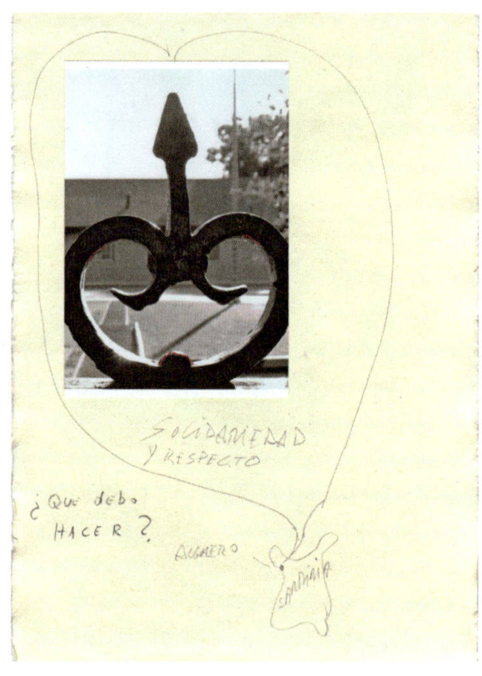

la pila baustismal.
the bath of baptism.

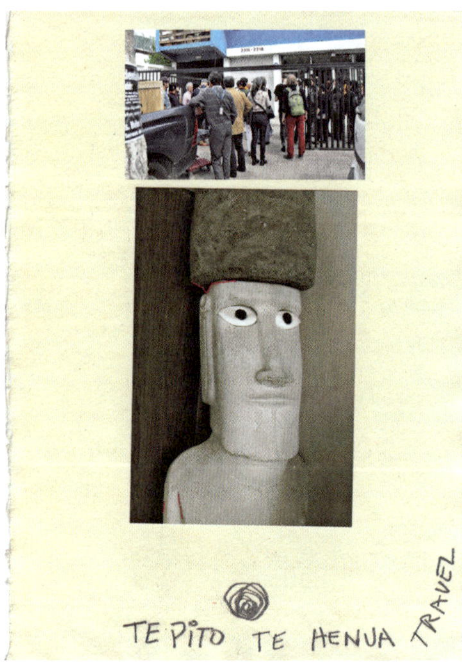

la isla habitada más remota.
the most remote inhabitated island.

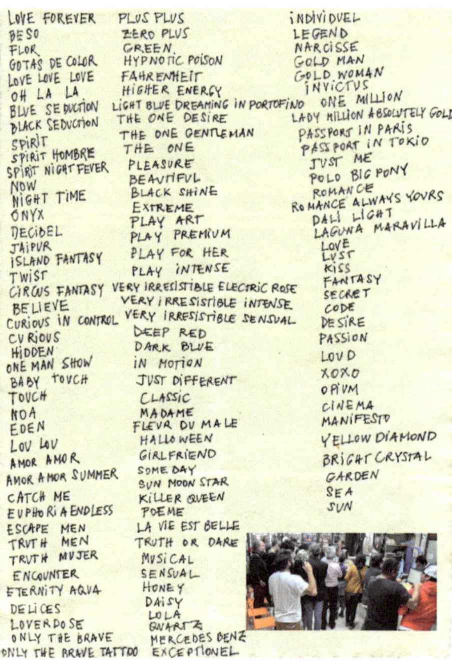

el olor de las palabras.
the smell of words.

They had previously recorded the sites as black and white photographs and

luego invitados a intervenir este registro. En varios de los sitios hubo una

en blanco y negro que fueron cosidas con hilo rojo sobre papel hecho a mano. Los participantes de la caminata fueron

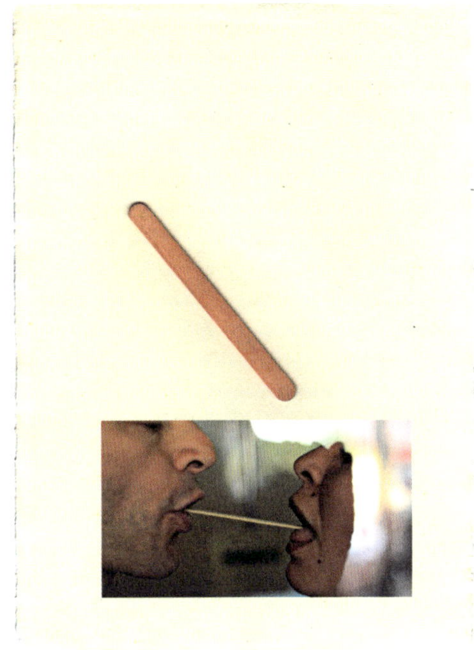

una conversación.
a conversation.

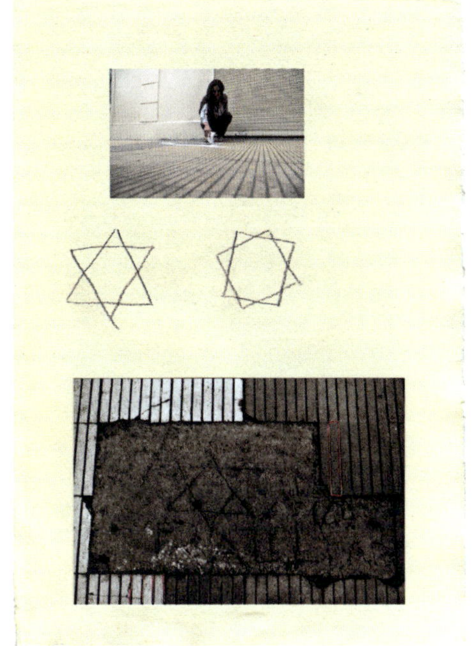

sal.
salt.

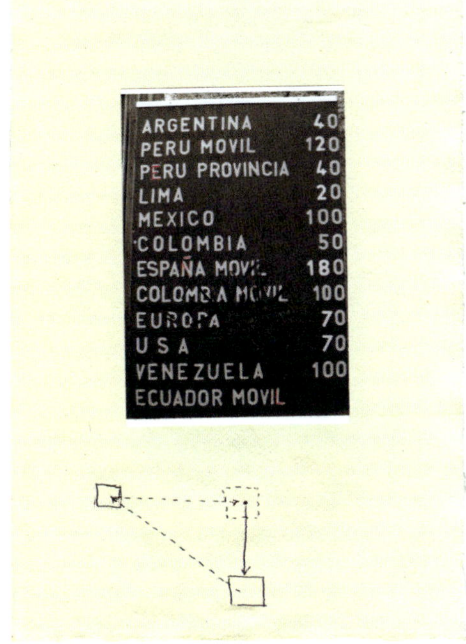

USA es más barato que Venezuela.
USA is cheaper than Venezuela.

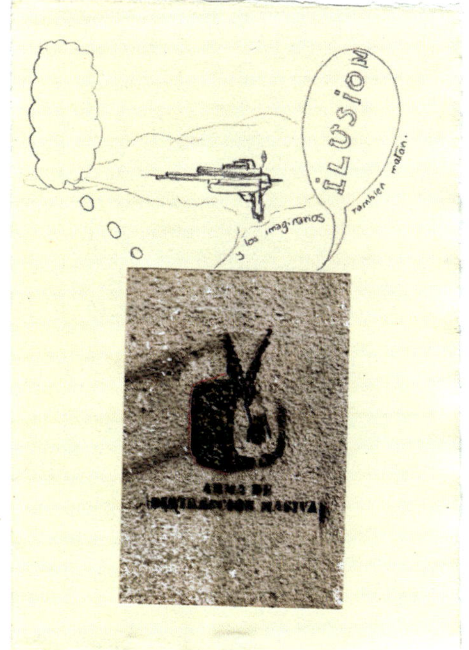

distracción es mejor que un Smartphone.
distraction is better than a Smartphone.

were invited to draw or write on these documents. At some sites there was a short introduction or a personal story

sewn them with red cotton to pieces of hand made paper. The participants

pequeña introducción o historia en relación al espacio.

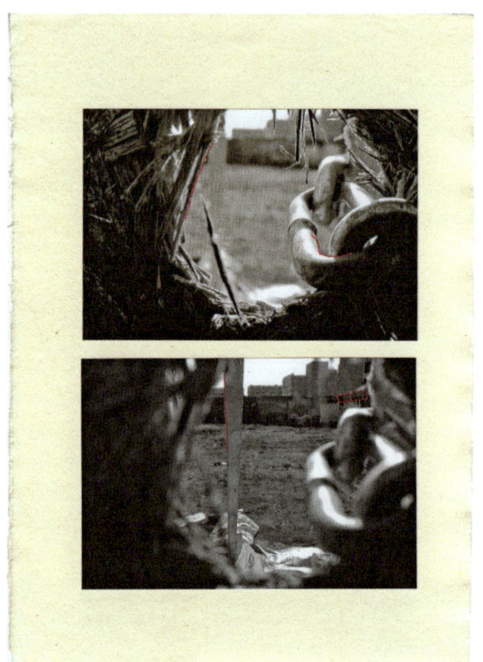

Palestina Libre.
Free Palestine.

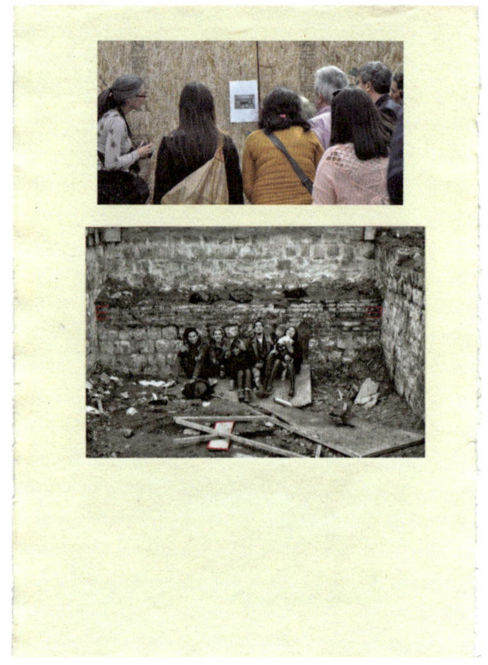

familia elusiva.
elusive family.

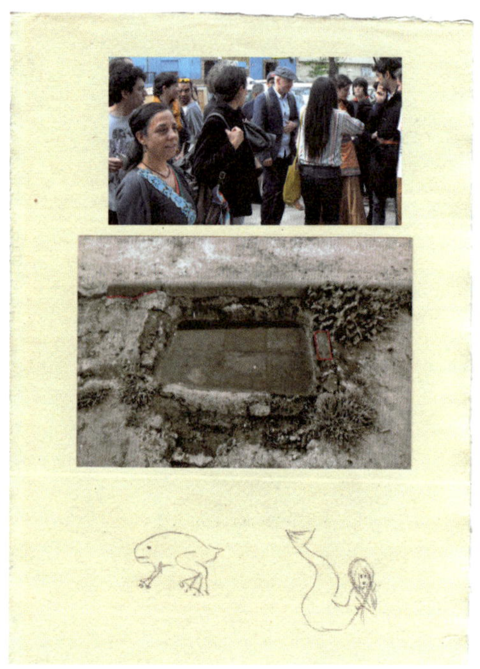

Cada día,a las 4.30pm,120 palomas comen migas de pan y beben aquí. *Everyday, at 4.30pm, 120 pigeons drink and eat bread crumbs here.*

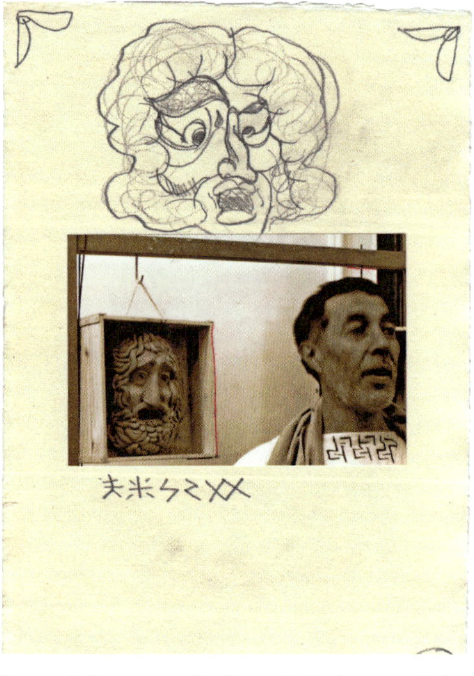

la verdad se esconde justo bajo la superficie. *truth is just below the surface.*

surrounding the sites activity. Sometimes there was a direct intervention,

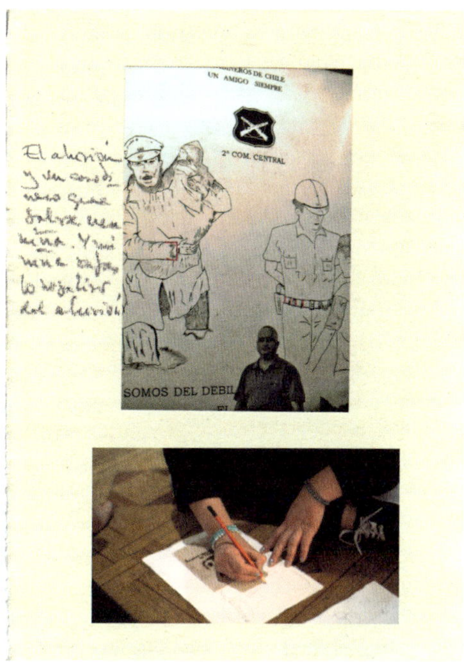

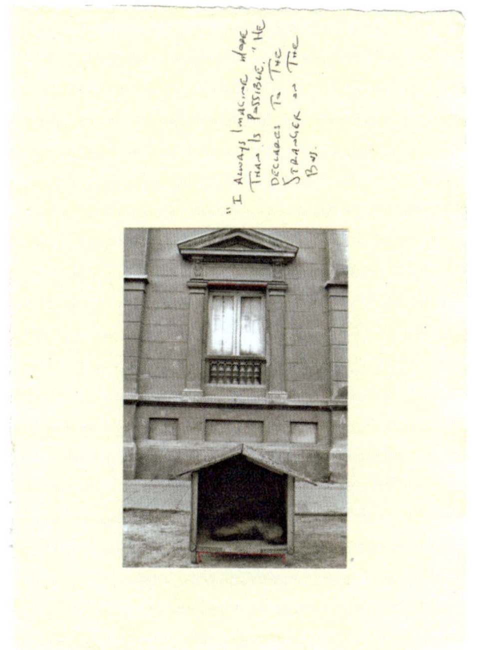

Alberto Durero fue el primer artista en usar la técnica del cuadriculado. *Albert Durer was the first artist to use a grid for painting.*

un hogar que desaparece. *a disappearing home.*

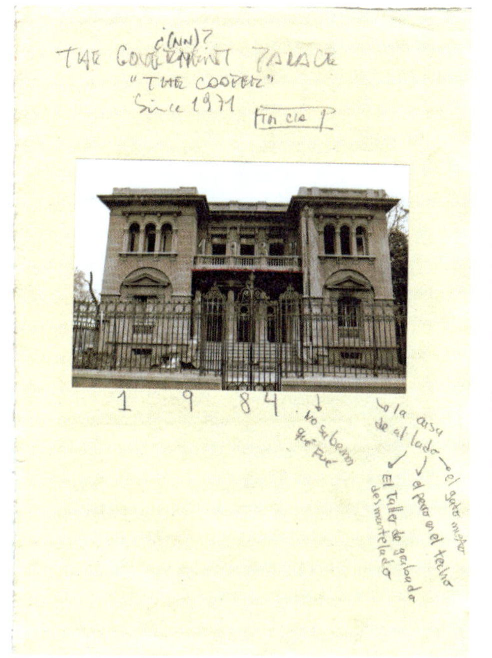

el código se oculta bajo la solapa izquierda. *the code is hidden behind the left lapel.*

'Todas las confesiones que son pronunciadas aquí son verdaderas.' *'All the confessions that are uttered here are true.' G.Orwell.*

En algunos hubo una intervención directa. En otros solo observación. *at other sites just observations.*

OBRAS WORKS

CATALINA BAUER
Panacea
Santiago, 2012
DVD, 3 minutos
DVD, 3 minutes
Colección de la artista
Artist's collection

SOLEDAD GARCÍA SAAVEDRA &
BRANDON LABELLE
El Block Mágico después de Díaz
y Mellado
The Magic Block after Díaz
and Mellado
Bergen-Santiago, 2014
Instalación de diagramación de objetos
Installation of diagrams of objects

GONZALO DÍAZ Y JUSTO PASTOR
MELLADO
El Block Mágico de Gonzalo Díaz
The Magic Block of Gonzalo Díaz
Santiago, 1985
Colección/collection Centro de
Documentación de las Artes Visuales

JUAN DOWNEY
El Caimán con la risa de fuego
The Laughing Alligator
New York, 1979
DVD, 30 minutos
DVD, 30 minutes
Colección/collection Centro de
Documentación de las Artes Visuales

RAINER KRAUSE
Lengua Local 1: reducción/cambio
Local language 1: reduction/shift
Santiago, 2014
Instalación Sonora, textos y briza
Sound installation, texts and breeze
Colección del artista
Artist's collection

Lengua Local 2: txt/contxt
Local Language 2: txt/contxt
Santiago, 2014
Instalación sonora y vinilo
Sound installation, vynil
Colaboradores/Collaborators: Pamela
Reyes/Fernando Ortega
Colección del artista
Artist's collection

VOLUSPA JARPA
Tres formas de secretos
Three Shapes of Secrets
Santiago, 2014
Tres esculturas de papel y resina
Three sculptures of paper and resin
Colección de la artista
Artist's collection

CLAUDIA MISSANA
La Sirena (humo y sombra)
The Siren (Smoke and Shadow)
Santiago, 2014
Plotter reflectante, clavos de cobre y
luces de neón
Reflacting vynil, copper nails and
neon lights
Colección de la artista
Artist's collection

MICHELLE-MARIE LETELIER
La Predicción de Tarapacá,
The Prediction of Tarapacá
Berlin, 2014
Cobre, metal, paneles solares, tarjeta
PCB, circuito eléctrico y compás
Copper, metal, solar panels, PCB
Boards, electric circuit, compass
Colaborador/collaborator: Carlo Crovato
Colección de la artista
Artist's collection

ENRIQUE RAMÍREZ
Brisas
Breezes
Paris, 2008
DVD, película 35mm, 13 minutos
DVD, film 35mm, 13 minutes
Colección/collection Centro de
Documentación de las Artes Visuales

La Geografía
The Geography
Santiago, 2014
Video instalación, vela e impresión
Video installation, canvas and prints
Colección del artista
Artist's collection

EUGENIO TÉLLEZ
La Memoria
The Memory
Santiago-Paris, 1981
DVD, 52 minutos
DVD, 52 minutes
Colección/collection Centro de
Documentación de las Artes Visuales

SANDRA VÁSQUEZ DE LA HORRA
Hemisferios
Hemispheres
Berlin, 2002
DVD, 8 minutos
DVD, 8 minutes
Colección del artista
Artist's collection

Sin Título
Untitled
25 dibujos
25 drawings
Berlin, 2013
Colección de la artista
Artist's collection

BIOGRAFÍAS BIOGRAPHIES

ARTISTAS

Catalina Bauer

Catalina Bauer nació en Buenos Aires, Argentina en 1976. Licenciada en Bellas Artes por la Universidad Finis Terrae en 1998. Luego cursó la maestría en Artes Visuales en la Universidad de Chile. Desde ese momento ha mostrado su trabajo tanto nacional como internacionalmente en exhibiciones individuales y grupales. Catalina Bauer vive y trabaja en Santiago de Chile donde además se desempeña como tutora en el Taller BLOC, un espacio independiente y autogestionado del que es co-fundadora junto a cuatro artistas desde el 2009.

Gonzalo Díaz

El trabajo de Gonzalo Díaz (Santiago de Chile, 1947) incluye diferentes medios como la instalación, la fotografía, el grabado y la pintura. En la década del 80 modifica su trabajo pictórico por la gráfica, las instalaciones en espacios públicos y en galerías independientes. En sus trabajos ha abordado constantemente asuntos como los cánones y géneros del arte, los emblemas históricos, el poder y la moral enlazados a los medios de masas, la publicidad, utilizando leyendas y objetos conocidos, y popularmente asociados a la historia particular de Chile. Es profesor titular del taller de pintura de la Facultad de Artes de la Universidad de Chile.

Juan Downey

La obra de Juan Downey (Santiago de Chile, 1940 – New York, 1993) cubre una amplia gama de prácticas y medios: dibujo, instalación, video y pintura. En la década de los 60, Downey comenzó a trabajar con las técnicas del videoarte, siendo un pionero junto a Nam June Paik. Igualmente, su obra se enfocó en asuntos complejos y comunes del momento, como el uso de las tecnologías en arte y sus implicancias en la cultura de masas, la identidad y la producción de significados en un contexto que a veces iba más allá del espacio del museo y la exhibición en galerías. En 1973, Downey inició la saga *Video Trans Americas,* una serie de video-ensayos que recuperaban las culturas del continente Americano basado en un marco antropológico, intercambiando información cultural, multiplicando su propia identidad y subvirtiendo la asimilación de la cultura en particular, recuperando en cambio, el universo enérgico de su comunicación expresiva y la vitalidad de los momentos.

Voluspa Jarpa

Voluspa Jarpa (Rancagua, 1971) ha desarrollado un trabajo con los archivos desclasificados de Estados Unidos de los países de América Latina que fueron producidos durante la segunda mitad del siglo XX y que han sido liberados a inicios del siglo XXI. Procedente de su proyecto de investigación Historia/Histeria ha realizado instalaciones que tratan con los archivos y documentos y cómo éstos ocupan una fina línea de visibilidad pública y extraoficial. Entre sus exhibiciones recientes se encuentran *Construcción imaginaria* en la Biblioteca Nacional del Perú; *Salpêtrière,* en el Museo de Arte Contemporáneo de Valdivia, Chile y *L'Effet Charcot,* en la Maison de l'Amérique Latine; *La Biblioteca de la No-Historia* en la 8va Bienal de Mercosur, Porto Alegre, Brasil y en la 12ava Bienal de Estambul, Turquía en el 2011 y la exhibición *Secret/Sensitive-Only Eyes,* en Galería Mor-Charpentier, París, 2013 e *Historias de Aprendizaje* en la 31ª Bienal de Sao Paulo, 2014. Vive y trabaja en Santiago de Chile.

Claudia Missana
Claudia Missana (Santiago de Chile, 1964) trabaja con dibujos, fotografías, diseño digital y video explorando relaciones entre la producción de imágenes, sus condiciones de visibilidad, percepción y memoria. Sus proyectos de exhibición individual contemplan la residencia en el Museo del Barro, Paraguay, 2006, donde registró los documentos del Archivo del Horror en Asunción; *Cruces gráficos* (2004) proyecto fotográfico basado en intervenciones efímeras en el espacio urbano en Santiago. También ha participado de proyectos y muestras colectivas como *Proyecto de Borde* una serie de instalaciones específicas entre 1999 y 2005 (Museo de Arte Contemporáneo de Valdivia, Chile; Fuller Museum of Art, Brockton, MA, Estados Unidos; Latincollector Art Center, New York, Estados Unidos y ArtSpace, Sydney, Australia); y en el proyecto *Human Rights, Copy Rights, Archivos visuales en la era de la desclasificación* curada por Cristián Gómez-Moya (Museo de Arte Contemporáneo, Santiago, 2011). En la actualidad trabaja en el proyecto colectivo "Fuera de borde", una serie de muestras en el Museo Regional de Punta Arenas, Chile; Espacio de Arte Contemporáneo, Montevideo, Uruguay; mARTadero, Cochabamba, Bolivia; La Curtiduría, Oaxaca, México y Casa E, Valparaíso, Chile (2012-13). Vive y trabaja en Santiago de Chile.

Montenegrofisher -Luna Montenegro & Adrian Fischer
Luna Montenegro y Adrian Fisher se conocen en Santiago de Chile el 2000. Realizan en colaboración, performances, intervenciones, películas, instalaciones y dibujos. Sus trabajos exploran ideas de localidad y lo desapercibido en relación al cuerpo y las prácticas de participación. Sus investigaciones cubren prácticas culturales y lugares diversos dentro de contextos contemporáneos. Sus performances en vivo son documentadas a través de videos y reliquias desde donde elaboran nuevas obras que rastrean un sentido de presencia.

Adrian Fisher (Reino Unido) estudió en Goldsmiths College, London University, Licenciado en Bellas Artes y Teoría crítica. Luna Montenegro estudió Bellas Artes y Ciencias Sociales en la Universidad Católica, Santiago, Chile. Han exhibido su trabajo extensivamente en el Reino Unido, Europa y Sudamérica en espacios como el Centro de Cultura Contemporánea (CCCB), Barcelona, el Institute of Contemporary Art (ICA), Londres, el Palacio das Artes, Bello Horizonte, Brasil como también en diversas galerías de arte, residencias, festivales de cine, proyectos de sitio específico, internet y radio.

Michelle-Marie Letelier
(Nace en Rancagua, Chile, 1977) vive y trabaja en Berlín. Sus exposiciones individuales más recientes incluyen *Caliche Winds* en el Museo de Los Sures, New York (2014) y *Doomed scape* en el Perlini Arte Gallery, Padua (2012). Ha exhibido su trabajo en exhibiciones grupales como *Puro Chile: Paisaje y Territorio,* Centro Cultural Palacio La Moneda, Santiago (2014); *To Seize Matter and Leave a Landscape* en West Germany, Berlin (2012); 10ma Bienal de Video y Nuevos medios, Museo de Arte Contemporáneo, Santiago (2012); Bienal Mercosur (2010) y en *In/Out China,* en el East Asia Contemporary Art Space, Shanghai (2008). Sus videos han sido exhibidos en distintas proyecciones y festivales entre ellos: *World One Minute Festival,* Beijing y Lisboa; *Citypulse,* Santiago; *ALBIAC,* Valencia y *Next Festival,* Vilnius. Fue seleccionada para participar del Goldrausch Programme, Berlín (2010), Obtuvo la primera edición del ORA

International Art Prize en Italy (2012) y fue residente en el International Studio & Curatorial Program (ISCP) en New York durante el 2014.

Rainer Krause
Rainer Krause nace en Hoyerhagen, Alemania en 1957. Desde 1987 vive y trabaja en Santiago de Chile. Obtuvo su maestría en Artes Visuales en la Universidad de Chile donde actualmente es profesor. Krause ha realizado exhibiciones individuales desde 1985 en Alemania, Chile, España y Canadá y ha exhibido en muestras colectivas en Europa y América Latina. Desde el 2005 ha curado exhibiciones, eventos y proyectos de arte sonoro.

Enrique Ramírez
Enrique Ramírez. Nace en 1979 en Santiago, Chile. Obtiene su maestría en Arte contemporáneo y nuevos medios en el Studio National of art contemporain Le Fresnoy, Francia. El trabajo de Enrique Ramírez puede describirse como incursiones poéticas dirigidas hacia la humanización de distopías contemporáneas. Sus instalaciones-fílmicas y fotografías tratan sobre las políticas del éxodo y el exilio y la discontinuidad de la memoria que para Ramírez, significan siempre una ardua búsqueda del imaginario subjetivo. Los amplios paisajes que comúnmente aparecen en sus trabajos son concebidos como espacios geo-poéticos para la imaginación, territorios abiertos para la visión y la circulación. El estado de estas imágenes es contemplativo; el paisaje, la brisa, el agua, la arena, todos parecen trabajar juntos por el esfuerzo de localizar una vista subjetiva.

Eugenio Téllez
(Nace en Santiago, Chile, 1939). Entre 1957 y 1959 estudia Bellas Artes en la Universidad de Chile en Santiago. Entre 1960 y 1966 trabaja con Stanley William Hayter en el Atelier 17 en París, siendo Director Asociado entre 1962 y 1966. Desde 1966 a 1968 fue profesor visitante de la Facultad de Pintura en la Universidad de Illinois. Entre 1970 y

1994 fue profesor de Bellas Artes en la Universidad de York, Toronto donde es actualmente Profesor Emérito.

Usando procedimientos conceptuales múltiples, su trabajo considera preguntas sobre la identidad cultural, las experiencias en América Latina y las complejidades de la humanidad. Uno de las temáticas de su trabajo es el descubrimiento y conquista de América. Explorando diversas áreas geográficas, investigando sus identidades desde sus geologías hasta sus culturas y figuras míticas. Mezcla experiencias personales con historias universales en pictogramas incorporando un repertorio particular de íconos. El mundo que crea se quiebra, generando campos de batalla de explosiones donde resuenan las conflictos civiles, regionales y mundiales.

Sandra Vásquez de la Horra
Sandra Vásquez de la Horra nace en Viña del Mar, Chile en 1967. Entre 1989 y 1994 estudia comunicación visual en la Universidad del Diseño en Viña del Mar. Obtiene su postgrado en la Kunsthochschule für Medien en Colonia, Alemania en 2003. Actualmente, vive y trabaja en Berlín. Ha realizado exhibiciones individuales en Nueva York, Londres, Alemania y Chile. Entre las exhibiciones colectivas se encuentran: *The end of the line: attitudes in drawing,* en el Southbank Centre, *The Hayward Touring,* Reino Unido, 2009; *Anatomie les peaux du dessin-* colección Florence et Daniel Guerlain, FRAC - *Picardie, Amiens,* Francia, 2008; *Memories for Tomorrow: Works from The UBS Art Collection,* en la Bienal de Shanghai Art Museum Beijing, 2008; *Drawings from the UBS Art Collection,* Tate Modern, Londres, 2007; *Materia, Reflexión y sueños,* Colección Santa Cruz-Yaconi, en el Museo de Artes Visuales (MAVI), Santiago de Chile, 2003.

A R T I S T S
Catalina Bauer
Catalina Bauer was born in Buenos Aires, Argentina in 1976. She studied

Fine Arts in the Universidad Finis Terrae, Chile obtaining a bachelor's degree in 1998, after which she attended the Universidad de Chile, pursuing a master's in Fine Art. Since then her work has been shown internationally in both solo and group exhibitions. Catalina Bauer lives and work in Santiago de Chile where, along with her own practice, she manages Taller BLOC, an artist-run space founded with four other Chilean artists in 2009.

Gonzalo Díaz

Gonzalo Díaz (b. Santiago de Chile, 1947) is an artist whose work encompasses different mediums such as painting, installation and photography. In the 80s, his work took a twist from painting to installation in public spaces and local galleries. Among the issues he had been tackling since that time include a constant reflection on the canons of art, such as genres, historical emblems, power and morality that mingle with mass media, advertisement billboards, legends and objects popularly known to be associated to the particular history of Chile. He is currently professor at the School of Arts in the Universidad de Chile.

Juan Downey

The work of Juan Downey (b. Santiago de Chile, 1940 – New York, 1993) covers a wide range of practices and mediums: drawing, installation, video, and painting. At the beginning of the 60s, Downey started to work with video art techniques, being a pioneer with Nam June Paik. Likewise, the work addresses a series of complex issues, very current at the time, about the use of new technologies in art and the implications within the mass culture, identity or the production of meaning in a context that went far beyond the museum and gallery exhibition space. In 1973 Downey initiated the *Video Trans Americas,* a series of video essays recuperating the cultures of the American continent based on an anthropological frame, exchanging cultural information, multiplying its own

identity, breaking down the assimilation of a particular culture, recuperating instead its energetic universe and its expressive communication and vitality of moments.

Voluspa Jarpa

Voluspa Jarpa (b. Rancagua, 1971) works with declassified archives of the United States of Latin American countries that were produced during the last half of the 20th century and that have been released since the beginning of the 21st century. Stemming from her research project History and Histeria, she has conceived installations that deal with archives and documents and how they occupy a fine line between public and an unofficial visibility. Among her current exhibitions are *Imaginary Construction* at the National Library of Perú, *Salpetriere* at the Museum of Contemporary Art in Valdivia and *L' Effect Charcot,* at the Maison de l'Amérique Latine, Paris, 2010; *The Library of No-History* in the 8th Mercosur Biennial, Porto Alegre (Brazil), the 12th Biennial of Istanbul (Turkey) in 2011, and the exhibition *Secret/Sensitive, Only Eyes,* in the Mor-Charpentier Gallery, Paris, 2013.

Claudia Missana

Claudia Missana (b. Santiago de Chile, 1964) works with drawing, photography, digital design and video, exploring relationships between the production of images, conditions of visibility, perception and memory. Her solo projects and shows include a residency at the Museo del Barro in Paraguay (2006), during which time she registered files of the Horror Archive in Asunción; and *Graphic Crossing* (2004), a photography project based on ephemeral urban interventions in Santiago, Chile. She has been part of group projects and exhibitions that include *Project of a Boundary,* a series of site specific installations between 1999 and 2005 (Museum of Contemporary Art of Valdivia, Chile; Fuller Museum of Art, Brockton, MA, USA; Latincollector Art Center, New

York, USA; and ArtSpace, Sydney, Australia); and the project *Human Rights, Copy Rights, Visual Archives in the Age of Declassification,* curated by Cristián Gómez-Moya (Museum of Contemporary Art, Santiago, 2011). Currently, she is working on the collective project "Outside the Edge", a series of shows in Museo Regional de Punta Arenas, Chile; Espacio de Arte Contemporáneo, Montevideo, Uruguay; mARTadero, Cochabamba, Bolivia; La Curtiduría, Oaxaca, México; and Casa E, Valparaíso, Chile (2012-13). She lives and works in Santiago, Chile.

Montenegrofisher -Luna Montenegro & Adrian Fischer

Luna Montenegro and Adrian Fisher met in Santiago, Chile, 2000. They collaborate making works in performance, intervention, film, installation and drawing. Their work investigates ideas of locality and the unseen in relation to the body and participatory practice. Their research covers diverse cultural practices and places them within contemporary contexts. Their live performances are documented through video and relics from which they make new works that trace a sense of presence.

Adrian Fisher (UK) studied at Goldsmiths College, London University, BA Fine Art and Critical Theory. Luna Montenegro studied Fine Art and Social Sciences at Universidad Católica, Santiago, Chile. They have shown their work extensively in the UK, Europe and South America including CCCB, Centro de Cultura Contemporánea, Barcelona, ICA, Institute of Contemporary Art, London, Palacio das Artes, Bello Horizonte, Brazil as well as in diverse art galleries, residencies, film festivals, site-specific projects, the internet and radio.

Michelle-Marie Letelier

(b. 1977 Rancagua, Chile) lives and works in Berlin. Recent solo exhibitions include *Caliche Winds* at El Museo de Los Sures, New York (2014) and *Doomed scape* at Perlini Arte Gallery, Padua (2012).

Selected group exhibitions include: *Magic Block* at Stiftelsen 3,14, Bergen, Norway and Museo de la Solidaridad Salvador Allende, Santiago (2014); *Puro Chile: Paisaje y Territorio,* Palacio La Moneda Cultural Center, Santiago (2014); *To Seize Matter and Leave a Landscape* at West Germany, Berlin (2012); X Video and Media Arts Biennial at the Museum of Contemporary Art, Santiago (2012); Mercosur Biennial (2010) and *In/Out China,* East Asia Contemporary Art Space, Shanghai (2008). Her videos have been exhibited in several screenings and festivals, among them: World One Minute Festival, Beijing and Lisbon; Citypulse, Santiago; ALBIAC, Valencia and Next Festival, Vilnius.
She was selected to participate in the Goldrausch Programme, Berlin (2010). Awarded the first edition of ORA International Art Prize in Italy (2012) and was resident at the International Studio & Curatorial Program (ISCP) in New York during 2014.

Rainer Krause

Rainer Krause was born in Hoyerhagen, Germany, in 1957. Since 1987 he lives and works in Santiago de Chile as a visual and sound artist. He has a Visual Arts master's degree from Universidad de Chile, where he currently has a teaching position. Krause has had solo exhibitions since 1985 in Germany, Chile, Spain, and Canada; and has exhibited in group shows in Europe and Latin America. Since 2005 he has also worked in curating exhibitions, events and sound art projects.

Enrique Ramírez

Born in 1979 in Santiago, Chile. He has a master's degree in contemporary art and new media from Studio National of art contemporain Le Fresnoy, France. Enrique Ramirez's work could be described as poetic incursions towards the humanization of contemporary dystopias. His film-installations and photography deal with the politics of exodus and exile and the discontinuity of memory, but for Ramírez this always means an arduous search through subjective imaginary. The vast landscapes that often appear in his works are conceived as geo-poetic spaces for imagination, territories open for vision and deambulation. The mood of the images is a contemplative one; the landscape, the breeze, the water, the sand, they all seem to work together in an effort to place a subjective view.

Eugenio Téllez
(Santiago, Chile, 1939). Between 1957 and 1959 he studied at the School of Fine Arts at the Universidad de Chile in Santiago. Between 1960 and 1966 he worked with Stanley William Hayter in Atelier 17 in Paris, becoming the Associate Director in 1962 and 1966. From 1966 to 1968 he was visiting professor in the Faculty of Painting at the University of Illinois. Between 1970 and 1994 he was professor of Fine Arts at the University of York, Toronto where is currently, Professor Emeritus.
Using multiple conceptual procedures, his work considers questions of cultural identity, the Latin American experience and the complexity of humankind.
One of many themes in his work is the discovery and conquest of America. He explores geographically diverse areas, investigating their identity from their geology to their cultures and their mythical figures (for example, Nosferatu in ex-Czechoslovakia).
He mixes personal experiences with universal history in pictograms which incorporate a particular repertory of identifiable icons. The worlds he creates break up, they are battlefields full of explosions which echo civil, regional and world conflicts.

Sandra Vásquez de la Horra
Sandra Vásquez de la Horra was born in Viña del Mar, Chile in 1967. Between 1989 and 1994 she studied visual communication at the University for Design, Viña del Mar, Chile. She received her post-graduate degree at the Kunsthochschule fü Medien in Cologne, Germany, in 2003. She currently lives and works in Berlin. She has had solo exhibitions in New York, London, Germany and Chile. Her group exhibitions include: *The end of the line: attitudes in drawing,* Southbank Centre, The Hayward Touring, Great Britain, 2009; *Anatomie les peaux du dessin -* collection Florence et Daniel Guerlain, FRAC - Picardie, Amiens, France, 2008; *Memories for Tomorrow: Works from The UBS Art Collection,* Shanghai Art Museum Beijing Biennale 2008; Drawings from the UBS Art Collection, Tate Modern, London, 2007; *Materia, Reflección y Sueños,* Collection Santa Cruz-Yaconi, Museo de Artes Visuales (MAVI), Santiago de Chile, 2003.

ESCRITORES

Soledad García Saavedra es curadora e historiadora del arte. Es curadora-coordinadora del Centro de Documentación de las Artes Visuales del Centro Cultural La Moneda (CCLM) en Santiago de Chile donde ha desarrollado programas para incentivar el estudio de documentos en distintos formatos digital y físico a través de convocatorias, seminarios, talleres y exhibiciones. Ha editado los libros *Ensayos sobre Artes Visuales. Prácticas y discursos de los años 70 y 80 en Chile, Vol. I, II, III y IV* (2011-2015) y *La Manzana de Adán de Paz Errázuriz* (2014). Su práctica cruza el trabajo con documentos, historias suspendidas o pérdidas y las capacidades de reenacción en el presente. Regularmente dicta talleres y cursos sobre curaduría, memoria y archivo. Es profesora en la Universidad Alberto Hurtado, Santiago, Chile.

Brandon LaBelle es artista, escritor y teórico. Trabaja con la cultura del sonido, la voz y las preguntas sobre agencia. Desarrolla y presenta sus proyectos artísticos y performances dentro de un amplio contexto internacional, frecuentemente trabajando en colaboración y ante un público. Es autor de *Lexicon of the Mouth: Poetics and Politics of Voice and the Oral Imaginary* (2014), *Diary of an Imaginary Egyptian* (2012), *Acoustic Territories: Sound Culture and Everyday Life* (2010) y *Background Noise: Perspectives on Sound Art* (2006). Es editor de Errant Bodies Press, Berlin, y Professor en el Bergen Academy of Art and Design, Norway.

Michele Galletti es científico e ingeniero investigador sobre radares meteorológicos y climatología, especializado en radares polarimétricos para la observación del tiempo, incluyendo graves tormentas y nubes en el Ártico. Además de la ciencia, colabora con artistas, galerías e instituciones como crítico de arte contemporáneo, ingeniero asistente de artistas y fabricante de arte. Se ha focalizado en obras que intersectan arte, ciencia, tecnología y ciencia computacional. Regularmente colabora con galería Primo Marella en Milán y el International Studio & Curatorial Program (ISCP) in Brooklyn, New York, como ingeniero asistente de los artistas en residencia.

Cristián Gómez-Moya es investigador y creador en artes visuales. Es académico en epistemología de la visualidad en la Universidad de Chile, donde además dirige el Programa de Estudios Visuales y Nuevos Medios (Departamento de Diseño/Facultad de Arquitectura y Urbanismo/UChile). Ha realizado sus estudios de postgrado en Cultura Visual y doctorado en Historia y Teoría del Arte en la Universidad de Barcelona. Ha sido curador y editor del proyecto *Human Rights/Copy Rights. Archivos visuales en la época de la desclasificación* (Museo de Arte Contemporáneo, MAC-UChile/Museo de la Memoria y los Derechos Humanos, 2011/2013). Actualmente dirige la colección Escribir las Artes Visuales de la Editorial Palinodia, y es autor del libro *Derechos de mirada. Arte y visualidad en los archivos desclasificados* (2012) y co-editor de *Arte, Archivo y Tecnología* (2012).

Paz Guevara, curadora chilena residente en Berlín. Trabaja en proyectos curatoriales basados en investigación. Entre ellos destaca su rol como curadora de las exhibiciones *IN OTHER WORDS. Black Market of Translations – Negotiating Contemporary Cultures,* en NGBK y Kunstraum Bethanien, Berlín (2012) (y editora del libro homónimo con autores invitados: Sarat Maharaj y Beatriz Sarlo); *Comunidad Ficticia,* en Matucana 100, Santiago (2009); y *Sala de la Tele,* Centro de Documentación de las Artes Visuales, Centro Cultural la Moneda, Santiago (2006). Ha sido co-curadora del Pabellón de América Latina en la 55ª y 54ª Bienal de Venecia (2013-2011), 1ra Bienal de Montevideo (2012), 6ta Bienal de Curitiba (2011). En 2012, concibió para la 7° Bienal de Berlín el concepto y programa Curating in Times of Need para el "Young Curators' Workshop".

Fernando Pérez Villalón es doctor en literatura comparada por la Universidad de Nueva York, enseña en los Departamentos de Arte, de Lengua y Literatura y en el Magíster en Musicología de la Universidad Alberto Hurtado, donde dirige el Magíster en Estudios de la Imagen y la revista electrónica www.letrasenlinea.cl. Ha publicado numerosos ensayos críticos sobre literatura y artes visuales, entre otros temas, varios libros de poemas y libros objeto, y una colección de traducciones de poesía china clásica. Forma parte del proyecto de poesía y música "Orquesta de poetas", con el que recientemente publicaron el libro/disco *Declaración de principios,* disponible para descarga gratuita en www.cumshot.cl.

Carla Macchiavello es Profesora asistente de la cátedra de Historia del arte en el Borough of Manhattan Community College, NY. Tras completar sus estudios de estética en la Universidad Católica de Chile, obtuvo una beca Fulbright y recibió los grados de magíster y doctorado en Historia y crítica de arte en la Universidad Stony Brook. Entre 2010 y 2014 trabajó como Profesora asistente de Historia del arte en la Universidad de los Andes, Bogotá, Colombia. Su trabajo se centra en el arte contemporáneo, performances y videos latinoamericanos, y las relaciones que existen entre arte, política y las prácticas de performances. Actualmente, se encuentra trabajando en la residencia artística y científica *ENSAYOS,* en Tierra del Fuego, Chile, junto con el grupo de investigación "Intellectual Networks: Art and Politics in Latin America". Su trabajo ha sido publicado en revistas y catálogos internacionales y también se ha desempeñado como curadora independiente.

Camila Marambio Curadora independiente, investigadora privada, bailarina amateur, escritora esporádica.

Magíster en Experimentos en Artes y Política, Science Po (2011) y en Arte Moderno: Estudios Críticos, Universidad de Columbia, Nueva York (2004). Actual Directora Creativa del programa de investigación y residencia *ENSAYOS,* www.ensayostierradelfuego.org. Ex-curadora de Matucana 100, Santiago, Chile y Exit Art, Nueva York. Entre otras, sus pasiones son la curaduría, el post-humanismo, la fenomenología y el feminismo.

Justo Pastor Mellado Crítico de arte y curador independiente. Desde los años ochenta ha destinado su trabajo crítico al abordaje de las relaciones de transferencia y filiación en el arte chileno y latinoamericano contemporáneo. Ha sido director de la Escuela de Arte de la Pontificia Universidad Católica de Chile y de la Escuela de Artes Visuales y Fotografía de la UNIACC. Ha escrito monografías sobre artistas chilenos entre los cuáles cabe mencionar a José Balmes, Gracia Barrios, Carlos Leppe, Patricia Israel, Eugenio Téllez, Arturo Duclos, Ingrid Wildi, Camilo Yáñez, Gonzalo Mezza, Mario Navarro, Eugenio Dittborn, Gonzalo Díaz, entre otros. Es autor de *La novela chilena del grabado* (1998), *Textos estratégicos* (2001), *Textos de batalla* (2009) *Escritura Funcionaria* (2013). Ha sido curador de envíos de arte chileno a las bienales de São Paulo, MERCOSUR (Porto Alegre), Venecia y Lima. Fue Editor General de la Primera Trienal de Chile en 2008 y 2009. Entre el 2010 y el 2014 dirigió el Parque Cultural de Valparaíso.

Valentina Montero Periodista, licenciada en Estética (Universidad Católica) Máster en Comisariado en Arte y Nuevos Medios por la Universidad Ramon Llull, Doctora (c) en Arte por la Universidad de Barcelona. Trabaja como comunicadora a través de la docencia, curaduría, diseño de proyectos y escritura sobre arte contemporáneo, especializada en arte de los medios. Ha trabajado para el Museo Nacional de Bellas Artes con el proyecto Museo Sin Muros y para la Bienal de Artes

Mediales de Santiago; Bienal Videoakt en Barcelona y Berlín; CINUSP en Brasil. Como docente ha trabajado en la Escuela Superior de Diseño ESDI en Sabadell; IDEP en Barcelona, Universidad Católica, Universidad Alberto Hurtado e Instituto Profesional ARCOS en Santiago, y para Node Center Estudios Online, con sede en Berlín. Vive entre Santiago y Barcelona.

Mara Polgovsky Ezcurra es maestra en Historia por la EHESS y candidata a doctora en Estudios Latinoamericanos por la Universidad de Cambridge. Su trabajo explora los entrecruces entre arte, ética y política durante la década de 1980, constelando escenas artísticas de distintas latitudes. Sus publicaciones han aparecido en Journal of Latin American Studies, Istor, Contemporary Aesthetics, Nuevo Mundo/Mundo Nuevo, post, entre otros y abarcan temas de teoría estética, historia intelectual y cultura visual latinoamericanas. Actualmente (con Sophie Halart), edita el libro *Sabotage Art: Poltics and Iconoclasm in Contemporary Latin America.*

Sergio Rojas es filósofo y Doctor en Literatura. Es profesor en el Departamento de Teoría e Historia del Arte y en el Departamento de Filosofía de la Universidad de Chile, es también Director de Investigación de la Facultad de Artes de esta universidad. Sus líneas de investigación se concentran en la estética, la teoría de la subjetividad, la filosofía de la historia y la teoría crítica. Ha dictado conferencias en distintas universidades de Latinoamérica, Estados Unidos y Europa. Es director del proyecto de investigación "Archivos: realidades emergentes para pensar un mundo inédito", financiado por la Iniciativa Bicentenario CJGM. Sus últimos libros publicados son *Escritura Neobarroca, Catástrofe y trascendencia en la narrativa de Diamela Eltit* y *El arte agotado* (Premio del Consejo del Libro al Mejor Ensayo 2012).

Sebastián Vidal Valenzuela es candidato a Doctor en Historia del Arte en la Universidad de Texas en Austin (becario Fulbright). Licenciado y Magíster en Teoría e Historia del Arte en la Universidad de Chile y Licenciado en Ciencias de la Educación en la Universidad Católica de Chile. Trabajó como investigador en el CEDOC (CCPLM) 2005-2010. En el 2013 publicó su primer libro *En el principio: Arte, archivos y tecnologías durante la dictadura en Chile* (Metales Pesados). Se ha desempeñado como docente en las universidades Central, UDP y ARCIS. Ha trabajado como columnista en diversas publicaciones y como curador de arte contemporáneo. Actualmente es coordinador e investigador en CLAVIS (Center for Latin American Visual Studies UT Austin).

Florian Wüst es artista visual y curador de cine en Berlín. Estudio arte en Braunschweig School of Art y en el Piet Zwart Institute, Rotterdam. Su trabajo explora la historia de las posguerra en Alemania y el progreso moderno social, económico y técnico. Wüst frecuentemente escribe y dicta clases sobre temas relacionados al arte, el cine y la sociedad. Junto a Stefanie Schulte Strathaus, es editor del libro *Who says concrete doesn't burn, have you tried? West Berlin Film in the '80s* (2008).

WRITERS

Soledad García Saavedra is a curator and art historian. Curator-coordinator of the Centre of documentation of Visual Arts at the Cultural Centre La Moneda in Santiago de Chile, where she develops programs encourage the study of archival documents in different formats (digital or physical) through open calls, seminars, workshops and shows. She is editor of the series of books *Ensayos sobre Artes Visuales. Prácticas y discursos de los años 70 y 80 en Chile, Vol. I, II, III y IV* (*Essays on Visual Arts. Practices and Discourses in the 70s and 80s in Chile, Vol. I, II, III, IV*) (2011-2015) y *La Manzana de Adán* *de Paz Errázuriz (Adam's Apple of Paz Errazuriz)* (2014). Her practice addresses artistic and historical documents and their suspended meanings, as well as lost histories and their relation to the present. She regularly gives workshops and lectures on curating, and is currently lecturer at the Universidad Alberto Hurtado, Santiago, Chile.

Brandon LaBelle is an artist, writer and theorist working with sound culture, voice, and questions of agency. He develops and presents artistic projects and performances within a range of international contexts, often working collaboratively and in public. He is the author of *Lexicon of the Mouth: Poetics and Politics of Voice and the Oral Imaginary* (2014), *Diary of an Imaginary Egyptian* (2012), *Acoustic Territories: Sound Culture and Everyday Life* (2010), and *Background Noise: Perspectives on Sound Art* (2006). He is also the editor of Errant Bodies Press, Berlin, and Professor at the Bergen Academy of Art and Design, Norway.

Michele Galletti is a professional scientist and research engineer with focus on radar meteorology and climatology. He specializes in polarimetric radars for weather observation, including severe storms and Arctic clouds. Besides science, he collaborates with artists, galleries and institutions as a contemporary art critic, artist assistant engineer and art fabricator. He focuses on contemporary artworks at the intersections of art, science, technology and computer science. He regularly collaborates with Primo Marella gallery in Milan and with the International Studio & Curatorial Program (ISCP) in Brooklyn, New York, as assistant engineer for artists in residence.

Cristián Gómez-Moya, researcher and creator in visual arts. He is a scholar on Epistemology of visualization at the Universidad de Chile, where he also directs the Program of Visual Studies and New Media (Department of Design,

Faculty of Architecture and Urbanism). He has carried out post-graduate studies in Visual Culture and a PhD in Art History and Theory at the University of Barcelona. He was curator and editor of the project *Human Rights/Copy Rights. Archivos visuales en la época de la desclasificación* (Museum of Contemporary Arts/Museum of Memory and Human Rights, 2011/2013). He is currently directing the collection Writing Visual Arts from Editorial Palinodia, and is the author of the book *Derechos de mirada. Arte y visualidad en los archivos desclasificados* (2012) and co-editor of Arte, Archivo y Tecnología (2012).

Paz Guevara, Berlin-based Chilean curator. Exhibitions in which she has worked as a curator include *IN OTHER WORDS. Black Market of Translations – Negotiating Contemporary Cultures,* in NGBK and Kunstraum Bethanien, Berlin (2012) (she also edited the book of the same name, along with guest authors: Sarat Maharaj and Beatriz Sarlo); *Comunidad Ficticia,* in Matucana 100, Santiago (2009); and *Sala de la Tele,* Centro de Documentación de las Artes Visuales, Centro Cultural Palacio la Moneda, Santiago (2006). She was co-curator of the Latin American Pavillion of the 54th and 55th Venice Biennale (2011-2013), the 1st Montevideo Biennial (2012) and the 6th Curitiba Biennial (2011). In 2012, she elaborated the concept and program Curating in Times of Need for the "Young Curators' Workshop" in the 7th Berlin Biennial.

Fernando Pérez Villalón is a PhD in comparative literature of the New York University; teaches in the Alberto Hurtado University in the Departments of Art, Language and Literature, and in the Master of Musicology; he also heads the Master in Image Studies of the same University and the electronic magazine www.letrasenlinea.cl. He has published multiple critical essays on literature and visual arts (amongst other topics) several books of poetry and object-books, aside from a collection of translations of classic Chinese poetry.

He is a member of the music and poetry project "Orquesta de poetas" (Poet's Orchestra), who recently published the book/record *Declaración de principios* (Statement of Principles), which can be downloaded free of charge from www.cumshot.cl.

Carla Macchiavello is an Assistant Professor in Art History at the Borough of Manhattan Community College, NY. After completing her studies in Aesthetics at the Universidad Católica de Chile, she was awarded a Fulbright scholarship and received a Ph.D. and Master's degrees in Art History and Criticism from Stony Brook University. From 2010 to 2014 she worked as Assistant Professor in Art History at Universidad de los Andes, Bogotá, Colombia. Her work centers on Latin American contemporary art, performance, video, and the relations between art, politics, and performative practices. She is currently engaged with *Ensayos,* an art and science residency in Tierra del Fuego, Chile, and with the research group "Intellectual Networks: Art and Politics in Latin America." Her work has been published in international journals and catalogues, and she also works as an independent curator.

Camila Marambio Independent curator, private researcher, amateur dancer, occasional writer. Master in Experimentation in Arts and Politics, Science Po (2011) and in Modern Art and Critical Studies, Columbia University, New York (2004). Artistic Director of the research program and residency *ENSAYOS,* www.ensayostierradelfuego.org. Former curator of Matucana 100 (Santiago de Chile) and Exit Art (New York). Among others, her passions are curating, post-humanism, phenomenology and feminism.

Justo Pastor Mellado Art critic and independent curator. Since the 80s his critical work tackles the relations of transference and filiation in contemporary art, chilean and latinoamerican. He was Director of the Art School at the Pontificia Universidad Católica de Chile and at the Art and Photography School at UNIACC. He has written monographical texts of Chilean artists of José Balmes, Gracia Barrios, Carlos Leppe, Patricia Israel, Eugenio Téllez, Arturo Duclos, Ingrid Wildi, Camilo Yáñez, Gonzalo Mezza, Mario Navarro, Eugenio Dittborn, Gonzalo Díaz, among others. He is author of of *La novela chilena del grabado* (1998), *Textos estratégicos* (2001), *Textos de batalla* (2009) y *Escritura Funcionaria* (2013). Curator of several chosen works of Chilean art for the Sao Paulo, MERCOSUR, Venecia and Lima Biennials. He was General Editor of the 1st Triennial of Chile in 2008 and 2009, and Director of the Parque Cultural de Valparaíso, between 2010 and 2014.

Valentina Montero Journalist, bachelor in Aesthetics in the Universidad Católica, Master in New Media and Art Commission in the Universidad Ramon Llull, PhD (c) in Arts in the Universidad de Barcelona. She works in communications through teaching, curating, project design and writings about contemporary art, specializing in arts in media. She has worked for the Chilean National Museum of Fine Arts with the project Museum Without Walls and for the Media Arts Biennial in Santiago, the Videoakt Biennial in Barcelona and Berlin, and CINUSP in Brazil. As a teacher, she has worked in the Superior School of Design ESDI in Sabadell; IDEP in Barcelona; Universidad Católica, Universidad Alberto Hurtado and Professional Institute ARCOS in Santiago; and for Node Center Estudios Online, with headquarters in Berlin. She alternates home between Santiago and Barcelona.

Mara Polgovsky Ezcurra holds a Master's degree in History from EHESS and is PhD candidate in Latin American Studies in the University of Cambridge. Her work explores the intersections between art, ethics and politics during the 1980's, combining artistic scenes from various different latitudes. Her publications have been featured in the Journal of Latin American Studies, Istor, Contemporary Aesthetics, Nuevo Mundo/Mundo Nuevo, post, amongst others, and they draw upon topics of aesthetic theories, intelectual history and visual culture in Latin America. Currently, she (alongside Sophie Halart) is editing the book *Sabotage Art: Poltics and Iconoclasm in Contemporary Latin America.*

Sergio Rojas is a philosopher and PhD in Literature. He is Lecturer in the Department of Theory and History of Art, the Department of Philosphy and Director of research of the Arts Faculty at the Universidad de Chile. His research focuses on aesthetics, subjectivity theory, history, philosophy and critical theory, giving lectures in different universities in Latin America, Europe and the United States. He is also the director of the research project Archivos: realidades emergentes para pensar un mundo inédito (Archives: emergent realities to think an unknown world), supported by Iniciativa Bicentenario CJGM. His last books are *Escritura Neobarroca, Catástrofe y trascendencia en la narrativa de Diamela Eltit (Neobaroque writing, catastrophe and trascendency in the prose of Diamela Eltit)* and *El arte agotado (Exhausted art)*, Premio del Consejo del Libro al Mejor Ensayo 2012.

Sebastián Vidal Valenzuela is PhD(c) in History of Art at the University of Texas, Austin (Fullbright grant). Bachelor and Master in Theory and History of Art at the Universidad de Chile, and Bachelor in Education at the Universidad Católica de Chile. He was researcher at Centro de Documentación de las Artes Visuales (Centre of Documentation of Visual Arts) at CCPLM, 2005-2010. In 2013 published his first book *En el principio: Arte, archivos y tecnologías durante la dictadura en Chile (In the beginnning: art, archives and technologies during Chile's dictatorship)* (Metales Pesados). He had been working as

columnist in publications and curator of contemporary art. Currently is coordinator and researcher of the Center for Latin American Visual Studies UT Austin.

Florian Wüst is a visual artist and film curator based in Berlin. He studied Art at the Braunschweig School of Art and the Piet Zwart Institute, Rotterdam. His work revolves around the history of post-war Germany and modern social, economical and technical progress. Wüst frequently writes and lectures about topics related to art, film and society. Together with Stefanie Schulte Strathaus, he is editor of the book *Who says concrete doesn't burn, have you tried?* West Berlin Film in the '80s (2008).

Block Mágico Magic Block

Editores Editors
Soledad García Saavedra/Brandon LaBelle

Textos Texts
Malin Barth, Michele Galletti, Soledad García Saavedra, Cristián Gómez Moya, Paz Guevara, Brandon LaBelle, Carla Macchiavello, Camila Marambio, Justo Pastor Mellado, Claudia Missana, Valentina Montero, Fernando Pérez Villalón, Mara Polgovsky, Sergio Rojas, Sebastián Vidal, Florian Wüst.

Traducción Translation
Jose Miguel Neira
Kristina Cordero
Miriam Heard

Fotografías Photographs
Brandon LaBelle
Sebastián Valenzuela
Loreto González
Marisol Toledo

Diseño Design
Fig.1

Imprenta Print
Ograma

Publicado por Errant Bodies Press, Berlin
Published by Errant Bodies Press, Berlin

Primera edición First edition

Impreso en Santiago de Chile
Printed in Santiago de Chile

2015

ISBN: 978-0-9889375-3-6

Agradecimiento especial a todos los artistas y escritores

Special thanks to all the artists and writers

Agradecimientos a todos aquellos que colaboraron, apoyaron y asistieron en distintos momentos para el desarrollo de este proyecto. Thanks to all who collaborated, supported and assisted in the different moments to develop this project: Alain Ayers, Jordi Berenguer, Barbara Camps, Juan Castro, Carlo Crovato, Josefina de la Maza, Marilys Downey, Rodrigo Dueñas, Jeannette Garcés, Carlos González, Nury González, Johnny Herbert, Miguel Hernández, Germán Heufemann, Paula Leonvendagar, María José Lemaitre, Andrés Lima, Ramón Meza, Alma Molina, Monique Mossein, Isidora Neira, Fernando Ortega, Orquesta de Poetas, Teresita Raffray, Pamela Reyes, Valeria Sarmiento, Nicolás Spencer, Annette Stahmer, Beatriz Salinas, Marisol Toledo, Sebastián Valenzuela, Caroll Yasky, Claudia Zaldívar, Galería Diecke, fliegende Teilchen, Berlin, Bergen Academy of Art and Design, Norway.

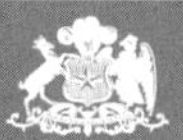

Consejo
Nacional de
la Cultura y
las Artes

Fondo Nacional de
Desarrollo Cultural
y las Artes
FONDART REGIONAL

Gobierno de Chile

"Proyecto financiado por Fondo
Nacional de Desarrollo Cultural
y las Artes, FONDART REGIONAL,
Convocatoria 2014".

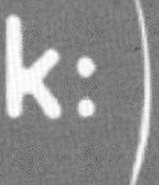

k:⟩ Kunst- og designhøgskolen i Bergen
Bergen Academy of Art and Design

CENTRO
CULTURAL
LA MONEDA

CENTRO DE DOCUMENTACIÓN
ARTES VISUALES

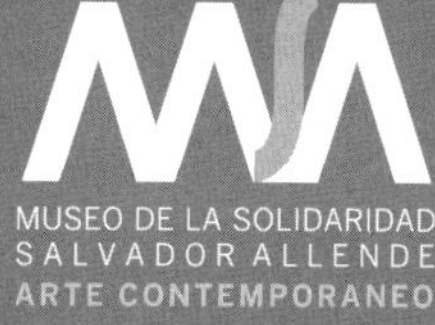

MUSEO DE LA SOLIDARIDAD
SALVADOR ALLENDE
ARTE CONTEMPORANEO